es 1479
edition suhrkamp
Neue Folge Band 479

Mit dem Titel seines in der edition suhrkamp erschienenen Bandes *Die Neue Unübersichtlichkeit* hat Jürgen Habermas, wie so oft, einen Begriff geprägt, der die aktuelle politische und kulturelle Situation präzise beleuchtet: die »klassischen« Kategorien, mittels derer sich die sozialen und intellektuellen Konstellationen und die in sie involvierten Akteure einordnen ließen, sind nicht mehr anwendbar. An deren Stelle sind zahlreiche sich wiedersprechende Deutungen getreten: einige postulieren eine Postmoderne, andere erkunden die Konturen der Risikogesellschaft, wieder andere versuchen eine Sinnstiftung aus deutscher Geschichte (oder deren »Bewältigung«). Letzendlich kreisen alle diese Versuche um die Frage, wie es um die Aufklärung, die das Zeitalter der Moderne eröffnete, in unseren Zeiten bestellt ist.

Die Zukunft der Aufklärung

*Herausgegeben von
Jörn Rüsen, Eberhard Lämmert
und Peter Glotz*

Suhrkamp

edition suhrkamp 1479
Neue Folge Band 479
Erste Auflage 1988
© Suhrkamp Verlag Frankfurt am Main 1988
Erstausgabe
Alle Rechte vorbehalten, insbesondere das der Übersetzung,
des öffentlichen Vortrags
sowie der Übertragung durch Rundfunk und Fernsehen,
auch einzelner Teile.
Satz: Hümmer, Waldbüttelbrunn
Druck: Nomos Verlagsgesellschaft, Baden-Baden
Umschlagentwurf: Willy Fleckhaus
Printed in Germany

1 2 3 4 5 6 – 93 92 91 90 89 88

Inhalt

Vorwort der Herausgeber 9

Dan Diner
Aufklärung nach Auschwitz 12

I. Aufklärung

Helmut Dubiel
Politik und Aufklärung 21

Peter Glotz
Politik und Aufklärung. Kritische Bemerkungen
zu einem Vortrag von Helmut Dubiel 29

Rudolf Wiethölter
Politik und Aufklärung. Bemerkungen aus der Rechts-
und Juristenwelt 33

Friederike Hassauer/Peter Roos
Aufklärung: Futurologie oder Konkurs
Acht Behauptungen 40

Renate Berger
Weiblichkeit als Leer- und Lehrformel 48

Jutta Held
Aufklärung, die Linke und der Feminismus 54

Jürgen Habermas
Die neue Intimität zwischen Politik und Kultur 59

Willibald Sauerländer
Aufklärung als kulturelle Aufgabe heute
Plädoyer für eine Rationalität ohne Berührungsängste 69

Jürgen Moltmann
Die Zukunft der Aufklärung und des Christentums 73

Johann Baptist Metz
Wider die zweite Unmündigkeit. Zum Verhältnis von
Aufklärung und Christentum 81

II. Geschichte

Jürgen Kocka
Geschichte als Aufklärung? 91

Karl-Ernst Jeismann
Geschichte als Aufklärung? 99

Jörn Rüsen
Vernunftpotentiale der Geschichtskultur 105

Dieter Groh
Postinstrumentelle Geschichtswissenschaft 115

Eberhard Lämmert
Wem gehört die Geschichte? Über einen vernünftigen
Umgang mit der Vergangenheit 122

Ute Frevert
Zwischen Traum und Trauma. Aufklärung, Geschichte
und Geschlechterverhältnis 132

Hartmut von Hentig
Gegen die Gleichheit der Menschen, für die Gleichheit der
Bürger. Die Aufklärung und das Geschlechterverhältnis 148

Reinhard Rürup
Geschlecht und Geschichte. Ein Kommentar 157

III. Staat

Spiros Simitis
Selbstbestimmung: Illusorisches Projekt oder reale
Chance? 165

Winfried Hassemer
Menschenrechte im Strafprozeß 195

Jürgen Seifert
Vom autoritären Verwaltungsstaat zurück zum demokratischen Verfassungsstaat 206

Peter Glotz
Über die Vertreibung der Langeweile oder Aufklärung
und Massenkultur 215

Hans Robert Jauß
Das kritische Potential ästhetischer Bildung 221

M. Rainer Lepsius
Aufklärung, Massenkultur und die Selbstdomestizierung
des Menschen 233

Nachbemerkung 240
Zu den Autoren 242

Vorwort

Um die Tradition der Aufklärung ist es gegenwärtig schlecht bestellt. Die in der Öffentlichkeit viel diskutierten Thesen, mit denen Historiker und Publizisten zu einer entschärfenden Relativierung der nationalsozialistischen Judenverfolgung herausfordern oder die Notwendigkeit einer Restitution nationaler Identität betonen und eine insgesamt affirmative Interpretation der deutschen Geschichte vorschlagen, sind Symptome eines sich abzeichnenden Wandels im politischen Umgang mit der Geschichte. In ihnen kündigt sich eine erstaunlich leichtfertige Preisgabe von Standards der historischen und politischen Urteilsbildung an, die in der Kritik an älteren Gewohnheiten während der sechziger und siebziger Jahre als konsensfähige Prinzipien eines demokratischen Gemeinwesens erarbeitet worden waren.

Der Beobachter der politischen Kämpfe an der semantischen Front kann sich des Eindrucks nicht erwehren, daß die Orientierung an universalen Wertsystemen der Menschenrechte, der sozialen Gerechtigkeit und der Freiheit zu gegensätzlicher Meinungsbildung schwächer wird und andere Gesichtspunkte wie nationale Identität, Freund-Feind-Polarisierung und eine modernitätsfeindliche Lebensstimmung sich neuerlich auszubreiten beginnen. Der zunehmende Eifer, mit der die Entlastung der Gegenwart von den bedrückenden Erfahrungen der deutschen Zeitgeschichte betrieben wird, dient erkennbar dieser Schwächung und Umorientierung. Drastischer und eindeutiger als in den einschlägigen akademischen Kontroversen treten diese Befunde in einer Senkung der politischen Schamwelle zutage, wie sie an antisemitischen oder an prononciert fremdenfeindlichen Äußerungen von Politikern oder an einer um sich greifenden Skrupellosigkeit in Strategien der Machterhaltung abzulesen sind.

Diese Befunde umgreifen mittlerweile jenseits der Geschichtsschreibung und der politischen Publizistik weite Bereiche des öffentlichen Lebens. Der Entpolitisierung kultureller Deutungs- und Orientierungsmuster und dem wachsenden Einfluß irrationalistischer Denkströmungen in den Kulturwissenschaften entsprechen die immer drastischeren Versuche, den Bildungskanon der Schulen, die Medienpolitik und die Kulturarbeit, insbesondere die unserer Auslandsinstitute, um kritisch-aufklärerische Dimensionen zu verkürzen und auf traditionalistische Werthaltungen neu einzuschwören. Sensible Beobachter der öffentlichen Kontroversen sprechen schon von einem erneuerten Kulturkampf, in dem das geistige Profil der Bundesrepublik eine entscheidende Verschiebung der Züge erfahren soll, die es in den letzten 20 Jahren durch die bewußte Wiederaneignung von Aufklärungstraditionen angenommen hat. Für die möglichen Folgen dieser Tendenzen gibt es unübersehbare historische Erfahrungen, die zumindest von den Deutschen nicht vergessen werden sollten. Eben diese Erfahrungen sind es aber, die gegenwärtig mit beträchtlichem publizistischem Aufwand relativiert und entaktualisiert werden.

Es war die Sorge vor den Folgen eines solchen Prozesses, die auf Anregung von Peter Glotz eine Gruppe von Wissenschaftlern zu Gesprächen zusammenführte und dabei überlegen ließ, ob und wie den beunruhigenden Wendungen in der politischen Kultur der Bundesrepublik begegnet werden müsse. Dabei fanden sich Vertreter unterschiedlicher wissenschaftlicher Disziplinen und auch unterschiedlicher politischer Einstellungen zusammen und wurden darin einig, daß gegen jene allenthalben beobachteten Entwicklungen ein Signal gesetzt werden müßte. Es sollte deutlich werden, daß die in einem mühsamen und konfliktreichen Aneignungsprozeß errungenen Standards einer an den Prinzipien der europäischen Aufklärung orientierten politischen Kultur nicht so leicht preisgegeben oder unterschritten werden können, wie es den intellektuellen Verfechtern einer konservativen Wende scheinen mag. Ergebnis der Gespräche war der Plan, einen Kongreß zu veranstalten, der deutlich machen sollte, daß die gefährdete Tradition der Aufklärung fortsetzungsbedürftig und fortsetzungsfähig ist. Daß dies nicht ohne Selbstkritik und in dem Bewußtsein zu geschehen hätte, Fehlentwicklungen im politischen und im wissenschaftlichen Leben allzu lange übersehen oder falsch eingeschätzt zu haben, verstand sich beim Rekurs auf Prinzipien einer aufklärerischen Vernunft von selbst. Um der Initiative eine möglichst breite Plattform zu geben, fand sich ein größerer Kreis von Einladenden bereit, für sie und für das zu gestaltende Vortragsprogramm die Mitverantwortung zu übernehmen: Hellmut Becker, Klaus von Beyme, Martin Broszat, Helmut Dubiel, Ludwig von Friedeburg, Peter Glotz, Dieter Groh, Jürgen Habermas, Winfried Hassemer, Hartmut von Hentig, Hans Robert Jauß, Karl-

Ernst Jeismann, Jürgen Kocka, Eberhard Lämmert, Rainer Lepsius, Richard Löwenthal, Burkart Lutz, Johann Baptist Metz, Jürgen Moltmann, Hans Mommsen, Horst Eberhard Richter, Jörn Rüsen, Willibald Sauerländer, Spiros Simitis, Michael Theunissen, Hans-Ulrich Wehler, Rudolf Wiethölter.

In dem vorliegenden Band sind die Beiträge zu diesem Kongreß, der am 11. und 12. Dezember 1987 im Jüdischen Gemeindezentrum der Stadt Frankfurt am Main stattfand, abgedruckt. Sie sind für den Druck überarbeitet worden, haben jedoch ihre der Absicht des Kongresses entsprechende Kürze und thetisch zugespitzte Form behalten.

Defizite in der Vertretung einzelner wissenschaftlicher und kultureller Bereiche bleiben dabei unübersehbar: Naturwissenschaftlich-technische Themen, die Ökonomie und die unmittelbar mit Erziehung und Bildung befaßten Wissenschaften sind kaum zu Wort gekommen. Ohnehin verlangte die Auswahl von Themen für eine anderthalbtägige Zusammenkunft einige Einschränkungen, wenn in den angesprochenen Bereichen nicht nur eilige Statements abgegeben werden, sondern auch das Für und Wider unterschiedlicher Standpunkte diskutiert werden sollte. Aber nicht nur die notwendige und mögliche Ausweitung auf andere Horizonte des gesellschaftlichen Lebens läßt eine Fortsetzung der Arbeit an Zukunftsperspektiven der Aufklärung notwendig und sinnvoll erscheinen. Die meisten Beteiligten am Kongreß waren sich darin einig, daß die Arbeit an seiner Thematik eine Fortsetzung verlangt, die über bloß programmatische Äußerungen hinaus nun in einzelnen Bereichen des politischen und des kulturellen Lebens ihre Ausfaltung und Bewährung suchen müsse. Eine solche Weiterarbeit wird die Zukunft der Aufklärung nicht nur aus der Kraft derjenigen leben lassen, die sie endlich beendigen wollen.

Die Herausgeber danken den Autorinnen und Autoren für die Bereitschaft, die Texte kurzfristig zu überarbeiten und für den Druck zur Verfügung zu stellen. Der Jüdischen Gemeinde Frankfurt und ihrem Sprecher Ignaz Bubis danken wir für Gastfreundschaft und Interesse. Besonderen Dank schulden alle Teilnehmer Linda Reisch vom Kulturforum der Sozialdemokratie, ohne deren bewunderungswürdiges Engagement weder der Kongreß noch dieses Buch Gestalt gewonnen hätten.

Die Herausgeber

Dan Diner
Aufklärung nach Auschwitz

Daß ein zutiefst politisch motivierter Kongreß zur Zukunft der Aufklärung in diesen Räumen ausgerichtet wird, mag dem bloßen Zufall geschuldet sein. Weniger beliebig dürften sich jene Phantasien ausnehmen, die das Tagungsthema mittels der Bedeutsamkeit des Ortes unvermeidlich mit historischer Erinnerung aufladen. Sie werden sowohl mit der vergangenen als auch von der gegenwärtigen Relevanz dessen befrachtet sein, was Juden real und erst recht metaphorisch für das Projekt der Aufklärung in diesem Lande bedeutet haben und – wenn auch in ganz anderer Weise – weiterhin bedeuten.

Aufklärung und Emanzipation waren Bedingung für die Teilnahme und Teilhabe von Juden an der Sphäre des Politischen. Die Haltung zu den Juden wiederum war Indikator – politisch und bewußtseinsmäßig – für die Wertigkeit bürgerlicher Emanzipation – von Freiheit und Gleichheit. Aber auch ihre Verkehrung sollte sich – nicht nur, aber vor allem – am weiteren Schicksal der Juden offenbaren. Mit der Massenvernichtung, für die mangels Benennbarem die Ortsbezeichnung Auschwitz steht, schlug Aufklärung in ihr Gegenteil um. So verschränkt sich für das aktuelle Bewußtsein das Schicksal der Juden real und symbolisch mit der Janusköpfigkeit von Aufklärung: das Versprechen universeller Emanzipation und ihrer Gegensetzung, ja die Zerstörung ihrer selbst, mittels der blindwütigen Vernichtung der anderen.

Wer, aus vom Zeitgeist gegebenem Anlaß, wohl mehr aus politischer Defensive heraus, sich der Zukunft von Aufklärung diskursiv zu versichern trachtet, darf Auschwitz – um den Preis der Fortzeugung eigenen Scheiterns – nicht übergehen. Ohne einem erfüllten Geschichtspessimismus das Wort zu reden: die Wucht des erfahrenen historischen Dementis ist zu gewaltig, die im Bewußtsein angerichtete Zerstörung zu nachhaltig, als daß es sich durch alltäglich gelebte Verleugnung und gutes Zureden vernünftelnder Vernunft einfach so bannen ließe. Nicht ein ritualisiertes liturgisches Erinnern ist gefordert; von den Folgen des erdrückenden Gewichts erfahrener Widerlegung hat vielmehr die Rede zu sein. Das durchlöcherte Banner der Aufklärung ist – welches Paradoxon – nur mittels theoretischer Durchdringung und bewußter Aneignung seiner Negation wiederherstellbar. Erst wenn aufklärerisches Bewußtsein sich der Tortur seiner Widerlegung aussetzt, wird es zu erkennen vermögen, welche Spurenelemente seiner selbst als aufgeklärte Aufklärung verlebendigbar sind. So offenbart sich der vermeintliche Umweg über Auschwitz wider Erwarten als die direkteste Wegstrecke zur Wiederaneignung des historisch vorläufig Verbrauchten.

Nicht zuletzt ist Aufklärung auf Zukunft gerichtet. Trotz aller Abrede wird sie insgeheim mit geschichtsteleologischen Residuen behaftet sein, denn ohne zielgerichtete Zukunftserwartung wird das Gegenwärtige schier unerträglich. Zukunftsfrohes Streben wiederum ist intellektueller Selbsterhaltung wegen geneigt, sich seiner historisch erfahrenen Widerlegung, dem Ereignis Auschwitz, zu entziehen. In psychischer Widerständigkeit sträubt sich gerade säkulares Bewußtsein dagegen, sich solcher Bedrohung auszusetzen. Innerer Erleichterung wegen wird das Ereignis rationalisierender Verleugnung überantwortet; oder das Bewußtsein reagiert in narzißtischer Kränkung aggressiv. Aggressiv ist auch jene wohlwollende Nachsicht, mit der das universelle Ereignis den unmittelbaren Opfern psychologisierend hinterlassen wird.

Der an Auschwitz gemahnende Schrecken, seine universelle Botschaft, ist die von der Erfahrung der unmittelbaren Opfer her gedachte, vom Zoon politikon kognitiv nicht integrierbare gegenrationale Handlungslogik der Nazis. Leben und Überleben waren nicht mehr einer vertrauten und Vertrauen ausbildenden gesellschaftlich antizipierbaren Regelhaftigkeit geschuldet, sondern oblagen ausschließlich launischer Willkür, blindem Zufall. Sogar der auf bloße Selbsterhaltung gerichtete Verstand findet sich außer Kraft gesetzt; subjektive Vernunft ist annulliert. Mittels solchen Bruchs wird dem Bewußtsein jeglicher Bezug auf Kontinuität entzogen. Erst vor einem solchem Hintergrund wird man gewahr, warum das säkulare, Aufklärung und objektiver Vernunft verpflichtete Bewußtsein geneigt ist, Auschwitz aus der Geschichte herauszulösen. Eine Anerkennung des Geschehens in seiner ganzen Bedeutung verunmögliche die weiterhin zu lebende Annahme fortschreitender vergesellschafteter menschlicher Existenz. Gerade durch das Fortwirken säkularer Sinnbezüge nimmt die Sinnlosigkeit einer Vernichtung um ihrer selbst willen für das Bewußtsein außerhistorische Ausmaße an.

Die Forderung nach Anerkennung einer außerhistorisch sich auswirkenden Bedeutung von Auschwitz redet keineswegs einer Mystifizierung das Wort – im Gegenteil. Mystifizierung ist eher darin zu erkennen, wenn ein vermeintlich säkulares, ja, sich materialistisch dünkendes Verständnis vom Handeln der Nazis die Vernichtung in Kategorien entgrenzten egoistischen Interesses und ökonomischen Nutzens zu zwängen sucht. Solch scheinmaterialistische Fehldeutung ist nicht weniger mystifizierend als jene überhandnehmende Neigung von Sakralisierung und Theologisierung sich konventionellem Verstehen sperrender Anteile der Massenvernichtung. Sakralisierung und Theologisierung dienen letztendlich dazu, Auschwitz seiner Besonderheit zu entheben und der Massenvernichtung als Ausdruck sich in ständiger Wiederholung realisierender Katastrophen göttlicher Prüfung einen partikularen Sinn zu verleihen.

Gänzlich verfehlt wiederum ist die Annahme, Auschwitz werde mittels einer moralischen Sperre dem Verstehen entzogen, wenn von seiner außerhistorischen Bedeutung für das säkulare Bewußtsein die Rede ist. So paradox es klingen mag: Der Bedeutung des Außerhistorischen wird man erst mittels historischer Theoriebildung gewahr. Erst die historiographische Anstrengung läßt die Grenzen des Rekonstruierbaren einer abstrakten Tat und damit auch des Verstehens erkennen. Es ist die historiographische Anstrengung, die Auschwitz zu einem besonderen Objekt der Reflexion erhebt. Dem säkularen, entzauberten Bewußtsein geht es schließlich weiterhin um das Verstehen des Nicht-Verstehbaren.

Der renitente Trotz manches Historikers, die Massenvernichtung zwanghaft mittels der Legitimität der Gegenrevolution zu begründen, ist nicht zuletzt blinder Wut entsprungen, von jener narzißtischen Kränkung genährt, einem Ereignis ausgesetzt zu sein, das sich konventionellem Verstehen entzieht. Seitdem der Historiker des Bürgerkrieges die falsche Antwort auf die durchaus berechtigte Frage nach den Gründen und Umständen der Massenvernichtung aufs neue der Öffentlichkeit aufgetragen hat, verschieben sich die Koordinaten historiographischen Interesses wieder dorthin, von wo sie einst doch ausgegangen waren. Es gilt, die historische Ausnahme, das politische Ereignis des Bruchs erneut ins Zentrum historiographischer Aufmerksamkeit zu rücken, angereichert freilich um die sozialgeschichtlich grundierte Perspektive gesellschaftlicher Kontinuitäten – den Bedingungen der Ermöglichung der Tat.

Mit dem Hinweis auf die einschneidende Bedeutung der historischen Ausnahme, des Bruchs, wird nicht einer Problematisierung des sozialgeschichtlichen Zugriffs das Wort geredet. Im Gegenteil: aufs neue gilt es, sein aufklärerisches Potential auszureizen. Schon der Entstehungszusammenhang der Sozialgeschichte war von gegen-nationaler, nicht-historistischer Intention getragen. Durch die Darlegung gesellschaftlicher Kontinuitäten wurde die politische und damit auch national verengte Machtgeschichte konterkariert – ein Stück historiographischer Aufklärung, die sich in der Bundesrepublik verhältnismäßig spät und nur unter erheblichen Schwierigkeiten hat Anerkennung verschaffen können.

Doch an den Nationalsozialismus bzw. an seinen Kern, an Auschwitz gehalten, droht das Aufklärerische dieses Zugangs verlorenzugehen. Die Darstellung sozialer und mentaler Kontinuitäten, die »longue durée«, neigt eher dazu, die diese durchbrechende Ausnahme aus dem Auge zu verlieren. Und dies, obwohl gerade der sozialhistorische Zugriff in der Bundesrepublik sich mittels der Ergründung des »deutschen Sonderwegs« legitimierte und somit letztendlich doch von Auschwitz ausgegangen war. Dabei vermögen Normalität und Kontinuität über lange Zeiträume kontradiktorisch den Hintergrund für eine geschärfte Wahrnehmung dessen auszuzeichnen, was sich als Abstraktion einer gültigen Darstellung entzieht. Gerade eine sozialhistorische Grundierung vermag mittels gleißender Kontrastierung dem Ereignis Auschwitz seine Bedeutung als Ausnahme von einschneidender Radikalität zurückzuerstatten. Eine Ausnahme, die sich zwar aus historischer Möglichkeit speist – deren real gewordene Wirklichkeit sich aber unserem Verständnis weiterhin entzieht. Erst vor solchem ausgezeichneten gesellschaftsgeschichtlichen Hintergrund ließe sich die kognitive Referenz abbilden, die dem Ereignis Auschwitz eine historisch-außerhistorische Bedeutung zuzuerkennen vermag. Eine Bedeutung, die ansonsten wohl in Form mystifizierender Dämonisierung und Personalisierung wie auch mittels eines banalisierenden Strukturfunktionalismus verlorenzugehen droht.

So bedeutsam und überzeugend sich das Moment des intendierten missionarischen Massenmordes auf ideologische Überzeugungen und vorgelagerte Kontinuitäten zurückführen läßt – seien sie nun antisemitisch oder sozialhygienisch begründet –, sie reichen zur Deutung des Grauens nicht aus. Die letzte, der Extremsituation angemessene Erklärung kann sich weder atavistischen noch modernistischen Kontinuitätsbezügen hingeben. Vielmehr hat sie jenen Bruch zu fokussieren, der in die geschichtsmächtigen Auswirkungen praktischer Folgelosigkeit von Denk- und Handlungsformen mündet, die zur Grundausstattung einer aufgeklärten Lebenswelt gehören. Dies, so scheint es, kann Ausgangspunkt einer verallgemeinerbaren Perspektive auf Auschwitz sein – den Opfern verpflichtet.

Der Geschichtswissenschaft ist nach und über Auschwitz eine Verantwortung zugewachsen, die weit über das fachliche Selbstverständnis der Disziplin hinausgeht. Ihr obliegt es, die Grenzen der Darstellbarkeit des Nicht-Darstellbaren beschreibend anzugehen. Daß solche Selbstbeschränkung beschwerlich ist, mag das ambigue Wort von der Sinnstiftung anzeigen. Historiker meinen gefordert zu sein, dem Selbstverständnis des Gemeinwesens aufzuhelfen. Solche Bedeutsamkeit ist nicht allein hausgemacht. Begleitet und angetrieben wird jene Gewichtigkeit von einem geradezu überbordenden öffentlichen Interesse an Geschichte. Kein Grund zum Wehklagen! Im Gegenteil. Welcher Historiker würde angesichts solchen Zulaufs, derart allgemeiner Anerkennung seines Gegenstandes verzagen? Doch der Erfolg läßt auch Zweifel und Unbehagen wachsen, zumal solche Umgewichtung innerhalb der Geistes- und Gesellschaftswissenschaften mit tiefgreifenden zeitgeistigen Veränderungen verbunden ist. Das politische Ambiente der Bundesrepublik als ausgesprochenem Verfassungsstaat hat zeitweise jene gesellschaftswissenschaftlichen Disziplinen befördert, die sowohl der Stabilisierung als auch der Kritik von Gegenwärtigem sowie der Anbahnung von Zukünftigem angemessen waren. Die Wissenschaft von der Politik wie die Soziologie waren – grosso modo – dem aufklärerischen Auftrag der intellektuellen Sicherung eines republikanischen und demokratischen Gemeinwesens verpflichtet. Das sollte ihnen und den sie tragenden Wissenschaftlern – vor allem den Re-Emigranten – revisionistischerseits den spottenden Ruf der Umerziehung eintragen. Heute ist ihre Dominanz spürbar rückläufig – und darin spiegelt sich Wirklichkeit wider: Das Bewußtsein von der Bundesrepublik als einem westlichen Traditionen verbundenen Gemeinwesen ist im Nachlassen begriffen.

Kaum merklich, subkutan, und dennoch unübersehbar gleitet die Bundesrepublik in Richtung Deutschland. Fand bundesrepublikanisches Bewußtsein sein Selbstverständnis in politischen Institutionen und gesellschaftlichen Prinzipien aufgehoben, so neigt sich Deutschland dem Sinnzusammenhang des Nationalen zu. Das konfliktorische Moment der Kritik wird von dem harmonisierender Kultur eingeschliffen; Entwürfe zukunftsgerichteter Emanzipation werden von einer sich der Vergangenheit versichernden Identität verschlungen. Kollektive Identitäten sind ständig versucht, sich am Mythos ihrer Geschichtlichkeit zu stärken.

Die Bundesrepublik ist eine Reisende. Auf dem Wege von Westen zur sich wieder auftuenden Mitte Europas – und nicht, wie im westlichen Westen fälschlicherweise angenommen, nach Osten hin – gewinnt die Geisteswissenschaft von der Vergangenheit und damit vom nationalen Kollektiv überhand auf Kosten Gegenwart und Zukunft verpflichteter Disziplinen. Geschichte neigt eher dem Nationalen zu, nicht dem Gesellschaftlichen. Um so dringlicher hat eine Kritik und Gesellschaft verpflichtete Geschichtswissenschaft sich ihres aufklärerischen Auftrages zu vergewissern. Sie wird zur Brandmauer der Aufklärung in einem Land auf der schiefen Ebene von der Republik zur Nation. Es scheint die Aufgabe der Geschichtswissenschaft zu sein, in ihrem Rahmen Deutungsdifferenzen von Wirklichkeit auszutragen, ein Ringen um Erinnerung, schwankend zwischen aufgeklärter Aufklärung und national eingefärbter Gegenaufklärung. Letztendlich wird sich diese Auseinandersetzung als Kontroverse um die Deutung und Bedeutung von Auschwitz verdichten, einem Ereignis, an dem sich vermeintlich festgefügte Parteiungen entmischen, um sich neu zu konstituieren.

Die Sehnsucht nach nationaler Identität, nach den »Wonnen der Gewöhnlichkeit«, ist kein konservatives Projekt allein. Auch in der Sozialdemokratie scheinen manche der Versuchung zu erliegen, sogenannte »weiße Linien« nationaler Identifikation und Kontinuität feilbieten zu sollen, und seien sie noch so unwirklich. Andere wiederum meinen, von Mitteleuropa reden zu können – gleichermaßen gegen Ost und West –, als habe sich dieser Begriff seiner historisch besetzten machtpolitischen und imperialen Bedeutung entledigt, geradezu unter der Hand. Das Politische wird auch hier in parteiübergreifende und zukunftsheischende Kulturangebote verwandelt und damit vermeintlich neutralisiert.

Aber Europa ist kein Kulturprojekt, in dem sich die Vielfalt machtfreier Landschaften, Sprachen und Nationalitäten mischt, sondern ein Kontinent im Umbruch. Vor allem in Osteuropa, genährt durch das Treibhausklima bürokratischer Herrschaft, haben Nationalismus, Kollektivmythen und Obskurantismus untergründig gedeihen können. Der gesellschaftliche Protest war darauf verlegt, sich der Gegenmythen von Nation und Religion zu bedienen. Bei krisenhafter Zuspitzung der sozialen Verhältnisse droht die Wiederkehr alteuropäischer Bewußtseinsinhalte.

Hier – in diesem Land – ist das Nationale durch den Nationalsozialismus zur Gänze aufgebraucht. Jegliches Ansinnen, das Nationale durch den Nationalsozialismus hindurch bewahren zu wollen, muß nolens volens mit einer Relativierung der Massenvernichtung enden. Dies ist der Preis für die Wiederherstellung des Nationalen in Deutschland – und zugleich doch seine Unmöglichkeit. Das Deutsche Reich war ein aus Protestanten, Katholiken und Juden gleichermaßen (wenn auch – zugegeben – bei unterschiedlich verfaßter Integration) gefügtes Gemeinwesen. Eines seiner Bestandteile, der jüdische, ist nach Auschwitz in einem nationalen deutschen Sinne nicht mehr restituierbar. Die Wiederherstellung des Nationalen in Deutschland wäre auf dem Trennenden zu errichten. Der Belebung des Nationalen wäre mithin ins Stammbuch zu schreiben, daß sie sich auf Grundlage vollbrachter Tat – dem negativen Erfolg – einer vollständigen Vernichtung und nicht etwa einer bloß quantitativen Dezimierung eines ihrer konstitutiven Anteile zu erfreuen hätte. Damit wäre der nicht-nationale, weil anti-nationalsozialistische Grundkonsens, ein konkludenter »contract moral«, sozusagen die post-nationalsozialistische Geschäftsgrundlage des Republikanismus aufgekündigt.

Zwar betreiben nur wenige das Projekt der Nation. Aber viele werden dem Naturwuchs der Verhältnisse, der treibenden Sehnsucht nach Normalität nicht widerstehen können. Ganz ohne Kosten wiederum wird diese nicht zu haben sein. Zu zahlen wäre mit dem Verzicht auf jene Auschwitz geschuldeten Elemente aufgeklärter Aufklärung. Elemente von Aufklärung, die trotz historisch verwirklichter Gegensetzung noch nicht verschlungen worden waren. Ansonsten beteiligt sich eine an Auschwitz vorbeigeführte Aufklärung ungerührt an ihrer eigenen Destruktion. Sie nährt den Mythos des nationalen Kollektivs.

Was bleibt? In die Defensive gedrängt, verbieten sich leichte Entwürfe der Positivität. Jetzt schlägt – wieder einmal – die Stunde des Mediums der Aufklärung: der Kritik sans phrase.

I. Aufklärung

Helmut Dubiel
Politik und Aufklärung

Daß das, was Aufklärung sei, alles andere als selbstverständlich ist, erkennt man schon daran, daß manche Sprecher der großen parteipolitischen Blöcke in der Bundesrepublik jetzt wechselseitig beginnen, das Verhältnis zwischen sich und ihren Gegnern mit dem Verhältnis von Aufklärung und Gegenaufklärung gleichzusetzen. Ob sich auch dieser Kongreß in dem eigentümlichen Streit um die Legitimität eines unmittelbaren Besitzanspruchs an die Aufklärung erschöpft, wird sich zeigen. Wir kennen diesen Streit aus der Gelehrtenrepublik seit etwa Anfang der siebziger Jahre. Daß er so wenig entscheidbar ist, hat mit den Spannungen zu tun, die im Begriff der Aufklärung angelegt sind. Darüber will ich reden.

Wenn wir die politische Gegenwart uns und anderen zu erklären versuchen, unseren Standpunkt in ihr rechtfertigen, den anderer kritisieren, bewegen wir uns unausweichlich im Bedeutungshof von Begriffen und Denkmustern, die im Zuge der Aufklärung entstanden sind. Ihre unmittelbare und suggestive Plausibilität gewannen Begriffe wie der der »Toleranz«, der »Freiheit«, der »Öffentlichkeit«, der »freien Wirtschaft«, der »autonomen Wissenschaft«, der »Meinungsfreiheit« aus ihrem Kontrastprofil gegenüber einer vorbürgerlichen Wirklichkeit. Die Hilflosigkeit gegenwärtiger Zeitdiagnosen ergibt sich vor allem aus dem banalen Umstand, daß wir die Zeitgenossen einer spätbürgerlichen Gesellschaft sind – d. h. einer Gesellschaft, die das Rechtfertigungskapital, das sie aus ihrer Entgegensetzung zu vorbürgerlichen Denk- und Herrschaftsformen ziehen konnte, längst aufgebraucht hat. Leitbegriffe wie die oben genannten haben die Durchsetzung der bürgerlichen Gesellschaften ja nicht nur wie ein fernes Leuchtfeuer begleitet. In den Strukturen der kapitalistischen Wirtschaft, in den Grundlagen des modernen Rechtsstaates, in den Verhaltenscodices der Amts- und Betriebsbürokratien, der Hochschulen und Akademien, in der Verhältnisbestimmung von Staat und Kirche, in den Lehrplänen der Schulen, in den Hausordnungen der Gefängnisse, in den Diagnoseprozeduren der Psychiatrie haben jene »ideés directrices« eine institutionelle Gestalt angenommen. Darum kann, wer sich in der Absicht politischer Orientierung in unserer Gegenwart auf jene Vorstellungswelt des 18. Jahrhunderts bezieht, gar nicht umhin, sich der Bedeutungsveränderungen zu vergewissern, die die Aufklärung in der Folge ihrer Durchsetzung erfahren hat. Bei diesem Unterfangen orientiere ich mich an dem radikalsten philosophischen Versuch, die Aufklärung im Lichte ihrer Folgen zu kritisieren. In den vierziger Jahren unseres Jahrhunderts schreiben Horkheimer und Adorno das Buch *Dialektik der Aufklärung*. Mit diesem Titel artikulieren sie eine dramatische Enttäuschung von Erwartungen.

Das großartige Vorhaben, die menschlichen Verhältnisse frei von allen Vorgaben der Transzendenz und Tradition, rein aus der Vernunft zu konstruieren, schlägt um in eine historisch völlig neuartige, anonyme, ungreifbare Form von Herrschaft – ungreifbar deshalb, weil die neuen Verhältnisse selbst unter dem Siegel von Rationalität und Befreiung antreten. Aus dem sinnvollen Projekt der Beseitigung irrationaler ständischer Privilegien erwächst eine monströse, alle Poren des Gesellschaftskörpers durchdringende Verwertungsrationalität. Aus dem Bemühen, durch eine forcierte Entwicklung der Produktivkräfte den Naturzwang zu brechen, resultieren Zerstörungen, die die natürlichen Lebensgrundlagen der Menschen allmählich selbst untergraben. Das mit humanistischem Pathos begonnene Projekt der theoretischen Erklärung der natürlichen und sozialen Welt schlägt um in eine nur noch von ökonomisch-technischen Verwertungsimperativen vorangetriebene Wissenschaftsentwicklung, die in keinem Verhältnis mehr zu humanen Zielsetzungen steht. Die Emanzipation der Kunst von klerikaler Zensur mündet am Ende in eine manipulative Massenkultur. Die aufklärerische Humanisierung der Erziehung und des Strafvollzugs bereitet letztlich den Weg für eine repressive Ich-Autonomie, in der subjektive Freiheit mit der Internalisierung äußerer Zwänge verwechselt wird. Kurzum: die durchgeführte Aufklärung gelangte nicht, wie man mit Kant hätte hoffen können, zu einem öffentlichen Räsonnement über die Zwecke, die eine aufgeklärte Menschheit sich setzen will. Sie führte vielmehr zur Dominanz der Mittel über den Zweck, zur Despotie der Zweckrationalität – zu einer zweiten Natur, die sich dem Menschen ähnlich fremd und entscheidungsverschlossen darbietet wie die erste. In dem durchgeplanten, klimatisierten, computerisierten und voll versicherten Gehäuse der Gesellschaft – so ließe sich das Bild aktualisieren – bewegt sich der moderne Mensch ähnlich angstbesessen und desorientiert wie der Urmensch im Dickicht der vorgeschichtlichen Welt. Horkheimer und Adorno stellen die benannten Phänomene eines Umschlags der Aufklärung in eine Struktur umfassender Entfremdung in den Rahmen einer düsteren Geschichtsphilosophie. In der *Dialektik der Aufklärung* entwickeln sie die These, daß der durch die Expansion von Wissenschaft und Technik vorangetriebene Prozeß der Entzauberung nicht die Schiene eines garantierten Fortschritts markiert, sondern die Spur einer universalgeschichtlichen Regression. Sie reicht zurück bis zu den frühgeschichtlichen Anfängen der Naturbearbeitung, findet in den Grundstrukturen des abendländischen Rationalismus ihre Leitlinie, wird in der Geistesgeschichte des 18. Jahrhundert selbstreflexiv, um dann schließlich im 20. in barbarischen Aktionen der industriellen Vernichtung von Menschen zu münden. Max Webers Vision, daß in einer vollends entzauberten Welt die Götter wieder den Gräbern entsteigen, spitzen sie zu der geschichtsphilosophischen These zu, daß eine forcierte Aufklärung in Gestalt der Ausbreitung formal-rationaler Sinn- und Herrschaftssysteme zugleich ihr Gegenteil mitproduziert. Aufklärung schlägt in Mythologie zurück. Die Moderne ist nach ihrer Ansicht gekennzeichnet durch einen sich permanent verdichtenden Konflikt zwischen einer verdinglichten formalen Rationalität und einer aus magischen, animistischen und mythischen Motiven sich speisenden irrationalen Weltflucht.

Anläßlich einer Tagung über die medizinische Anwendung gentechnischer Methoden ereignete sich jüngst ein kleiner Zwischenfall, der bildhaft diese Erwartung von Horkheimer und Adorno erläutert. Ein Molekularbiologe, der an Techniken der Gen-Manipulation arbeitet, hatte gerade am Podium Platz genommen, als eine mit schwarzen und violetten Tüchern verhüllte Gruppe von Frauen das Podium stürmte und vor das noch vakante Mikrophon ein Häufchen Erde ausschüttete. Auf mitgebrachten Flugblättern erläuterten sie den Sinn dieser symbolischen Aktion. Es sollte demonstriert werden, daß die durch die naturwissenschaftliche Entwicklung geknebelte Erde auf dieser Tagung keine Stimme habe.

In dieser sprachlosen Konfrontation zwischen dem Repräsentanten einer Technik, die in Integritätsbereiche menschlicher Leiblichkeit eingreift, deren Unverfügbarkeit noch vor wenigen Jahrzehnten als anthropologische Konstante galt, mit jenen Repräsentantinnen einer panischen Furcht vor einer vollends entfesselten instrumentellen Vernunft liegt das gegenwärtige Dilemma des Verhältnisses von Politik und Aufklärung beschlossen. Denn Politik hat in beider Denkhorizonte keinen Ort mehr. Bei den Herren der supertechnokratischen Modernisierung deshalb nicht, weil sich ihnen alle politischen Probleme nur noch im Horizont sozialtechnischer und wissenschaftlich-technischer Problemlösungsmittel stellen. Politik als das Ensemble aller Institutionen der kollektiven Willens- und Entscheidungsbildung ist in ihrem zynischen Realismus ohnehin allein eine Anstalt der Akzeptanzsicherung und polizeilichen Durchsetzung von Entwicklungen, die in den Forschungs- und Entwicklungsabteilungen der großen Konzerne ihren Ursprung haben. Und bei jenen Frauen nicht, weil sie, überzeugt davon, daß es einen inneren Zusammenhang zwischen der rationalen Grundstruktur unserer Zivilisation und den Katastrophen der Moderne gibt, ja gar nicht anders können, als auf symbolische Ausdrucksmittel zurückzugreifen, die aller Aufklärung vorausliegen. In diesem Niemandsland zwischen einer restlosen technokratischen Aneignung der Aufklärung und der fundamentalistischen Ablehnung ihres gesamten Erbes verdorren die normativen Wurzeln, aus denen sich die Motive der bürgerlichen Revolutionäre, der Arbeiterbewegung und zeitgenössischer sozialer Kämpfe speisten. Die Frage nach der Zukunft der Aufklärung ist also die Frage nach jenem Dritten, in dessen Licht uns die Konfrontation von Technokratie und Fundamentalismus so unerträglich vorkommt.

Horkheimer und Adorno haben die spätbürgerliche Welt tatsächlich aus der Perspektive einer *durchgesetzten* instrumentellen Vernunft rekonstruiert, eines grenzenlos gewordenen Tauschwerts, völlig versachlichter menschlicher Beziehungen, einer restlos gleichgeschalteten Subjektnatur. Dies ist eine Perspektive, die einem über die Dialektik der Aufklärung Aufgeklärten nur noch die haarsträubende Alternative beläßt, im Gehäuse der Hörigkeit Karriere zu machen oder außerhalb seiner verrückt zu werden. Dies ist gewiß eine suggestive Blickweise. Aber durchhalten kann sie nur der, der sich selber davon ausnimmt. Ob die Aufklärung noch eine Chance hat, hängt also ab von Individuen und sozialen Gruppen, die sich zwar über deren Dialektik Rechenschaft ablegen, die aber zugleich die von Horkheimer und Adorno vorgegebene Perspektive nicht totalisieren. Sie hängt schlicht davon ab, daß es weiße Flecken auf der Landkarte der verwalteten Welt gibt, Ungleichzeitigkeiten und Brüche in ihrer Dynamik und syptomatische Widerstände gegen ihre Durchsetzung.

Die intellektuelle und politische Faszination über den Sand im Getriebe der verwalteten Welt, die ich mit vielen Angehörigen meiner Generation teile, mag eine gewaltige Selbsttäuschung sein, eine illusionäre Fluchtbewegung vor der Fliehkraft des geschichtlichen Trends. Wer vermag das letztlich zu entscheiden? Ich kann zu meinen Gunsten zunächst nur registrieren, daß große Teile der politischen und sozialwissenschaftlichen Öffentlichkeit der achtziger Jahre – ganz anders als die der fünfziger und sechziger Jahre – im Bann von gesellschaftlichen Entwicklungen stehen, die eher auf symptomatische Schwierigkeiten formaler Rationalisierungsprozesse verweisen, denn auf ihr Gegenteil. Ich nenne nur, in unsystematischer Folge: die vielbeschworene Grenze der tayloristischen Arbeitsorganisation, die öffentliche Moralisierung der wissenschaftlich-technischen Entwicklung, die Dramatisierung der Frauenfrage, die ungeheuer gesteigerte Vielfalt von Lebensformen, Lebensstilen und selbstbewußt gewordenen Milieus, die Konjunktur hedonistischer Wertorientierungen und Freizeitkulturen. All diese verwirrenden Phänomene, die zwar, jeweils für sich genommen, den großen Prozeß formaler Rationalisierung nicht zum Stillstand gebracht, aber doch oft abgebremst haben, öffnen den Blick für zivilisatorische Entwicklungen, die eher auf immanente Grenzen der Entzauberung hinweisen. Ich habe manchmal den Eindruck, daß die *Dialektik der Aufklärung* – völlig entgegen den Erwartungen ihrer Autoren – unter die Leute gekommen ist und die Gesellschaft verändert hat, deren Theorie sie sein wollte. Meine These, daß wir es gegenwärtig eher mit Phänomenen der Entzauberung der Entzauberung zu tun haben, will ich an einem zentralen Problem, nämlich dem des Verhältnisses von Wissenschaft und Politik, kurz nachgehen.

In den entwickelten Gesellschaften wird die Wissenschaft sowohl zur ersten Produktivkraft als auch zum dominierenden Medium gesellschaftlicher Selbstverständigung. Die großtechnischen Innovationen wie Kernenergie, Mikroelektronik, neuerdings die Biotechniken und die fast lückenlose Überformung unserer Lebenswelt mit sozialwissenschaftlichen Deutungsangeboten sind die deutlichsten Belege für eine Zivilisation, die bis in die Grundlagen ihrer materiellen und kulturellen Reproduktion wissenschaftsabhängig ist. Die technokratischen Utopien der fünfziger und sechziger Jahre haben darin nur die lineare Fortschreibung und quantitative Verdichtung des Projektes formaler Rationalisierung sehen können. Aber könnte es nicht sein, daß diese forcierte Expansion einer naturwissenschaftlich-technischen und sozialwissenschaftlichen Aufklärung auf den Prozeß der Entzauberung selbst zurückwirkt – und zum Auslöser von Gegentendenzen wird? So ist inzwischen nicht nur einigen ökologischen Kritikern, sondern wahlrelevanten Bevölkerungsteilen deutlich geworden, daß die eigentliche Quelle zivilisatorischer Gefährdungen nicht mehr in der unbegriffenen chaotischen Natur liegt, sondern in den nicht-antizipierten Nebenfolgen und Risiken der verwissenschaftlichten Zivilisation. Es ist eine Situation entstanden, die Ulrich Beck auf die nur scheinbar paradoxe Formel gebracht hat, daß Wissenschaft zur Definition gesellschaftlicher Problemlagen zwar immer notwendiger, aber zugleich auch immer weniger hinreichend wird. Immer notwendiger, weil auf Wissenschaft bei der Registrierung, Bestandsaufnahme und Reparatur zivilisatorischer Schäden nicht verzichtet werden kann. Immer weniger hinreichend, weil eine sich selbst überlassene wissenschaftlich-technische Entwicklung auf die Frage, wie wir in Zukunft leben wollen, eigentlich nur noch negative Antworten bereit hält. Die Grenze zwischen dem öffentlichen und dem wissenschaftlichen Diskurs wird eigentümlich durchlässig, und zwar von beiden Seiten her. Zum einen wird das Prinzip wissenschaftlichen Argumentierens auch in der politischen Öffentlichkeit universalisiert. Es gibt kaum noch eine politische Gruppierung, die auf wissenschaftliche Experten verzichten kann. Nur der ökologische Protest hat Aussicht auf Erfolg, der sich selbst auf Gegenexpertisen stützen kann. Selbst die bischöfliche Verdammung der gleichgeschlechtlichen Liebe stützt sich nicht mehr nur auf offenbarte Prinzipien, sondern zusätzlich auf epidemiologische Daten über die Ausbreitungsgeschwindigkeit von Aids. Zum anderen wird das die Wissenschaft intern kennzeichnende Prinzip der Kritik, der Fallibilität, von seiten der politischen Öffentlichkeit auch auf die Wissenschaft selbst angewandt. Alles könnte anders sein, auch die gegenwärtigen Resultate und die Meinungen der Experten. Was die Wissenschaft verliert, ist das von ihr seit der Aufklärung reklamierte Monopol auf Rationalität. Eine ihres Monopolanspruchs auf Rationalität entkleidete, sozusagen entzauberte Wissenschaft ist nur noch ein Medium, eine

Art franca lingua, in der sich die verschiedenen Subjekte im politischen Raum um die Organisation der öffentlichen Angelegenheiten streiten. Eine entzauberte Aufklärung nötigt heute dazu, als ein kollektives Problem demokratischer Entscheidung anzusehen, was in früheren Jahrzehnten noch als die plane Unterordnung von Politik unter den stummen Zwang wissenschaftlicher Rationalität erscheinen konnte.

Die von den Ideen der Aufklärung inspirierten Revolutionäre des 18. und 19. Jahrhunderts hatten die größten Schwierigkeiten, sich von einer innerweltlichen und damit notwendig fallilen und immer wieder revisionsbedürftigen Legitimation politischen Handelns einen Begriff zu machen. Vom Kult der Vernunft, einer hypostasierten nationalen Identität, der Proklamierung geschichtsphilosophischer Nahziele bis hin zur gegenwärtig noch wirkenden Vorstellung einer durch Technik- und Wissenschaftsimperative überdeterminierten Politik reichen die Versuche, die geschichtstranszendente Legitimierung der öffentlichen Sphäre nur mit säkularisierten Mitteln fortzuschreiben. Insofern mag man sagen, daß eine mit dem Monopolanspruch auf Rationalität auftretende Wissenschaft die letzte Metaphysik der Moderne war. In unseren vollends entzauberten Zeiten gibt es keinen außerhalb der Gesellschaft selbst liegenden archimedischen Punkt mehr, von dem aus die Art und Weise, wie Menschen leben wollen, über die Köpfe der Beteiligten hinweg konstruiert werden könnte.

Wenn kein aufgeklärter Monarch, keine Avantgarde-Partei und kein Expertengremium – kurzum kein dem gesellschaftlichen Streit sich entziehender meta-politischer Gesamtplan mehr legitime Geltung im öffentlichen Raum beanspruchen kann, hängt die Zukunft der Aufklärung einzig ab von den Institutionen, politisch-kulturellen Umgangsformen und moralischen Grundorientierungen, in deren Rahmen sich der Prozeß demokratischer Willensbildung vollzieht. Ein mit »Demokratie« gleichgesetzter, geläuterter Begriff der Aufklärung ist nicht mehr bezogen auf eine exklusiv ausgezeichnete Lebens- und Denkweise, sondern auf die politische Form, in der sich die Vielzahl gesellschaftlicher Gruppierungen und Orientierungen zueinander in Beziehung setzt. Der Grundkonsens einer demokratisch aufgeklärten Gesellschaft ruht nicht mehr auf vorgegebenen partikularen Ähnlichkeiten und auch nicht auf stumm akzeptierten »Sachzwängen«, sondern bildet sich in der Kette durchgestandener Konflikte, wechselseitig akzeptierter Divergenzen und der gemeinsam ertragenen Offenheit des geschichtlichen Verlaufs. Albrecht Wellmer unterscheidet diese Vision eines demokratischen Universalismus in drei Hinsichten von den politischen Strömungen, die unmittelbar der Aufklärung entsprungen sind: erstens von der bürgerlichen Tradition in der Hinsicht, daß von Demokratie erst dann die Rede sein kann, wenn diese nicht nur auf einige Aspekte des politischen Systems beschränkt bleibt, sondern zu einer kulturellen Lebensform wird. Zweitens von der marxistischen und anarchistischen in der Hinsicht, daß ein befreiter Gesellschaftszustand nichts mit Harmonie zu tun hat, sondern daß Konflikt und Dissens die Normalform politischer Kommunikation sind, und drittens von den rationalistischen Implikationen beider Traditionen durch die Einsicht, daß abschließende, letzte Legitimationen nicht möglich sind.

Die regulative Idee eines solchen demokratischen Universalismus hat einst Adorno in dem Aphorismus formuliert: »Utopie wäre, ohne Angst anders zu sein.«

Peter Glotz
Politik und Aufklärung
*Kritische Bemerkungen zu einem Vortrag
von Helmut Dubiel*

I.

In Helmut Dubiels Vortrag steht der Satz: »In dem durchgeplanten, klimatisierten, computerisierten und voll versicherten Gehäuse der Gesellschaft (...) bewegt sich der moderne Mensch ähnlich angstbesessen und desorientiert wie der Urmensch im Dickicht der vorgeschichtlichen Welt.«

Kein Zweifel, für diese These gibt es ein paar schöne Belege; der letzte ist die Nachricht, daß Uwe Barschel zwei Jahre lang täglich 4,5 mg Tavor genommen hat. Angstbesessen war der Mensch, und nicht nur er. Aber wirklich wie der Urmensch im Dickicht der vorgeschichtlichen Welt? Ist da nicht zuviel postmodernes Rauschen im Satz? Ich sehe die Aufklärung als Baustelle; die Arbeiter da oben auf dem Gerüst werden schwindlig. Ich will mich nicht länger auf diesen Satz Helmut Dubiels fixieren; zumal ich mich an hundert vergleichbaren festbeißen könnte. Ich stimme einem Programmsatz Theodor W. Adornos und Max Horkheimers zu. Der heißt für mich: »Die Aufklärung muß sich auf sich selbst besinnen, wenn die Menschen nicht vollends verraten werden sollen.« Aber ich finde, daß unsere religiöse, ästhetische und moralische (manchmal auch moralisierende) Kulturkritik sehr häufig allzu nonchalant über fundamentale Veränderungen im Leben der Menschen hinweggeht: über die Minderung sozialen Massenelends – jedenfalls in Europa –, über die Bekämpfung von bodenlosem Schmerz, über die Verlängerung der menschlichen Lebenserwartung und über ganz erstaunliche und großartige Weiterentwicklungen menschlicher Welterkenntnis, etwa in der Quantentheorie, der Molekularbiologie und bei bestimmten Ingenieurarbeiten, sei es in der Mikroelektronik, der Datenverarbeitung oder der Optik.

Mir ist bewußt, daß mir der Ton, mit dem ich die letzten Sätze formuliert habe, zu idyllisch geraten ist, aus Trotz und Opposition gegen modische Melancholie. Mein Lieblingsbuch ist die

Dialektik der Aufklärung nicht; der Soupçon gegen Jazz, Positivismus und »Gewerkschaftsbonzen« ist mir zu schroff. Aber der erste Satz dieses Buches heißt bekanntlich: »Seit je hat Aufklärung im umfassenden Sinn fortschreitenden Denkens das Ziel verfolgt, von den Menschen die Furcht zu nehmen und sie als Herren einzusetzen.« Welche Reaktionen würde dieser Satz, heute formuliert, wohl auslösen? Erstens ein Hohnlachen wegen der Idee, von den Menschen die Furcht zu nehmen; und zweitens eine Sottise über die Tatsache, daß die Menschen so maskulin als »Herren« eingesetzt werden sollen. Kurz und gut, der Zustand unseres »Diskurses« macht mich aggressiv.

Denn in der Tat bin ich der Auffassung, daß die Linke von der Bildfläche verschwindet, wenn sie den Anspruch »fortschreitenden Denkens« endgültig verwirtschaftet hat. Wohlgemerkt: Ich rede von »der Linken«, nicht von einer Partei. Des »unmittelbaren Besitzanspruchs an die Aufklärung« will ich mich nicht zeihen lassen. Und im übrigen könnte ich ihn auch gar nicht erheben; ich weiß zu genau, wie die Fronten inzwischen durcheinandergehen. Die größte denkbare aller Koalitionen könnte bald einmal aus einem veritablen Teil von Sozialdemokraten, der CSU, den Sozialausschüssen der Union, den Grünen und den beiden christlichen Kirchen bestehen; beispielsweise bei bestimmten Diskussionen um Wissenschaftsfreiheit und Kunstfreiheit. Wahrlich, wir leben in interessanten Zeiten.

II.

Meine These lautet, daß der Kern der Verunsicherung der Linken nicht nur in der Bundesrepublik, sondern in weiten Teilen Europas eine philosophische Desorientierung ist. Die demokratisch-sozialistischen Parteien und die Gewerkschaften in Westeuropa haben sich mit einer großen Kraftanstrengung von allen dogmatischen Formen des Marxismus befreit; aber die dringend notwendige ideologische Öffnung geriet ihnen zuweilen zur blinden Pragmatisierung. Die Toleranz wuchs sich zur Gleichgültigkeit aus: Das Prinzip »jeder kann seinen Sozialismus begründen, wie *er* will« führte zu der Zuspitzung: »Egal, warum einer bei uns ist, Hauptsache er ist bei uns.« So befreite sich die Linke nicht nur von einer »wissenschaftlichen« Weltanschauung; ihr kam die Aufklärung als

Idee fortschreitenden Denkens abhanden. Jetzt fühlt sie sich frei; aber sie ist frei wie ein Ausflügler, der seine Geldbörse auf der Lichtung liegen ließ und es noch nicht bemerkt hat, weil er seither noch nicht zahlen mußte.

Die Behauptung, daß die Linke nichts sei als ein Produkt der Industrialisierung der letzten 150 Jahre, stimmt nicht einmal für die Sozialdemokratie. Aber natürlich ist die Linke ein Kind jener Moderne, die mit Descartes begann und sich das Ziel setzte, die Welt zu entzaubern und eben – Adorno/Horkheimer – den Menschen »die Furcht zu nehmen und sie als Herren einzusetzen«. Der Humanismus der Aufklärung ist konstruiert um ein Subjekt, das man sich als autonom vorstellte. Wer diese Vorstellung einfach preisgibt, so lautet meine These, der zieht der Linken den Boden weg, auf dem sie steht.

Gegen dieses Subjekt aber wird seit Jahrzehnten ein groß angelegter Prozeß geführt. Die Zeugen der Anklage sind Legion: Ob strenge Marxisten den Humanismus des jungen Marx verwerfen und die Eigendynamik ökonomischer, objektiver Strukturen beweisen; ob Nietzscheaner (wie Michel Foucault in *Wahnsinn und Gesellschaft*) nachweisen wollen, daß das finstere Mittelalter dem Wahnsinn menschlicher begegnete als die Neuzeit, und damit jeden Fortschritt lächerlich machen; ob die Psychoanalyse (wie der französische Freudianer Jacques Lacan) die Philosophie des Cogito entlarvt und das Subjekt cool »aus dem Zentrum rückt«; ob die Naturphilosophie den Menschen zur Natur in der Natur herunterstuft – der Anspruch des Subjektes, »Herr« seines Denkens und Handelns zu sein, ist auf der ganzen Linie bestritten.

Willkürlich sind diese Anklagen keineswegs. Für Descartes war der Mensch »Beherrscher und Besitzer der Natur«. Der Besitz ist ziemlich heruntergewirtschaftet. Wenn die Menschheit die Ortsnamen Auschwitz, Hiroshima, Nagasaki, My Lai, Tschernobyl, Bhopal und ein paar Hundert weitere memoriert, wird ihr Angst. Es gibt eine Verstrickung der Aufklärung in blinde Herrschaft. Deswegen kann nur eine aufgeklärte Aufklärung überleben. Deswegen muß Europa den *quantitativen* Fortschrittsbegriff überwinden und einen *qualitativen* an seine Stelle setzen.

Aber auf die vollständige Dekonstruktion der Moderne, wie sie sich in den letzten Jahren vollzog, hat die Linke keine Antwort mehr. Als notwendig aktivistische, auf gesellschaftliche Hoffnungen angelegte Bewegung wird sie wehrlos, wenn der Fortschritt der Geschichte als »kreisförmig« betrachtet wird. Warum soll man sich dann herumquälen? Wer das Subjekt, das einmal stolz sein Ego Cogito herausgeschleudert hat, nur noch als Ding unter Dingen betrachtet, wird sich fragen, ob er versuchen soll, die Welt durch »Arbeit« mühsam zu verändern. Und wenn der Mensch in den Strukturen aufgeht – also nicht denkt, sondern gedacht wird, nicht spricht, sondern gesprochen wird –, dann kommt vielleicht nicht bewußt, aber doch unbewußt die Frage, ob der ganze Lärm um die Menschenrechte eigentlich noch viel Sinn macht?

Die »Aufhebung« dieses Problems im christlichen Glauben mag möglich sein. Vielleicht braucht der gläubige Christ den Fortschritt nicht. Er hat die Erlösung durch Christus. Aber wer in den modernen Gesellschaften, wer in den linken Massenorganisationen (und wer in den rechten?) trägt diese eiserne Ration im Beutel?

Dies aber heißt: Wenn der Linken jetzt, nach 400 Jahren Arbeit auf der großen Baustelle der Aufklärung, oben auf dem Gerüst schwindlig wird, dann wird ihr die Arbeitserlaubnis entzogen. Wenn die Linke die Linie, die Descartes, Kant, Hegel und Marx, die Newton, Galilei, Darwin, Freud und Einstein gezeichnet haben, aufgibt – statt sie weiterzuentwickeln –, gibt sie sich selbst auf.

Rudolf Wiethölter
Politik und Aufklärung
Bemerkungen aus der Rechts- und Juristenwelt

I.

Ich nehme Helmut Dubiels diagnostische und skeptisch-zuversichtliche prognostische Hauptstichworte auf und verfolge sie für eine Rechts- und Juristenwelt, in der sich die gekennzeichneten Entwicklungen natürlich zusätzlich bemerkbar machen, weil es um durchsetzbare Macht und Gewalt geht. Diese Stichworte waren: Despotie der Zweckrationalität als Erbschaft einer Dialektik der Aufklärung, gegenwärtiges Dilemma von Politik und Aufklärung als Komplementarität von Technokratie und Fundamentalismus, mit verdorrendem normativem Potential (»Unverfügbarkeiten«) zwischen radikaler technokratischer Aneignung der Aufklärung und ihrer fundamentalistischen Ablehnung, mit der unerträglichen Lebensweggabel, im Gehäuse der Hörigkeit Karriere zu machen oder außerhalb davon verrückt zu werden; schließlich aber auch Ambivalenzen dieser Entwicklungen, als Entzauberungen, vor allem als demokratische Hoffnungen, daß, wenn alles auch anders sein könne und es keinerlei archimedische Punkte außerhalb der Gesellschaft mehr gebe, für ganz unterschiedliche Menschen und Lebensweisen Platz zu schaffen sei.

Zehn Minuten Zeit für diese Stellungnahme – ich suche meine Zuflucht in Kunstgriffen (Ziel: omnia omnes omnimo): zwei Zitate, zwei Kurzgeschichten, vier Thesenstichworte.

II.

»Das Ziel des Rechts ist der Friede, das Mittel dazu der Kampf... Das Leben des Rechts ist Kampf... Alles Recht in der Welt ist erstritten worden, jeder wichtige Rechtssatz hat erst denen, die sich ihm widersetzten, abgerungen werden müssen... Das Schwert ohne die Wage ist die nackte Gewalt, die Wage ohne das Schwert die Ohnmacht des Rechts... Recht ist unausgesetzte Arbeit und zwar nicht etwa bloss der Staatsgewalt, sondern des ganzen Volkes... Der Kampf um's Recht ist eine Pflicht des Berechtigten gegen sich selbst.« So – im Wiener Frühling 1872 – Rudolf von Ihering in einem weltberühmten Vortrag (viele Übersetzungen, viele Auflagen; Titel: *Der Kampf um's Recht*, sein Motto: »Im Kampfe sollst du dein Recht finden«).

»Kein noch so aufrichtiges Motiv, keine noch so edle Absicht ist in einer freiheitlichen Demokratie geeignet, das Mittel des Rechtsverstoßes zu legitimieren. Im Gegenteil. Hier entheiligen die widerrechtlichen Mittel diese Zwecke. Gerade in der Wahl der Mittel offenbart sich ja, ob eine Gesinnung gemeinschaftsfähig ist.« So W. Wallmann, zitiert nach *FAZ* vom 3. 12. 1987.

Zwei Welten von Juristen? Zwei Reiche von Recht? In Wahrheit: dasselbe Bild der Welt, auch wenn Ihering (damals vor allem gegen J. Kohler) eher vom Unrecht an Shylock, Wallmann eher von der Hafenstraße in Hamburg spricht. Es ist dasselbe Bild der Welt, das *Bild* und *Welt* in kleine Kopien zerschneiden (»Erbarmungslose Verfolgung des kleinen Parksünders – Chaoten und Terroristen zu Verträgen und Audienz beim 1. Bürgermeister«).

Statt langer Vorträge zur politischen Aufklärungsgeschichte von Recht zwei Kurzgeschichten, als Kunstgriffanleihe bei einer Zeit, als es noch keine »Geschichte« gab, sondern nur »das Geschichte« und »die Geschicht«.

1) In Veranstaltungen für Jura-Studenten zu Beginn ihres Studiums und in der Richterakademie (vor Richtern unterschiedlichen Alters und unterschiedlicher Profession wie auch »Bildung«) habe ich wiederholt das folgende Gedicht vorgetragen, mit der Bitte, die Zuordnungen zu bestimmen:

> Der eine fragt: Was kommt danach?
> Der andere fragt nur: Ist es recht?
> Und also unterscheidet sich
> Der Freie von dem Knecht.

Quer durch die Gruppen, aber signifikant zuzuordnen das Ergebnis: Je »befangener« der Richter und Student (in literarischer und philosophischer Bildung), desto eindeutiger war es der Freie, der – gesinnungsethisch – frage: Ist es recht? Je »unbefangener«, spontaner, unreflektierter Richter wie Studenten reagierten – die übergroße Mehrheit übrigens (»natürlich«!) –, desto eindeutiger wurde des Freien Frage – verantwortungsethisch – (modischer: folgenreflektiert) interpretiert: Was kommt danach?

2) Vor kurzem erhielt eine hochgestellte Kulturbeamtin (eines süddeutschen Landes) auf einem Kongreß tosenden Beifall für ihre poetischen Aufklärungen über Rechtskultur mit Hilfe eines Zitats des »Freiheits-Dichter-Fürsten Schiller«: »Was ist des Freiesten Freiheit? Recht zu tun!«

Mir geht es hier nicht, obwohl wichtig genug, um Hermeneutik, um Quellenwerkgerechtigkeit und Interpretationsautonomie. Theodor Storm war kantianisch »gesinnt«, und immerhin stellte die *FAZ* sofort klar, daß es sich um Goethes Egmont handele. Weitere Aufklärung hätte aus der Schlüsselszene (= 4. Aufzug) zwischen Egmont und Alba den Kontext erbracht: *Egmont:* »... Die Niederländer fürchten ein doppeltes Joch, und wer bürgt ihnen für ihre Freiheit?« *Alba:* »Freiheit? Ein schönes Wort, wers recht verstände! Was wollen sie für Freiheit? Was ist des Freiesten Freiheit? – Recht zu tun! – und daran wird sie der König nicht hindern. Nein! nein! sie glauben sich nicht frei, wenn sie sich nicht selbst und andern schaden können ... Weit besser ists, sie einzuengen, daß man sie wie Kinder halten, wie Kinder zu ihrem Besten leiten kann. Glaube nur, ein Volk wird nicht alt, nicht klug; ein Volk bleibt immer kindisch.«

Mir geht es auch nicht, obwohl noch wichtiger, um den festen Besitz leitender Grundsätze als Illusion und Ideologie, als Glaube und Überzeugung für »Charakter und Handeln«. Mir geht es hier und heute allein um den abgeschlossen-selbstsicheren (praktischen) Verwendungszusammenhang von (historisch-genetischen) Entstehungsbedingungen: Recht tritt in allen Kontexten als eine undeutlich-eindeutige, unbestimmt-bestimmte Invarianz auf, Invarianz eines Ganzen im Verhältnis zu seinen Teilen, von Zwecken (Zielen) und Mitteln (Wegen), von oben und unten, kurzum: als ein »proprium«, das vor allem den (uns) Juristen »zu allem fähig« macht.

Radikale Aufklärung – und das ist heute die Entwicklungspointe im Recht – ist nicht mehr (wie etwa vor 20 Jahren) das Thema von »Rechtsfeinden« und »Gesellschaftszerstörern«, sondern Recht gilt heute für die »herrschenden Obermeinungen« als »vorwissenschaftlich, vorindustriell, vordemokratisch«. Diese Pointe gilt es, als kritische Konstruktions-Ambivalenz zu verbreiten – und zwar als »Rechtslehre« qua Volksbildung und gesellschaftliches Lernen, aber gerade nicht als »Rechtskunde« qua Abrichtung eines immer kindisch bleibenden Volkes. Recht verdient es in der Tat, »eingesehen« (und befolgt) und nicht »eingeprügelt« zu werden (R. v. Weizsäcker). Etwas genauer: Einzuprügeln ist Recht ohnehin nicht, weil es keine unveränderlich-unverrückbare feste Stücke – kernfest und auf die Dauer – gibt, wie jeweilige (ganz gleich, ob »rechts« oder »links«) Parteinahme gern gegen jeweilige Gegner reklamiert. Einzusehen ist es indessen nicht ohne erhebliche Anstrengungen, Voraussetzungen, Selbstbeschränkungen, kurzum: nicht ohne Inanspruchnahme von »Pflichten«. Und vor aller Einsicht in Recht hat Recht als Einsicht zu stehen. Kein Wunder, daß »Aufklärung« für viele längst als die Krankheit herhalten muß, zu deren Heilung sie in solcher Sicht angeblich diene. Die Schwierigkeiten mit solcher »Einsicht« und die daraus gewinnbaren schrecklichen Vereinfachungen machen das Unbehagen im Recht heute aus. Und selbstverständlich siedeln genau hier die unterschiedlichen Chancen unterschiedlicher »Rechtslehren«.

III.

Ich fasse die wohl wirksamsten Entwicklungszüge in vier Thesenstichworten zusammen:

Erstens: Bürgerliche (emanzipative, säkulare) Gesellschaftlichkeit in Freiheit und Frieden ist – in traditioneller Sprache – ein Verhältnisproblem von substantieller Vernunft und sozialer Herrschaft. In der alteuropäischen Gesellschaft galt es als gelöst. Seit der Aufklärungsphilosophie wird es durchweg kontrafaktisch gefaßt: es gelte, wirkliche Vernunft gegen unvernünftige Wirklichkeit allererst zu verwirklichen. Dabei ist es bis heute geblieben, »links« mit Verheißungen einer Zukunft, die das schlechte Heute verdrängen werde, »rechts« mit Verheißungen einer Zukunft, die von dem schlechten Heute verdrängt werde. Die hier vorausgesetzten Kategorien historischer Normativität liegen heute im Grundwertestreit. In seinen Wurzeln getroffen ist, wie inzwischen alle Welt weiß, das »vernünftige Subjekt« selbst. Das bedeutet für Recht: Recht als Form für Freiheit war und bleibt bedingte Ermöglichung bestimmter Freiheits-Zwecke; Freiheit als Recht hat zu unentscheidbar lassen müssen, ob nicht die Naturrechts- und die Moralpflichten eigentlich Gesellschaftspflichten sind/werden; »Zuweisung« (»Verteilung«) von Recht/Freiheit als Freiheit/Recht – so ist wohl das unerledigte Rechtsprogrammstück des unvollendeten Projekts der Moderne zu kennzeichnen. Recht als Formalisierung war und ist die Freiheit der in »Geld« und/oder »Macht« »unternehmenden« Bürger (»Vermögen« als bestimmtes Haben und Können!). Materialisierungen zwingen indessen zu komplexen Groß- und Überzweckprogrammen, für die alle Rechte (alles Recht) ihrerseits zu Mitteln werden. Für die Einstellung kollidierender Interessen in derartige Zweckprogramme (genauer: für die Messungen von »Zwecken« selbst!) gibt es freilich (noch!?) keine Maßstäbe, keine Foren und keine Verfahren als »Recht«. Das ist das Dilemma von Recht heute.

Zweitens: Drei sozialtheoretische Großzugriffe bestimmen heute die Umorientierungen von Recht. Sie alle lassen sich auf die Entzauberung des Rätsels Recht ein, auf die Paradoxie (und Entparadoxierung) von Geltungsbedingungen eines Rechts als Recht = Recht und Nichtrecht zugleich: Das *systemische Denken* – in seinem Zentrum: Autopoiesen und Selbstreferenzen –, das *politökonomische (neo-institutionalistische) Denken* – in seinem Zentrum: Transaktionskosten und Entscheidungsverfahren, das *philosophisch-kritische Denken* – in seinem Zentrum: die praktische (kommunikative) Vernunft in Anwendungssituationen. Die Lose dieser Theorien sind selbstverständlich unterschiedlich verteilt. Drei Kontexte möchte ich kurz herausheben:

– Eine »linke Zivilreligion« wäre ein Ziel, an sich aufs innigste zu wünschen, und doch »keiner Messe wert«. Unsere neuen Konservativen durchschauen gut, »daß in geschichtslosem Land die Zukunft gewinnt, wer die Erinnerung füllt, die Begriffe prägt und die Vergangenheit deutet« (M. Stürmer), aber das setzt »Passivierungen« von Menschen voraus und will sie bewirken, jenes generalisierte Systemvertrauen, das auf Institutionen-Gehorsam setzt und funktionierende Leistungsverhältnisse braucht. Ohnehin sind die unheiligen Allianzen von Systemtheorie und Fundamentalismus allerorten ihrerseits radikale sozio-technologische Strategien, mit Abstraktionen und Flexibilisierungen erzielbare Gewinne nur in die eigenen Taschen zu leeren.

– Herrschende Meinungen reden nicht, sondern handeln. Kritik und Opposition redet viel und umständlich. Aber die Rede-Zeiten ändern sich ihrerseits. Auch Macht- und Gewalthaber müssen mit sich reden und Kritiker handeln lassen. Hohe und wachsende Unbestimmtheit von Recht ist eben (ambivalente) Chance zugleich für »Groß Macht und viel List« wie für »feste Burgen« dagegen.

– Heute kann natürlich niemand mehr so buchstäblich umstandslos und planvoll von Reformen reden wie vor 20 Jahren. Ob schon Negativ- oder noch Positivbegriff, »Reform« geht in Flexibilisierungen von Beständen unter Anpassungs- und Veränderungsdruck wie in Umwälzungen an Haupt und Gliedern so auf, daß die Differenz zur »Revolution« unkenntlich (oder besser: wie der Hochverrat eine Frage des Datums) wird. Daß z. B. im »Recht« das »Soziale« durch das »Ökonomische« ersetzt werde, feiern Leitartikel in der *FAZ* als richtige Reform gegenüber falschen Revolutionsansätzen, ohne befürchten zu müssen, daß solche Transformationen als »Systemveränderung«, als erfolgreicher »Marsch durch die Institutionen« enttarnt werden könnten. Diese Art Entdeckungszusammenhang, als Überlagerung eines Begründungszusammenhanges auf Dauer gestellt, bedeutet zugleich die dauerhafte Austauschbarkeit (Ausspielbarkeit) von Erfolgsausweis und Erfolgslosigkeitsnachweis, von Machen und Wachsen. So werden Prozesse strukturierbar unter einem einzigen noch verbleibenden Abrechnungs-Kriterium: »Gewalt«.

Drittens: Im Recht und für Recht hätten wir schon viel gewonnen, wenn verallgemeinerungsfähige, zu bündelnde Maßstabsstücke der rivalisierenden Sozialtheorien folgenreich, fair, »verständlich und verträglich« zum Zuge kämen, z. B. als gelingende Herausforderungen, so daß falsche Zungenschläge und Handlungsweisen als »unzivilisiert«, als »unkultiviert«, als »unangemessen«, als schlicht »unmöglich« (R. Süssmuth) gelten müßten. Das wären Stücke eines *Streitkulturrechts*, das historisch eher dem Wege von Internationalem Privatrecht (conflict of laws) als von Arbeitskampfrecht nachzuspüren hätte, als Geltungszulassung unterschiedlicher und verschiedenartiger Teilkulturen, natürlich mit Grenzbestimmungen: Wer für Minderheiten den Status der völkerrechtlichen Exterritorialität reklamiert (freilich selten konsequent, weil regelmäßig sozialstaatliche Versorgung und rechtsstaatliche Behütung miteingefordert werden), hat Abstraktions- und Flexibilisierungsgewinne auf seine Weise lediglich wiederum strategisiert und/oder fundamentalisiert.

Viertens: Was bleibt? Auch für mich, wie für H. Dubiel, Ambivalenzen, Inhalts- und Strategiepotentiale, um »Unabhängigkeiten in Abhängigkeiten« zum Leitthema politischer Kultur zu machen. Und nach wie vor die heimlichen Hoffnungen in die verborgenen Pläne der Natur und den öffentlichen Gebrauch der

Vernunft, also in jene gutartig-hinterlistige Implementationsdialektik, unter deren Zauberbann und Wünschelrute sich Folgen menschlichen Tuns einstellen, die nicht zugleich die Folgen der Absichten menschlichen Tuns gewesen sind. In systemtheoretischer Sprache ausgedrückt: Wenn alles möglich ist und deshalb nichts (mehr) geschieht und wenn es in autopoietischen Systemen keinerlei Kriterien und Kontrollen für »Erfolg« mehr geben kann, dann kann eben auch »alles Mögliche« Wirklichkeit werden, erst recht natürlich bei allseitigen Überforderungen und handgreiflicher Ineffizienz. In neo-institutionalistischer Sprache ausgedrückt: Wenn (fast) alles auf Kosten und Nutzen hochzurechnen ist, dann läßt sich auch darüber köstlich und nützlich streiten. Und in der Sprache der Kritischen Philosophie ausgedrückt: Eine Dialektik der Aufklärung kritisch eingestanden, wird es an einer Dialektik (auch) der Abklärung von Aufklärung konstruktiv sicherlich nie fehlen.

Friederike Hassauer/Peter Roos
Aufklärung:
Futurologie oder Konkurs
Acht Behauptungen

1
Aufklärung und Weiblichkeit,
meine Damen und Herren,
Aufklärung und Weiblichkeit gehen nicht zusammen!
Aufklärung hat keine Zukunft mehr,
Weiblichkeit ist die Zukunft.

2
Männlichkeit ist abgeklärt,
meine Damen und Herren.
Männlichkeit,
das war die Abklärung der Aufklärung.

3
Aufklärung, das war der rationale Mensch, und der rationale Mensch war der Mann.

Der Vernunft-Besitzer, der Sinn-Stifter, das tätige Subjekt, voll und ganz und bewußt individuiert: eine Fiktion.

Eine andere als die abendländische, westliche Vernunft-Tradition hat da keinen Platz.

Weiblichkeit hat da keinen Platz.

Frauen, ebensowenig Frauen haben eine Heimat unter den Aufklärern gehabt.

Bürger wollten sie sein, Staats-Bürger, citoyens der Republik, in Freiheit, Gleichheit und Brüderlichkeit. Brüder, Männer. Als die Schwestern die Menschen-Rechte für sich reklamierten, als die Schwestern die Rechte der Frau und Bürgerin, der citoyenne, einklagten, da legte die Große, die glorreiche französische Revolution ihre Töchter unter das Fallbeil, die Guillotine der lumières.

Aufklärung: die Beförderung des Fortschritts und des Wachstums, die Beförderung der Erkenntnis und der Klarsicht; Aufklärung: das Hohe Lied von der Wißbarkeit und der Machbarkeit, der Traum vom allmählichen Fortschreiten zur Perfektion des Öffentlichen Wohls, der Beherrschung der Natur – und schon die Geburts-Urkunde trägt den Makel des blinden Flecks: die Menschen-Rechts-Erklärung von 1789 ist eine Männer-Rechts-Erklärung; von den neuen bürgerlichen Freiheiten, vom Stimm- und Wahl-Recht, sind die Frauen ausgeschlossen.

Mit Fallbeil reagiert das aufgeklärte Männer-Syndikat auf die Revolutionärinnen, die Egalität für sich reklamieren: 1793 wird Olympe de Gouges geköpft – sie hat 1791 die Menschen- und Bürger-Rechts-Erklärung für die Frauen umgeschrieben.

Umsonst! 1949 muß noch immer von den Müttern des Grundgesetzes gegen die Väter des Grundgesetzes der Satz durchgestritten werden: »Männer und Frauen sind gleichberechtigt. Niemand darf wegen seines Geschlechts benachteiligt oder bevorzugt werden.«

Und vor dem Vollzugsdefizit dieses Satzes sitzen wir noch heute.

Aufklärung: das ist Egalität unter den Rahmen-Bedingungen von In-Egalität, und das ist die Blindheit für diesen Rahmen.

4
Aufklärungs-Kritik:

Es muß möglich sein, über die Geschichtlichkeit der Aufklärung zu reden, ohne als Anti-Aufklärer denunziert zu werden.

Aufklärung ist ein Epochen-Begriff, der seinen Kredit verspielt hat, ein Epochen-Begriff für vergangene Zukunft.

Aufklärung ist kein Orientierungs-Begriff.

Aufklärung ist eine Begriffs-Antiquität.

Der blinde Fleck der Aufklärung sind die Grenzen ihrer Vernunft, deren sie sich nicht bewußt ist.

Aufklärung: das ist aggressiver Euro-Zentrismus und Logo-Zentrismus. Dieser Art von Vernunft der Machbarkeit hat abgewirtschaftet.

Muß, wer die alten intellektuellen Besitz-Stände von kantischer und cartesianischer Vernunft, von historischem Materialismus und Kritischer Theorie neu beleuchtet, muß der oder muß die, müssen jene Kritiker sofort als Postmodernisten und Irrationalisten beschimpft werden, als Wende-Flieger und Zeitgeist-Surfer?

Schon diese allergischen Reaktionen geben zu denken, und die binäre Logik, die dahinter steckt.

Schon in der Zeit, als das Aufklären noch geholfen hat, hat Auf-

klärung ihre eigenen Defizite selbst produziert, ihre eigenen Neben-Wirkungen.
– Der Logik der Bourgeoisie ist die Aufklärung nie entronnen, das Proletariat unter Ausschluß.
– Der Logik des Patriarchats ist die Aufklärung nie entronnen, die Frauen waren ausgegrenzt.
 Aber der Anspruch war universal – die ganze Menschheit hätte es sein sollen, aber nur die bürgerliche Männlichkeit war gemeint, wenn sie ausgestattet war mit weißer Haut, Besitz und einer Heimat in Europa.
 Skepsis also.
 Skepsis also, wenn jetzt der Bankerott jener Kategorie Aufklärung durch ideologische Stützungs-Käufe abgewendet werden soll, wenn neue Liquidität an Glaubwürdigkeit herbeiverhandelt werden soll – die Aufklärung hat ihren historischen Kredit selbst erschöpft.

5
Aufklärungs-Kritik als Vernunft-Kritik:
 Die Aufklärung hat nicht nur ihr eigenes Menschheits-Ideal selbst verraten, sie hat auch ihr eigenes Vernunft-Ideal selbst demontiert.
 Aufklärung erklärt *eine* partiale Vernunft zu *der* allgemeinen Ratio der Welt: die Vernunft des Logo-Zentrismus, die Vernunft der binären Logik, die Vernunft des Patriarchats. Alles andere macht sie platt, alles andere liquidiert sie, alles andere macht sie zur Un-Vernunft.
 Bis heute.
 Wenn das Fallbeil des Vorwurfs »Irrationalismus« heruntergeht über Philosophen, die in Differenzen denken statt in Oppositionen, die Körperlichkeit und Geschlechtlichkeit als Potentiale von Perzeption fassen und mit ver-rücktem und ver-netztem Wahrnehmen die Großtechnik von Denk-Schemata unterlaufen und sich dem Auseinanderdividieren von Denken und Fühlen widersetzen.
 Ist es bloßer Zufall, wenn Denk-Möglichkeiten aus dem Ausland wie die von Capra und Feyerabend, von Derrida und Lyotard, von Irigaray und Cixous, vom Feminismus, von Frauen- und Männerbewegung rezipiert worden sind? Wenn solche Philosophien von den Fetischisten des Rationalitäts-Wahns als »Uterus-Philosophie« denunziert wurden?

Zufälle sind das nicht.

Das ist die historische und die aktuelle Brutalität, die genetische und strukturelle Brutalität der Aufklärung.

Diese Aufklärung kann nur Blitz-Lichter auslösen und Schlag-Schatten werfen, das Zwie-Licht ist ihr strukturell fremd, Grau-Werte werden nicht gesehen.

Bis Ende der siebziger Jahre ging in diesem Land der Fahrplan der Vernunft nach dem Berliner *Kursbuch*. Was ein intellektueller Aufschrei, als die Fortschritts-Lokomotive auf dem Abstellgleis sich am Prellbock wieder fand, und auf vielen kleinen Denk-Schienen die Weichen gestellt wurden nach einem Tübinger *Konkursbuch*, einem neuen Forum für »Vernunftkritik«.

6
AUFKLÄRUNG UND WEIBLICHKEIT –
welche raisonnierende Öffentlichkeit kann dieser Kongreß dem Thema bieten?

Bei aller Verehrung für Meriten und Personen des gastgebenden Einladungskomitees, bei allem Respekt für die Bedeutung, die sie in unserer intellektuellen Biographie hatten: diese Öffentlichkeit markiert eine signifikante Selektion. Die 27 Männer des einladenden Komitees, Durchschnittsalter nicht unter 50, haben gegenüber 40 Referenten als Referentinnen ganze vier Frauen zusammengebracht, die nicht nur Besetzung für die Rolle der Alibi-Frauen spielen, sondern die auch die Vorzeige-Youngster abzugeben haben. Und die Organisations-Arbeit des Kongresses? Sie liegt, wie anders, in den Händen einer Frau.

Generationen von Nachgeborenen sehen sich hier nicht repräsentiert: Kann ›so‹ die »*Zukunft* der Aufklärung« diskutiert werden? Ohne das Welt-Gefühl, ohne das Lebens-Gefühl der sogenannten »No future«-Generation? Ohne ausreichende Repräsentanz der Frauen? Ohne Repräsentanz der neuen Männerbewegung und ihrer Befindlichkeit? Ohne Repräsentanz ökologischer Themen und Vertreter?

Will dieser Kongreß hier »Eintracht Frankfurt« spielen?

Kann das, wie es in der Einladung heißt, die »Einlösung des Versprechens der Aufklärung in der Zukunft« bedeuten? Und werden so – wie es weiter heißt – »unverzichtbare Standards von Vernunft und deren Entwicklungsfähigkeit« formulierbar?

Skepsis!

Hätte die Entwicklungs-Fähigkeit des Aufklärungs-Begriffs nicht zuallererst jenen Beweis zu erbringen, daß jenseits von Bunkermentalität und intellektueller Wagenburg diskutiert werden kann, und jenseits eines schwarz-weißen Welt-Bildes, in dem es nur hier die Berufs-Aufklärer guten Willens gibt und dort die vermeintlichen anti-aufklärerischen Störfaktoren?

Lehrt uns denn nicht alleine schon die Geschichte der Frauen-Bewegungen, daß die politischen Diskurse der Fortschritts-Parteien vor der Frauen-Frage zumeist kläglich versagt haben?

Lehrt uns denn nicht alleine schon die Geschichte der Frauen-Bewegungen, daß der Diskurs des feministischen Widerstands quer lag zu den Dichotomien von politischer Aufklärung und Konservativismus?

Zeigt denn nicht schon die Geschichte der weiblichen und männlichen homosexuellen Bewegungen, daß die fatale Ausgrenzung aus dem gesellschaftlichen Normalen in unheimlicher Eintracht von den verschiedensten politischen und philosophischen Macht-Diskursen betrieben worden ist?

Skepsis also!

Das Abzählen, 27 Männer plus 40 Männer und vier Frauen, erschöpft seinen Sinn nicht im Abzählen. Es geht um die konzeptionellen, strukturellen und programmatischen Implikationen, die damit einhergehen.

7
AUFKLÄRUNG UND WEIBLICHKEIT IN DER NISCHE

Die Frauen-Frage wird zu einer Frage gemacht, die von Frauen für Frauen bearbeitet werden soll. Arbeitsteilige Lösbarkeit wird suggeriert, wenn auf diesem Kongreß Referent*innen* das Frauen-Thema covern in der Enklave einer Tagungs-Nische.

Männlichkeit ist – dahinter – das stillschweigend Allgemeine, das hier mit keiner Spur thematisiert wird und gar nicht erst zur Sprache gelangt.

In a-symmetrischer Verzerrung wird dagegen *das* Frauen-Thema zum Besonderen gemacht.

Wer hilft da mit aufklärerischer Vernunft, um jene Absurdität auszuräumen, die Weiblichkeit thematisieren will, ohne Männlichkeit symmetrisch ihr gegenüberzustellen und – endlich! – das Männliche nicht mehr das Allgemeine sein zu lassen?

AUFKLÄRUNG UND WEIBLICHKEIT? FÜR DIE ZU-

KUNFT DER AUFKLÄRUNG ist auch eine Geschlechter-Politik wie die dieses Kongresses, ob bewußt oder unbewußt praktiziert, symptomatisch.

Die Geschichte der Diskussion der Frauen-Frage in der SPD erscheint uns trotz verehrungswürdigster Traditionen, wir meinen Bebel, prekär. Auch die jüngsten Geschichten, prekär.

Die Frauen-Bewegung nach '68 ist außerhalb der traditionellen Parteien entstanden; und all das, was seither längst wißbar ist, was seit über 15 Jahren in Europa und in den USA längst nicht mehr private Spekulation, sondern Gegenstand politischer und ökonomischer Erfahrung und Gegenstand wissenschaftlicher Frauen-Forschung geworden ist – wir denken an das Wissen, das man inzwischen über Quoten, geschlechtsspezifische Selektionsstrukturen, Ausbildung, Motivationen und Karrieren von Frauen haben *kann* –, all dies findet nur mühsamst Eingang in die Parteien. Und auch die Hydro-Kultur der *A*rbeitsgemeinschaft *s*ozialdemokratischer *F*rauen (AsF) kann unsere Erbitterung da nicht mildern.

Was hat Frauen-Politik in der SPD mit Aufklärung zu tun, mit Einsicht, mit Freiwilligkeit, mit affektivem Partizipations-Willen der Männer? Und was hat sie mit Macht, Druck, Opportunismus zu tun? Wie normal und selbstverständlich kann der Status einer Sache sein, die so mühselig, so kräftezehrend und energieverschleißend, Zentimeter um Zentimeter durchgekämpft werden muß und die, ob argwöhnisch, ob wohlwollend, fortwährend observiert wird?

Eine prominente Autorin dieser Partei machte zum Titel ihres Buches das Motto »Wer nicht kämpft, hat schon verloren«; aber wer kämpft, hat noch lange nicht gewonnen, und die große Frage ist für uns, ob und was mit dem traditionellen Macht-Verhalten und Kämpfen zu gewinnen ist.

Aufklärung kann nicht heißen: eine Frauen-Politik, die sich in symmetrischen Verteilungs-Kämpfen erschöpft.

Aber, Aufklärung der Männer?

Wir suchen nach den Männern, die Frauen nicht widerwillig einrücken lassen, Männern, die Frauen nicht nur wahlstrategisch als Stimmenköder placieren, Männern, die sich die Arbeits- und die Führungs-Positionen nicht mehr Punkt um Punkt abkämpfen lassen.

Wir sind skeptisch.

AUFKLÄRUNG UND WEIBLICHKEIT OHNE AUFGEKLÄRTE MÄNNLICHKEIT?

Ist Politik nicht der allerletzte Ort, an dem der herrschaftsfreie Diskurs, auch der unter den Geschlechtern und innerhalb eines Geschlechts, praktiziert wird?

Ist Politik nicht der letzte Hort einer Männlichkeit, die auf Macht und rüden Biß sich gründet?

Das Traurige an Aufklärung und Frauen-Bewegung sind doch die Männer, und wie kläglich ist es um die Bilanz der persönlichen Glaubwürdigkeit unserer politischen Funktions- und Hosen-Träger bestellt!

Wie unerträglich sind die männerbündischen Rituale der Brüderhorden in den Parlamenten von Münchner Landtag zum Bonner Bundestag, wenn sie in parteiübergreifender Geschlechter-Solidarität Kolleginnen, am liebsten die Vertreterinnen der Grünen, feist abferkeln?

Angesichts dieses Manns-Verhaltens – was bleibt da außer der Starre der Erkenntnis, daß solche Täter-Virilität meilenweit vor jeder kategorialen Erfassung durch den Begriff Aufklärung liegt?

Einen zynischen Dank an die Adresse des Personals der Barschel-Affäre, das derzeit in aller Offenheit patriarchalische Zustände, Kampf-Wahn und Destruktion vorexerziert – so deutlich sah man das noch nie. Eine Casino- und Russisch-Roulette-Mentalität, die bis zur Selbstvernichtung powert und weibliche Persönlichkeits-Anteile eliminiert. Sämtliche Register der politischen Phallokratie, Gehorsams-Pflicht, Nibelungen-Treue und Loyalitäts-Bündnisse nach innen werden, tutti, gezogen und ergänzt vom Arsenal der aggressiven Männer-Ängste gegen den gleichgeschlechtlichen politischen Gegner: Homosexualitäts-Vorwurf, Aids-Insinuation, Promiskuitäts-Verdacht.

Eine aufs Äußerste gefährdete und um so gefährlichere morbide Männlichkeit ist in ihrer Brüchigkeit nur durch Sucht-Dosen von Sedativa aufrecht zu erhalten.

Aufklärung?

Angesichts dieser Zustände kommt die *Aufklärung* herunter auf die alltägliche Drecks-Arbeit journalistischer *Aufdeckung* und verendet in der Fallhöhe von Philosophie zur Detektei.

8
Die Zukunft heißt nicht Aufklärung,
die Zukunft heißt Weiblichkeit.

Die Chance der Männlichkeit dabei ist lediglich, die weiblichen Anteile in sich zu spüren, zu erfassen, zuzulassen und zu aktivieren. Die männliche Zukunft heißt Androgynität, die Ausbildung der weiblichen und männlichen Gaben gleichermaßen.

Der Begriff der Aufklärung wird das Odium seines Erbes nicht los.

Aufklärung trägt das Erbe der verratenen Hoffnung auf Gleichheit in sich, die doch nur historische Chiffre der Hypokrisie von Geschlechtsspezifik war.

Aufklärung trägt das Erbe jenes usurpierenden Zugriffs auf Welt und Um-Welt in sich, der nur die blinden Diskurse der Wißbarkeit und Machbarkeit erzeugte und der für Nebenwirkungen weder das Gespür hatte, noch das theoretische Inventar.

Statt der Mühe, in einen problem-bestimmenden Begriff Wirklichkeit hineinzufädeln, wäre es da nicht – endlich! – besser, das Problem und seine Wirklichkeit begriffs-bestimmend werden zu lassen; die Wiederbelebungsversuche honoriger Begriffe, die besser zu den Akten der Ideen-Geschichte gelegt würden, haben einen haut-goût. Begriffs-Geschichte sollte uns gelehrt haben, daß Terminologien obsolet werden, wenn sie unzulänglich erscheinen, um Wirklichkeit zu erfassen und die Realität nur kaputtkategorisieren.

Und die Hoffnungen?
Denen Aufklärung einst einmal Heimat bot?
Sie großartig »Utopien« nannte?
Angesichts des globalen Desasters:
Keine Kategorie – kein Ausblick.

Renate Berger
Weiblichkeit als Leer- und Lehrformel

1.

Bis heute genügt es nicht, eine Frau zu sein, um als »weiblich« zu gelten. Die Verbindung von weiblich sein im biologischen Sinn und »Weiblichkeit« als Teil der symbolischen Ordnung ist wechselhaft, in sich widersprüchlich und bislang nicht systematisierbar. In unserer Kultur wird »Weiblichkeit« komplementär zu »Männlichkeit« aufgefaßt und ihr untergeordnet; meist dient sie als Abfalleimer dessen, was im Bild von männlichen Menschen nicht mitgedacht werden soll. »Weiblichkeit« verhält sich interpretierend (oft parodierend) zu einem biologischen Sachverhalt. »Weiblichkeit« ist das Ergebnis einer Dressur und hat repräsentativen Charakter in der Art, wie ein Bonsai einen Baum repräsentiert. Daß sie abverlangt bzw. eingeklagt werden kann, bedeutet, daß ihre Gestaltung stärker als durch Frauen selbst von in Form und Rechtfertigung wechselnden Verwertungsinteressen des männlichen Geschlechts bestimmt und kontrolliert wird. Insofern wirkt jede Definition belehrend, fordernd und als Drohung zugleich.

2.

Im Rahmen der Aufklärung wurden Maßstäbe entwickelt, die Frauen nutzten, um das, was im Namen *des* Menschen gelten sollte, konsequent auf sich anzuwenden. Sie lösten den Kern der Veränderung aus seiner rhetorischen Hülle und erkannten das Ineinandergreifen von egalitären und elitär-sexistischen Prinzipien. Manche der Feministinnen und Feministen des späten 18. und des 19. Jahrhunderts waren sich der Doppelbödigkeit aufklärerischer Ideen bewußt und entwickelten dennoch aus ihnen eine Vielzahl brauchbarer Argumente und Strategien. Die Grenzen dieses Vorgehens liegen auf der Hand – nicht immer gelang es, dem Irrationalismus machtvoller Gegner beizukommen.

Die Negation des Weiblichen – in seiner biologischen Substanz, als Projektionsfläche – hat Frauen entwertet, Verachtung und Haß, schließlich der Massenvernichtung preisgegeben, in den

Selbstmord getrieben oder absterben lassen. Das seit Jahrhunderten Negierte kann sich nicht individuell befrieden; deshalb hat weibliche Erfahrung noch keinen Ort.

Untersuchungen der letzten Zeit haben gezeigt, daß die scheinbare Geschichtslosigkeit von Frauen als Ergebnis einer Historiographie betrachtet werden muß, die, was von weiblicher Seite zur Menschheitsgeschichte beigetragen wurde, ausgeblendet oder zur Marginalie erklärt hat. Hier zeichnen sich Veränderungen ab. Es ist fragwürdig geworden, entlang der männlichen Geschlechtslinie im Sinne eines androzentristischen Weltbilds Vergangenheit zu konstituieren und ebenso fragwürdig, im Rückgriff auf eine noch zu entwickelnde weibliche Linie dasselbe zu tun.

Ich gehe von der Annahme aus, daß es kaum ein von Menschen gefertigtes Produkt, keine von Menschen hergestellten oder interpretierten Zusammenhänge gibt, die nicht – in mehr oder minder greifbaren Anteilen – von der Kategorie Genus beeinflußt sind. Das forschende Individuum – eine Frau, ein Mann – hat Genus als Kategorie zu berücksichtigen, die ihre oder seine Wahrnehmung, Erkenntnis-, Deutungsschritte und damit auch Forschungsergebnisse beeinflußt. Wir wissen: Unsere Wahrnehmung ist defizitär, parteilich, vorurteilsgesteuert – doch damit allein ist das Vorbeisehen an weiblicher Realität bei gleichzeitig übertriebener Aufmerksamkeit für »Weiblichkeit« nicht zu erklären. Realitätsflüchtig sind auch Entwürdigung und Idolatrie; sie richten Extreme aus und machen es Frauen bis heute schwer, eine noch lebbare Linie zu finden. Hier verlaufen die Grenzen aufklärerischer Vernunft. Schmerzhaft gewonnenes Wissen liegt still; während es vor unseren Augen altert, bleibt die soziale Wirklichkeit unberührt.

3.

Für Frauen gilt der Satz Martin Walsers »Eine stumme Narbensammlung ist noch keine Vergangenheit«[1] – sie zum Sprechen zu bringen, ihr historisches Profil und eine von patriarchalischen Platzanweisungen unabhängigen Ort zu geben, ist eine Aufgabe mit Zukunft. Das Nachleben der Aufklärung zeigt sich u. a. im Vorhandensein von Ambivalenz und Distanz – ganz gleich, welchem Sachverhalt gegenüber. Ambivalenz und Distanz sind keine schlechte Mitgift, weil sie uns ein anderes Verhältnis zu Geschichtlichkeit überhaupt ermöglichen.[2]

Hoffnung liegt für mich nicht im Rückgriff, sondern in der Re-Vision, im sorgsamen Prüfen längst gestalteter Zusammenhänge, weniger in Vorbildern als im Entwurf. Und im Wechsel der Perspektive. Nicht missen möchte ich jenen altmodischen Dienst, den nach Virginia Woolf ein Geschlecht dem anderen erweisen sollte, ein Dienst, der von Männern geleistet, von Frauen sträflich vernachlässigt wurde: das Aufspüren blinder Flecken im Bewußtsein des Gegengeschlechts.[3]

»Weiblichkeit« verstellt den Blick auf lebende Wesen, die sie mehr oder weniger zwanghaft verkörpern. Frauen sind auf gewisse Art unsichtbar. Im Bilderwust der »Weiblichkeits«produzenten gehen sie uns verloren.

Frauen existierten. Sie existieren. Einer Flut von Bildern und Vorstellungen zum Trotz bleiben sie weitgehend verborgen. Woran liegt das?

Wie Sprechen, die öffentliche Rede für Frauen seit Jahrhunderten tabuisiert wurde und im Antagonismus Schweigen-Geschwätz jene Zone frei ließ, die allein der *Sprache* zukommt[4], ist *Sehen* als Teil der Wahrnehmungssysteme, ihr Blick ebenfalls gefährdet, wenn er öffentliche Wirksamkeit beansprucht will. So gab es lange nur zwei Alternativen: gesehen werden, ohne zu sehen, und sehen, ohne gesehen zu werden.

Weibliche Ikonen (gemeint sind Frauenbilder männlicher Provenienz) wurden wesentlich von Künstlern geformt, wobei Wechselwirkungen von Realität und Darstellung für ganze Epochen nicht mehr nachvollziehbar sind. Sie beruhen auf männlicher Wahrnehmung, männlichen Empfindungen und Phantasien: Haß, Abwehr, Ambivalenz gehen ebenso in sie ein wie Faszination oder Begehren. Dem formalen Reichtum steht ein auf wenige Funktionen verengtes Erscheinungsbild gegenüber, das zwischen Extremen (Madonna-Hure) weniger Spielraum als Sackgassen bereit hält. Die funktionale Verarmung und Klischeeproduktion bei formalem Reichtum basiert u. a. auf einem hartnäckigen Vorbeisehenwollen an weiblicher Realität.

Männer entwarfen die weibliche Ikone. Frauen suchten ihr zu gleichen und verwandelten sich in lebende Bilder. Durch Seelenarbeit stellten sie am eigenen Leib her, was durch Künstler perfektioniert in die ästhetische Tradition einging: fremd gewordene Bilder.

Bis heute ist es schwer, die Kluft zwischen der Lebenswirklichkeit von Frauen und ihrem von Männern gefertigten Abbild zu überwinden. Frauen sterben – die weibliche Ikone dauert. Frauen werden geboren – doch wie in der Geschichte vom Hasen und Igel ist die Ikone stets vor ihnen da, und sie erneuert sich in ihrer Gegenwart, an ihrem Körper, ihrem Sein. Kein Wunder, daß sie feministischem Ikonoklasmus Ziele bietet: War der Ort des Suffragettenprotests im 19. Jahrhundert ein Museum, so findet er heute eher in einem Pornoshop oder in einer Ausstellung von Tomi Ungerer statt.

Wer sich im Abbild selten *erkannt*, häufiger entwertet, gehaßt oder zum Idol verzerrt sieht, mag fragen, was Frauen ihrerseits tun, um unsichtbar zu bleiben. Die alten Darstellungs- und Deutungsmonopole werden über Bildtradition und Historiographie vermittelt; mit dieser Tradition (und das heißt patriarchalisch vereinseitigten Mustern von »Weiblichkeit« oder »Männlichkeit«) wird jede Frau konfrontiert. Diese Muster rufen Zustimmung, Widerspruch, Faszination, Unbehagen, kurz: gemischte Gefühle hervor. Weltweit erwecken sie den Wunsch zu vergessen, rücksichtslos beiseite zu lassen um eines Neuanfangs willen. Und sie inspirieren zu Gegenentwürfen. Um sich als Mensch erfahren, um geschichtlich werden zu können, müssen Frauen in den Kreislauf von Wahrnehmung – Erkenntnis – Deutung eintreten und eine letzte Hürde nehmen: die Sprache. Als die bezeichnet werden, die sie sind oder repräsentieren, ist für Frauen keine Selbstverständlichkeit. Bis heute werden ihre Leistungen mit nomineller Geschlechtsumwandlung geahndet. Sie überlegen z. B., ob ihnen der Titel »*bachelor* of arts« auf den Leib geschrieben ist oder alle, die ihn Jahr um Jahr verleihen, nicht als »*spinsters of life*« kenntlich macht. Ist die Universität Marburg zu loben, wenn sie nach langem Sträuben Absolventinnen jetzt mit der Bezeichnung »*Magistra*« als das ehrt, was sie sind, erscheint uns das Zögern Monique Schneiders, ihrem Titel »*maître* des recherches« weibliche Form zu verleihen, begreiflich, ja verzeihlich. Die Kluft zwischen Sein und Begriff ist für Frauen generell, für Wissenschaftlerinnen ebenso schwer zu überbrücken wie für weibliche Objekte ihrer Arbeit. »Die Sprache«, schreibt Gisela Breitling, »dreht uns oft genug das Wort im Mund herum: wenn ich sage, ich bin Malerin, so ist das nicht dasselbe, wie wenn ein Mann sagt, ich bin Maler. Wollte er dasselbe sagen, so müßte er sagen, ich bin ein malender Mann. Wenn ich sage, ich bin Malerin, liegt die Bedeutung meiner Aussage nicht in erster Linie darin, daß ich meine Tätigkeit beschreibe, sondern darin, daß ich diese Tätigkeit als Frau ausübe. Mit dem Satz, ich bin Malerin, grenze ich mich ab und werde abgegrenzt gegen Männer, die Maler sind. Die Sprache, die ich spreche, verweist mich in den ausschließlichen begrenzten Zusammenhang mit Frauen, die Malerei betreiben. Das bewirkt, daß auch meine Kunst in erster Linie in diesem besonderen Zusammenhang gesehen wird. Die Sprache führt Frauen in gesonderte Räume, erlaubt ihnen keine allgemeingültige Aussage, die sie zu allen Menschen in Beziehung setzt. Das ist dem weiblichen Ich nur möglich, wenn es seine Weiblichkeit unterschlägt und eine Formulierung wählt, die geschlechtsübergreifend zu sein vorgibt, tatsächlich aber nur als männliche gedacht werden kann: wenn also das weibliche Ich« in männlicher Benennung untergeht.[5]

Um den weiblichen Anteil an der kulturellen Tradition sichtbar zu machen, müssen wir ein experimentelleres, ein schöpferisches Verhältnis zur Sprache gewinnen.

Die feministische Linguistik hat inzwischen Untersuchungen zu Sprachverhalten und Sprachstruktur vorgelegt, die den Stellenwert dieser Frage klären.[6]

Testfall für Erkenntnisse, die dem feministischen Argumentationsfeld erwachsen, wird der Umgang mit unbequemem Wissen sein – Testfall für die historischen Disziplinen ist aus meiner Sicht auch die Frage, ob und mit welchen Mitteln es gelingt, Reduktionsprozesse im Hinblick auf Frauen weder inhaltlich noch sprachlich zu verstärken, ja, der Potenzierung weiterer Verluste entgegenzuwirken. Daß Schritte in dieser Richtung möglich sind, zeigt manche Arbeit der letzten Jahre, die neue Fragestellungen mit sprachlicher Behutsamkeit jenseits der Sexismen verbindet.

»Words fail me« – um diese weibliche Grunderfahrung zu verändern, müssen wir akzeptieren, daß es ein geschlechtsübergreifendes oder -unabhängiges Maskulinum nicht gibt. Frauen haben in angemessener Form benannt zu werden. Diese Form – es sei ins Gedächtnis zurückgerufen – ist das Femininum. Wer Frauen mit dem Maskulinum zu benennen glaubt, trägt dazu bei, daß ihre Erfahrungen, Beobachtungen, Fähigkeiten und Leistungen sprachlich transformiert, das heißt ideell enteignet und dem andern Geschlecht zugeschlagen werden. Dann können wir unsere Vorstellungen von Kultur nicht präziser fassen; *so* verarmt unsere

Vorstellung von »Weiblichkeit« und *so* verfälscht sich unsere Vorstellung von »Männlichkeit«.

Alles ist möglich, weil unsere Wahrnehmung auf die Sprache und Sprache auf die Wahrnehmnung zurückwirkt. Worte bleiben als Worte sich gleich, doch in den Umschichtungsprozessen des Gemeinten liegt keine geringe Hoffnung für alle, die sprachliches Unrecht, sprachlich hergestellte Unsichtbarkeit, das Ausgrenzen und Trivialisieren von Frauen überwinden wollen, denn Sprache erschöpft sich nicht im Abbilden von Wirklichkeit, Sprache formt Wirklichkeit.

Anmerkungen

1 Martin Walser, *Wer ist ein Schriftsteller?* Frankfurt/M. 1979, S. 22.
2 Beide sind unumgängliche Bestandteile einer feministischen Perspektive. Zur Begründung vgl. Sigrid Weigel, *Der schielende Blick*, in: Inge Stephan/Sigrid Weigel, *Die verborgene Frau*, Berlin 1983, S. 104. Zum Begriff der Ambivalenz vgl. zuletzt C. F. von Weizsäcker, *Ausgewählte Texte*, München 1987, S. 93 ff.
3 Virginia Woolf, *Ein Zimmer für sich allein* (1928), Frankfurt/M. 1981, S. 104.
4 Weigel 1983, S. 128–130.
5 In: *die horen*, 28. Jg., Ausgabe 132, 1983, S. 209.
6 Ich erinnere u. a. an Luise F. Pusch, *Das Deutsche als Männersprache*, Frankfurt/M. 1984; Senta Trömel-Plötz, *Gewalt durch Sprache*, Frankfurt/M. 1984; Fritjof Werner, *Gesprächsverhalten von Frauen und Männern*, Frankfurt/M./Bern 1983.

Jutta Held
Aufklärung, die Linke und der Feminismus

Die Zukunft der Aufklärung, so hätte die kritische Intelligenz um 1968 wohl einhellig geantwortet, liegt im Marxismus beschlossen. Der bürgerliche Befreiungskampf, der der Aufklärung zugrunde lag, finde in der Arbeiterbewegung seine legitime Fortsetzung. Eine Linie des Fortschritts, der Realisierung von Humanismus und menschlichen Entfaltungschancen verbinde die Kämpfe des Dritten Standes im 18. Jahrhundert, den dieser im Bereich der Ökonomie und Kultur wie schließlich auch um die politische Repräsentanz führte, mit den Kämpfen der Arbeiterklasse des 19. und 20. Jahrhunderts. Das Proletariat sei berufen, die in der Aufklärung erstmalig umfassend artikulierten Ansprüche auf Gleichheit und Befreiung von Ausbeutung und Herrschaftsverhältnissen, endgültig zu realisieren.

Die jüngste Phase der feministischen Bewegung, die von der Studentenbewegung ausging und sich von ihr abspaltete, artikulierte und organisierte sich jedoch wesentlich im Gegensatz zur marxistischen oder sozialistischen Linken.[1] Es sei nur an die phantasievollen, radikalen Aktionen des Frankfurter »Weiberrates« erinnert, deren Zielscheibe oft genug die ehemaligen linken Weggenossen waren. Frauen entdeckten, daß Herrschaft nicht nur von oben ausgeübt wird und nicht ausschließlich in den Arbeitsverhältnissen wurzelt, sondern die ganze Gesellschaft gleichsam horizontal durchzieht. Sie entdeckten die Ausübung von Herrschaft nicht zuletzt bei den linken Genossen. Nicht von ungefähr übt die Theorie des »Machtdiskurses« von Foucault eine derartige Faszination auf die feministische theoretische Diskussion aus. Die Geschichte der Frau ist in der Tat wie die des »Volkes« als eine Abfolge von strukturell bedingten Unterdrückungsverhältnissen interpretierbar. Aus dieser Erkenntnis hatten die Feministinnen zunächst ihr sozialistisches Selbstverständnis abgeleitet. Vielfältige historische Bindungen verknüpfen nicht nur die Unterdrückung, sondern auch den Befreiungskampf der Arbeiter mit dem der Frauen. Bis in die Französische Revolution hinein, bis zu den Bündnissen zwischen den »Revolutionären Republikanischen Frauen« und den »Volksgesellschaften« läßt sich diese Tradition zurückverfolgen.

Dennoch setzte sich nach 1970 die autonome feministische Bewegung stärker durch. Der Vorwurf des »Diskurses der herrschenden Vernunft« wurde von ihr wie von den Poststrukturalisten zunehmend vehementer auch gegen Aufklärung und Marxismus erhoben. Die vielfältigen Formen struktureller Gewalt und Herrschaft seien zudem mit dem marxistischen Instrumentarium nicht hinreichend analysierbar. Das alte bürgerlich-aufklärerische Postulat gesellschaftlichen Fortschritts, die Chancengleichheit aller, wird parallel zu dieser Theoriediskussion von Teilen der feministischen Bewegung als Angleichung von Frauen an männliche Lebensbedingungen begriffen und verworfen, noch ehe diese Forderung eingelöst ist und der freien Entfaltung von Verschiedenheit zwischen den Geschlechtern erst den Boden bereiten könnte.

Die Bewahrung weiblicher Aktionsfelder wird statt dessen favorisiert, um der destruktiven männlichen Rationalität Widerstand leisten zu können, deren verheerende Folgen in der Produktivkraftentfesselung unübersehbar geworden sind.

Trotz dieser vehementen Widersprüche sollten die feministischen Positionen auch der sogenannten autonomen Bewegung nicht als ein unvermittelbarer Gegensatz zu der als männlich diffamierten Aufklärung behauptet werden. Die Marginalisierung dieser feministischen Position wäre unausweichlich die Folge. Vielmehr ist der Begriff der Aufklärung und des Fortschritts, dessen Parameter die Zunahme an Beherrschung und Kontrolle der äußeren und inneren Natur darstellt, so integral zu fassen, wie ihn Marx und auch Adorno verstanden. Er impliziert dann auch die Fähigkeit, sich der Naturwüchsigkeit dieses auf partikulare, technologisch fundierte »Fortschritte« gerichteten Handelns innezuwerden und ihm Halt gebieten zu können. Das dialektische Korrektiv der Zunahme an Naturbeherrschung – nämlich Versöhnung mit der Natur, Friedenspolitik und Gewaltlosigkeit – sind in den Begriff des Fortschritts und der Aufklärung zu integrieren. Es sind dies historische Tendenzen, die eher auf weiblichen Einflußmöglichkeiten basieren und die ideologisch und künstlerisch durch das Symbol der Frau repräsentiert werden. Seit der Renaissance, der ersten großen bürgerlichen Kulturepoche, bei Mantegna, Botticelli, später auch Rubens und vielen anderen, wird Venus und ihr Reich des Friedens, der Liebe, der Künste, Wissenschaften und des Handels, dem Gott des Krieges und der kulturzerstörenden Gewalt, Mars, als utopisches Gegenmodell an die Seite gestellt. Wenn

Mars schläft, erwacht Venus; kindliche Satyrn entwaffnen den Kriegsgott und nutzen seine Rüstung zu lustvollem Spiel. Ließe sich dieses Bild, das Botticelli entworfen hat, nicht leicht in eine moderne Utopie der Möglichkeiten übersetzen, die ein Verzicht auf die Rüstungsindustrie freisetzen könnte? Freilich, die durch die weibliche Gestalt der Liebe repräsentierten Forderungen sind bis heute historisch unterlegen geblieben.

In unserer Gegenwart, da die Überlebensstrategien der gesamten Menschheit an die Erhaltung der Naturgrundlage, an die Bewahrung des Friedens und die Verhinderung jeglicher Kriege mehr denn je gebunden sind, rücken diese Ansprüche, für die – eine alte Tradition fortsetzend – nicht zuletzt die feministische Bewegung einsteht, ins Zentrum politischer Überlegungen und endlich auch politischen Handelns.

Die neuen sozialen Bewegungen, neben der feministischen die ökologische, die Friedensbewegung, die gegen Apartheid und Rassismus gerichteten Initiativen, haben nicht wenig dazu beigetragen, dies neue Politikverständnis durchzusetzen oder ihm den Weg zu bereiten.

Von marxistischer Seite ist die Herausforderung des Feminismus wie der übrigen sozialen Bewegung mit der Absage an überzogene oder nicht mehr zeitgerechte Hegemonieansprüche beantwortet worden. Das Konzept eines pluralen Marxismus[2] und einer multifokalen Befreiungsbewegung gewinnt an Zustimmung und gewinnt vor allem Konturen in der politischen Praxis. So muß zwar von der Eindimensionalität eines Fortschrittdenkens Abschied genommen werden, das durch seine eurozentrische, ethnozentrische und antifeministische Praxis diskreditiert ist und durch zentralistisches, hierarchisierendes »Ableitungsdenken« geprägt war. Statt dessen ist die Einsicht gewachsen, daß ein Denken und Handeln in Bündnissen an seine Stelle treten muß, Bündnisse, in denen sich unterschiedliche soziale Zielsetzungen gegenseitig radikalisieren und limitieren und durch ihre Vernetzung verhindern, daß ein partikularistisches Denken und Handeln das Ganze aus den Augen verliert.

War an den Universitäten die erste Phase von uns erlebter Aufklärung an die Studentenbewegung der sechziger Jahre geknüpft, so die zweite, die allerdings nur noch die Wissenschaftlerinnen erreicht hat, an feministische Fragestellungen. Ich kann hier nur einige Hinweise geben, die sich an meiner eigenen Disziplin, der

Kunstgeschichte, orientieren.³ Kritische Kunsthistoriker haben nach 1968 versucht, die bürgerlichen Traditionen, bürgerliche kulturelle und künstlerische Normen und Kanones umzustrukturieren, indem sie die Klassenfrage stellten. Die scheinbar allgemein verbindlichen und akzeptierten künstlerischen Werte und Sehweisen, die in die Kunstwerke eingegangen waren, stellten sich als partikulare, zumeist bürgerliche Selbstinszenierungen heraus, die genetisch auf ideologische Klassenauseinandersetzungen zurückgeführt werden konnten. Freilich, nicht selten wurde diese Analyse darauf verkürzt, in jeglichen kulturellen Phänomenen und künstlerischen Werken ausschließlich Spuren von Herrschaftsverhältnissen und – auf seiten der Künstler – von Herrschaftsdienst festzustellen. Später – an positiven Identifikationsmöglichkeiten zunehmend interessiert – ging es der kritischen Kunstgeschichte mehr darum, humanistische Momente auch in der bürgerlichen Kultur zu entdecken. An den Balzac-Analysen von Marx und Engels orientiert, kehrte sie die Aussagen der Werke notfalls gegen den Standpunkt ihrer Autoren und gegen ursprüngliche Funktionen der Künste, um ihr fortschrittliches Potential zu »retten«.

Die Feministinnen haben in ihren bisher überzeugendsten Arbeiten an der ersten Phase, an den ideologiekritischen, auf die Destruktion von Herrschaft abzielenden Ansatz angeknüpft und ihn ihren Interessen angepaßt. Theorien und künstlerische Werke der Moderne untersuchten sie auf ihre impliziten oder direkten Stellungnahmen zur Einschätzung von Charakter und Funktion der Frau in der Gesellschaft und zur Frauenbefreiung, eine Frage, die seit der Französischen Revolution auf der politischen Tagesordnung stand. Ein überwältigendes Maß an Frauenhaß, sadistischer Erotik, häufig und nicht zufällig gepaart mit der Verherrlichung von Gewalt und Krieg, förderten sie selbst in Werken und Theorien des 19. und 20. Jahrhunderts zutage. Von Baudelaire über Nietzsche bis zu den Surrealisten und selbst zu deren Nachfolgern nach dem Zweiten Weltkrieg fällt ein Schatten auf die Moderne, untersucht man sie unter dieser Fragestellung. Die Entdeckung der ästhetischen Reize der Großstadt, einer Alltagsästhetik, die entscheidendes Movens der Moderne sein wird, bleibt gekoppelt an die Mystifikation von Krieg und Erotik sowie vom »tierischen«, »geistlosen« Körper der Frau; eine Mystifikation, mit der der Kapitalismus bis heute Geschäfte macht. Es ist nicht länger zu rechtfertigen, diesen feministischen Gesichtspunkt als peripher abzutun, der angeblich nicht an die wesentliche Substanz der Theorien und Werke der Avantgarde rühre. Wir sind vielmehr aufgefordert, unseren Kanon eines aufklärerischen Erbes erneut zu revidieren und unsere Maßstäbe zu radikalisieren, um auf diese Weise Aufklärung zu aktualisieren. Die Grenzen dessen, was unter dem Aspekt unserer heutigen Befreiungs- und Überlebenskämpfe assimilierbar ist, müssen vielleicht wieder klarer gezogen werden. Auch das wäre eine Antwort auf die Offensiven von rechts, die uns in den Auseinandersetzungen wieder stärker machen könnte.

Anmerkungen

1 Vgl. zur Geschichte der feministischen Bewegung in der Bundesrepublik: Frigga Haug, *Perspektiven eines sozialistischen Feminismus. 17 Jahre Frauenbewegung in Westdeutschland und Westberlin*, in: *Das Argument*, 159 (Sept./Okt. 1986), S. 635–650.
2 Wolfgang Fritz Haug, *Pluraler Marxismus. Beiträge zur politischen Kultur*, Berlin 1985.
3 Vgl. ausführlicher: Jutta Held/Frances Pohl, *Feministische Kunst und Kunstgeschichte in den USA*, in: *Kritische Berichte*, Jg. 12, H. 4 (1984), S. 5–25. – T. Gouma-Peterson/P. Mathews, *The Feminist Critique of Art History*, in: *The Art Bulletin*, 69, 1987, S. 326–357.

Jürgen Habermas
Die neue Intimität zwischen Politik und Kultur

Die politische Konkurrenz um die knappe Ressource »Sinn« hat die Entfernung zwischen Politik und Kultur verringert. Ein Indikator dafür ist auch diese Veranstaltung. Die neue politische Aufmerksamkeit für die kulturellen Ausdrucksformen des Zeitgeistes erklärt sich aus einer veränderten Wahrnehmung der Politik selber: diese scheint eine Einbuße an Manövrierfähigkeit und Kompetenz zu erleiden. Zum ernüchterten Bild von der Politik gehören mindestens drei Überzeugungen: (a) Die systemkonformen Eingriffe ins Wirtschaftssystem erzielen nicht die erwünschten Effekte. Noch weniger wird von systemverändernden Eingriffen erwartet; sie würden sich kontraproduktiv auswirken. (b) Nicht nur das ökonomische Steuerungsmedium erweist sich als resistent; auch die administrativen Maßnahmen, deren sich die Politik für ihre Eingriffe bedienen muß, stellen kein eigenschaftsloses Medium dar. Bürokratie und Recht haben in den Augen der Klienten ihre Unschuld verloren. (c) Die Krisen haben sich diffus ausgebreitet und verstetigt. Sie werden zur herrschenden Form der Selbststabilisierung eines beschleunigten sozialen Wandels.

Politiker, die dieses Bild von der Politik teilen, sind versucht, ihre ungelösten Probleme in ein drittes Medium zu verschieben. Sie weichen aus in die Arena der Massenkultur. Bei 750-Jahr-Feiern repräsentiert sich der Staat nicht etwa eine Woche lang mit militärischen Paraden und Gottesdiensten, er badet sich ein ganzes Jahr in der Lauge einer aus Pop, Punk und Preußentum angerührten Unterhaltungs-, Diskussions- und Ausstellungskultur. Eine Etage höher nutzt ein intellektueller Bundespräsident erfolgreich die Nischen des kulturellen Betriebs.

Die neue Intimität zwischen Politik und Kultur hat zweischneidige Folgen für die Politiker. Einerseits erweitert sich der Spielraum für eine symbolische Politik, mit der sich die andernorts entstandenen Enttäuschungen beinahe kostenneutral entschädigen lassen. Andererseits bildet der kulturelle Sinn einen eigensinnigen Stoff, der sich nicht nur nicht nach Belieben vermehren, sondern auch nicht in beliebige Formen bringen läßt. Das pejorative Wort von der »Stimmungsdemokratie« verschleiert eher, daß der Legitimationsprozeß dieser neuen Art von Beschränkung unterliegt. Aufschlußreicher ist schon das Interesse der Wahlsoziologen für die sogenannten Dienstleistungszentren, wo sich eine themenabhängige und informierte, jedenfalls kulturell vermittelte Wahrnehmung der Politik am deutlichsten ausprägt. Fast schon enthüllend ist die Direktheit, mit der ein kühl kalkulierender Geißler propagandistisch auf die postmateriellen Werte setzt – und Blüm nach Chile schickt.

Kurzum, die über Massenmedien verbreitete, auch in Diskussionen einmündende Kultur zeigt das Janusgesicht jeder Rhetorik. Wer sich erst einmal auf Kultur einläßt, kann nur noch in dem gefährlichen Medium der Überzeugungen überreden. Gewiß, die medienvermittelte Kultur bezahlt für ihre Verbreitung oft genug in der Münze einer Entdifferenzierung geistiger Gehalte; aber Verbreitung bedeutet auch eine Dezentralisierung von Widerspruchsmöglichkeiten. Das Nein-Sagen-Können ist die Kehrseite der Überzeugung – und auch der Überredete muß sich mindestens überzeugt fühlen. Die politische Inanspruchnahme der Kultur könnte insofern Tendenzen der Aufklärung sogar fördern. Das muß nicht so sein – wie die Erfahrung lehrt.

Aufklärung in Deutschland – Zwei Meinungen

Eines der jüngsten Beispiele für die politische Relevanz der Kultur bietet der Streit um den Frankfurter Börneplatz. Aus diesem Anlaß hat der Oberbürgermeister die Stadtverordnetenversammlung, was ihr zur Ehre gereicht, in ein historisches Kolleg verwandelt. Seine wohl von Fachleuten präparierte Rede betrifft unser Thema auch in anderer Hinsicht. Der Oberbürgermeister trat nicht nur in eine historisch-kritische Auseinandersetzung, also in einen Diskurs ein, der dem Geist der Aufklärung verpflichtet ist; er machte darin die Aufklärung zum Thema.

Es geht nämlich um den geistesgeschichtlichen Zusammenhang zwischen der Entstehung des rassischen Antisemitismus in Deutschland und dem durch die Aufklärung verursachten Autoritätsverlust des christlichen Glaubens und der Kirche: »Nicht der christliche Antijudaismus, sondern der Weg des deutschen Volkes seit der Aufklärung ist das, was in die deutsche Katastrophe geführt hat.«[1] Daß die Formulierung »seit der Aufklärung« nicht bloß im Sinne eines post-hoc gemeint ist, wird aus dem Kontext klar. Der abnehmende »Einfluß der Kirchen auf staatliches und privates Leben« wird belegt mit Folgen der Französischen Revolution, mit Nationalstaat und Nationalismus, mit Marx und Nietzsche. Allerdings soll diese christlich-fundamentalistische Geschichtsdeutung nur für die Deutschen gelten, nicht für Juden, die ja im Zeichen der Aufklärung eine mehr oder weniger glückliche Symbiose mit der deutschen Kultur eingegangen sind: »Ich verstehe die Betroffenheit eines Juden, die zum Nichteinverständnis mit meiner Wertung führt. Das ist selbstverständlich. Er wertet aus dem Schicksal seines Volkes, seiner Religion, und ich werte aus dem Schicksal unseres Volkes und komme deshalb möglicherweise zu anderen Ergebnissen.«[2] Was immer sich der Redner dabei gedacht haben mag – daß nur Schicksalsgenossen oder »Artgleiche« einander verstehen können, ist eine Maxime, die so offensichtlich mit dem Universalismus der Aufklärung unvereinbar ist, daß sie nach 1933 auch in akademischen Kreisen Karriere gemacht hat.

Mit größerer Konsequenz verfährt mein philosophischer Kollege Günther Rohrmoser, der das spezifisch Deutsche heute wie damals in Opposition zur Aufklärung sieht: »Wir Deutsche erheben mit Fichte und seit Fichte den Anspruch, im Besitz einer eigenen Antwort auf... die moderne Gesellschaft und die mit ihr verbundenen Probleme menschlicher Selbstentfremdung zu sein. Nun hat man ja bisher mit einem gewissen Recht sagen können, die aus der Tradition der Aufklärung... gegebenen Antworten seien besser als die deutschen. Die Auskunft hat man geben können, solange der Glaube an die Vollendung der Geschichte durch Wissenschaft, Technik und unbegrenzte Ausbeutung der Natur die Menschen noch inspiriert hat. Dieser Glaube und mit ihm das Projekt der Moderne befindet sich jetzt aber in einer tiefen Krise... Ist es wirklich so ausgemacht, daß die Antworten eines ideologisch erschöpften Liberalismus und eines in allen seinen Varianten gescheiterten Sozialismus besser sind als die, die wir aus der Erinnerung an die größten philosophischen und kulturellen Leistungen der Deutschen schöpfen können? Wenn wir nach der Ursache der uns heute in den progressiven Verfall führenden Neurotisierung unseres nationalen Selbstverständnisses fragen, dann war es der 1945 erklärte Wille, in der Differenz der Deutschen von allen geschichtslos-abstrakten, naturrechtlich begründeten Traditionen des Westens nur einen Irrtum zu sehen und diese Differenz radikal, das heißt kulturrevolutionär zu beseitigen.«[3] Das war 1983 in Weikersheim.

Reaktionsbildungen

Heute wissen wir, daß die Regieanweisung, die Bernhard Willms bei derselben Gelegenheit gegeben hat, nicht nur von Filbingers Freunden befolgt worden ist: »Die Deutschen müssen die Vergangenheitsbewältigung zu einer Sache der Wissenschaft neutralisieren. Wer Schuld predigt oder die Wunde Hitler offenhält, kämpft nicht um, sondern gegen die Identität.«[4] Wie kommt es gerade hierzulande zu einer Großen Koalition der Aufklärungskritiker, in der sich die braunen, schwarzen und grünen Ränder berühren?

Rohrmoser hat gar nicht so unrecht. In Deutschland sind erst nach 1945, erst auf dem Boden der Bundesrepublik die Traditionen der Aufklärung in ganzer Breite zu einem mehr oder weniger selbstverständlichen Besitz geworden. Bis zum Ende der lähmenden Latenzperiode Anfang der sechziger Jahre haben die Intellektuellen eine gewisse Verwestlichung der deutschen Kultur durchgesetzt. Sie haben Herder und Kant nicht mehr als Überwinder der Aufklärung, sondern als deren Exponenten begriffen, sie haben – um nur davon zu sprechen – Börne, Heine und Tucholsky nicht länger ausgegrenzt, sie haben Freud und die Psychoanalyse, den westlichen Marxismus, den Wiener und Berliner Positivismus als große intellektuelle Bewegungen ernstgenommen. Das war mehr als eine Rehabilitierung. Denn jene unterdrückten, abgespaltenen, verächtlich gemachten Elemente der deutschen, zumal der deutsch-jüdischen Intelligenz sind bei uns *zum ersten Mal* ansässig geworden – womit ich freilich für Ideen, die ihrer Natur nach *kursieren*, keine Bodenständigkeit reklamieren möchte. Dieser Aneignungsprozeß hat sich an unseren Universitäten auch durch die Vermittlung zurückgekehrter Emigranten vollzogen. In den Augen der Studenten damals hatten sich nämlich vor allem im Exil unbeschädigte Kontinuitäten und ein nicht-korrumpiertes Erbe erhalten können.

An einer Mentalität, die derart aus einer Reaktion auf den Faschismus hervorgegangen ist, mögen Spuren einer Reaktionsbildung erkennbar sein. Vor einem solchen Mentalitätshintergrund wird jedenfalls verständlich, daß die internationale Jugendrevolte der sechziger Jahre in Deutschland eine Verbindung eingegangen ist mit den spezifischen Themen der Verarbeitung unserer nationalen Vergangenheit. Und diese Genealogie kann vielleicht auch erklären, warum hierzulande die Protestbewegung, nachdem alles vorbei war, *wiederum* zwanghafte Reaktionen ausgelöst hat. Aus dem kollektiven Unbewußten sind nämlich längst überwunden geglaubte Stereotype eines sehr deutschen Kampfes gegen die Ideen der Französischen Revolution wieder an die Oberfläche gespült worden.

Aufklärung über Aufklärung

Die Revolte hat von zwei Seiten Reaktionen hervorgerufen: sagen wir vereinfachend von seiten der Älteren und von seiten der Jüngeren. Beide Seiten treten auf im Namen einer Aufklärung über die Grenzen der Aufklärung. Die neukonservativen Schüler von Gehlen und Forsthoff, Schelsky und J. Ritter sehen die Rationalität von Staat und Ökonomie durch diejenigen in Gefahr gebracht, die den Modernismus der Kunst und den Universalismus von Wissenschaft und Moral ernstnehmen, sogar Religion und Sitte dem Reflexionsdruck oder dem innovativen Experiment aussetzen. Aus dieser Sicht muß nämlich der Affirmationsbedarf einer entzauberten Moderne durch Wiederverzauberung, durch argumentfreie Erzählung, erhebende Literatur, Sinnstiftung und einfühlenden Historismus befriedigt werden. Mit dieser Kultur der Schadensabwicklung, mit einer Kompensationsvorstellung, die das Erbe der Aufklärung bloß halbiert, geben sich auf der anderen Seite die jungkonservativen Erben der Revolte durchaus nicht zufrieden. Sie bleiben existentiell und gehen aufs Ganze. Auf den Spuren von Heidegger oder Nietzsche suchen sie im ganz Alten das ganz Andere; aus ihrer Sicht kulminiert in der Aufklärung nur das Verhängnis eines von weit her kommenden logozentrischen Schicksals.

Beide Versionen, die gemäßigte wie die radikale, machen freilich denselben Fehler. Sie ignorieren, daß gerade in Deutschland die Selbstkritik der Aufklärung so alt ist wie diese selber. Als unvernünftig galt *immer* schon, wer die Grenzen des Verstandes nicht kennt. Wenn sich der Verstand zur Totalität aufspreizt und den

Platz der Vernunft ursurpiert, verliert der Geist das Vermögen der Reflexion auf die Grenzen der Verstandestätigkeit. Daß die Aufklärung sich über sich selbst, auch über das von ihr angerichtete Unheil aufklärt, gehört also zu ihrer eigenen Natur. Nur wenn man das verdrängt, kann sich die Gegenaufklärung als Aufklärung über Aufklärung empfehlen.

Religion, Aufklärung und neue Mythologie

In einer Diskussion mit Eugen Kogon hat Adorno 1957 folgendes geäußert: »Die religiösen Renaissancen von heutzutage dünken mir Religionsphilosophie, nicht Religion. Darin jedenfalls stimmen sie mit der Apologetik des achtzehnten und frühen neunzehnten Jahrhunderts überein, daß sie trachten, durch rationale Reflexion deren Gegenteil zu beschwören; nun jedoch durch rationale Reflexion auf die ratio selber, mit einer schwelenden Bereitschaft, auf diese loszuschlagen, einem Hang zum Obskurantismus, der viel bösartiger ist als alle beschränkte Orthodoxie von dazumal, weil er sich selbst nicht ganz glaubt.«[5] Das paßt bereits auf eine Kompensationstheorie, die die Traditionsmächte funktional rechtfertigt. Auch gegenüber einer negativistischen Vernunftkritik, die sich als Kritik selber durchstreicht, beharrt Adorno darauf, die Dialektik der Aufklärung nicht zu früh abzubrechen: »Wohl ist einer ratio, die sich nicht als stures Herrschaftsmittel frevelhaft verabsolutiert, Selbstbesinnung geboten, und davon drückt das religiöse Bedürfnis heute einiges aus. Aber diese Selbstbesinnung kann nicht bei der bloßen Negation des Gedankens durch sich selbst, bei einer Art von mythischem Opfer stehenbleiben, nicht durch einen ›Sprung‹ sich vollziehen: der ähnelte nur allzusehr der Katastrophenpolitik.«[6] Dieser Satz war damals gegen den Sprung in eine philosophisch verkleidete Offenbarung gerichtet, noch nicht gegen das heute verbreitete Lob eines diesseitigen Polytheismus, noch nicht gegen die neuen Mythologien, die die Mündigkeit des Subjekts aufkündigen und keine Ähnlichkeit mehr beanspruchen mit jener einst von den Jugendfreunden Hegel, Hölderlin und Schelling beschworenen Mythologie der Vernunft. Gegenüber den neuen Mythologien, wie sie sich heute ausbreiten, hätte auch Adorno das betont, was die radikale Aufklärung mit dem Monotheismus *verbindet*: jenes Moment von

Selbstüberschreitung oder Transzendenz, das dem in seiner Welt gefangenen Ich erst die Distanz zur Welt im ganzen und zu sich selber einräumt und damit eine Perspektive öffnet, ohne die Autonomie – auf der Grundlage gegenseitiger Anerkennung – und Individualität nicht erworben werden können. Von dieser Gemeinsamkeit bleibt übrigens unberührt Adornos Überzeugung, daß »nichts an theologischem Gehalt unverwandelt fortbestehen (wird); ein jeglicher wird der Probe sich stellen müssen, ins Säkulare, Profane einzuwandern«.[7] Aber dieses profanisierende Einholen theologischer Gehalte ins Universum begründender Rede und solidarischen Zusammenlebens ist das Gegenteil einer neuheidnischen Regression hinter jenes Selbstverständnis von Autonomie und Individualität, das mit den prophetischen Lehren erst auf die Welt gekommen ist.

Entmutigung

Der normative Gehalt der Aufklärung hat sich in den Ideen von Selbstbewußtsein, Selbstbestimmung und Selbstverwirklichung ausgesprochen. Dieses »Selbst« ist allerdings im Sinne von bürgerlich-kalter Subjektivität und Selbstbehauptung, im Sinne eines verfügenden Individualismus verstanden worden. So sind die Ideen selbst ins Zwielicht geraten. Der Zweifel an ihnen ist heute ubiquitär; er zehrt nämlich von Erfahrungen mit einer überkomplexen, ausbeutenden und undurchsichtig-riskanten Gesellschaft. Aus den gesellschaftlichen Kontexten, nicht mehr aus Natur unmittelbar, quellen heute die Kontingenzen, die uns überwältigen. Der funktionalistische Marxismus, der Strukturalismus und jene Systemtheorie, die beide beerbt hat, spiegeln die Erfahrung der Ohnmacht schon im Aufbau der Theorie. Luhmann sagt es: alles ist möglich und nichts geht mehr. Der Paradigmenwechsel, der sich in der Theorie vollzogen hat, spricht für sich selbst: die anonyme Gesellschaft ohne Subjekt tritt an die Stelle der Assoziation freier und gleicher Individuen, die ihr Zusammenleben auf dem Wege demokratischer Willensbildung selber regeln. Mit dem Vertrauen in die Gestaltungsmöglichkeiten schwindet auch der eigene Gestaltungswille.

Gewiß, das 20. Jahrhundert hat uns vor mobilisierten Massen erschauern lassen. Je weiter die Massenzivilisation fortschreitet, um so mehr verblaßt die Romantik der Massenaktion. Der Glaube an Subjekte im Großformat und an die Lenkung großer Systeme ist zerfallen. Sogar soziale Bewegungen sind heute ein Motor für Vervielfältigung und Individualisierung. Aber das Lob der Vielheit, die Apologie des Zufälligen und des Privaten, die Feier von Bruch, Differenz und Augenblick, der Aufstand der Randgebiete gegen die Zentren, das Aufgebot des Außerordentlichen gegen die Trivialität – das alles darf nicht zur Ausflucht werden vor Problemen, die, wenn überhaupt, nur bei Tageslicht, nur kooperativ, nur mit den letzten Tropfen einer beinahe ausgebluteten Solidarität gelöst werden können. Was aber setzen die neuen Mythologien an die Stelle von Selbstbestimmung und Solidarität?

Eine Aura der erweckenden Entmutigung scheint die avanciertesten Werke der Literatur und des Films noch dort zu umgeben, wo sie ein hintergründiges Ja zum Leben lehren. In dem zitatenreichen Film *Der Himmel über Berlin* erzeugen Handkes Texte, vor allem Wim Wenders Einstellungen eine Struktur, die den Einbruch des Außerordentlichen ins Alltägliche, ein Science-fiction-Thema, ins Mythische hebt. Mehrere Ebenen verschränken sich in der Dramaturgie des Geschehens. Der Blick der Engel ruht wie hinter Glas auf der Trivialität der kleinen Sorgen, auf der Normalität und der Verzweiflung des Alltags. Noch nicht ganz abgetötet ist die Wahrheit in den seelenvollen Augen kindlicher Zirkusbesucher und in den historischen Erinnerungen des Erzählers. Aber nur jene Engel, die aus freien Stücken ins menschliche Leben hinabsteigen und sich unauffällig unter die Sterblichen mischen, erfahren die Authentizität des irdischen Daseins und werden zum Sprachrohr der großen Affirmation. Ein Defizit an erfülltem Leben erleiden also spiegelbildlich die Überirdischen, die die schmerzliche Verkörperung scheuen, Lust und Leid nicht kennen, und die Alltäglichen, die in ihrem dumpfen Triebe der Lust und dem Leid bloß unterworfen sind. Nur die *herabgestiegenen* Engel, die nicht ohne Narzißmus aufgehen in Lust und Leid, erfahren die Exaltation von Glück, Einsamkeit, Vereinigung – und entrichten dafür den amor fati, den Gesang auf ein Leben, das dem Leben entrückt ist.

Ich frage mich, ob diese Halbgötter wie im Mythos die wenigen Auserwählten *bleiben* oder ob sie exemplarisch den Weg weisen sollen, den alle gehen können. Ich weiß nicht, ob ich den Film ohne besondere cineastische Vorbildung richtig verstehe. Verklärt er nicht das Außeralltägliche auf Kosten der trivialeren Erfahrungen, aus denen wir lernen? Entwertet er nicht zugunsten eines Seinsgeschicks die Kontingenzen, die die Kräfte des Ich herausfordern? Verwischt er nicht den Unterschied zwischen Benjamin und Heidegger – zwischen profaner Erleuchtung und einer gegen das Profane gerichteten Erweckung?

Die kulturelle Obsoleszenz politischer Prämissen

Die Zukunft der Aufklärung – worin könnte sie bestehen? Es müßte uns gelingen, klarzumachen, wie in immer enger werdenden Handlungsspielräumen gleichwohl unsere gemeinsamen Verantwortlichkeiten für immer längere und immer unübersichtlichere Handlungsketten wachsen. Und dies müßten wir zeigen können im zögernden Bewußtsein jener Gefahr, die, wie Benjamin wohl wußte, den Möglichkeiten des Glücks sogar von den Erfolgen des zweckgerichteten Zusammenwirkens her droht.

Eine skeptische, aber nicht-defätistische Aufklärung kann sich heute durch die Tatsache ermutigt fühlen, daß sich in den Auseinandersetzungen der politischen Öffentlichkeit, und angetrieben von den sozialen Bewegungen, die kulturellen Orientierungen der breiten Bevölkerung neu formieren. Sie kann sich ermutigt fühlen, weil sich mit den subkutan revolutionierten Einstellungen ein Mentalitätswandel vollzieht, der die politischen Selbstverständlichkeiten von gestern wie Ruinen hinter sich läßt. Die sozialen Strukturen selbst scheinen sich für eine kulturelle Mobilisierung zu öffnen. Die Kultur kann eine verkrustete Politik unterspülen. Ob Reagan und Gorbatschow wissen, daß sie soeben ein Beispiel gegeben haben für eine solche kulturelle Obsoleszenz der gestern noch für unerschütterlich gehaltenen Prämissen?

Anmerkungen

1 W. Brück, in: *FR* vom 26. Sept. 1987, S. 16.
2 A. a. O.
3 Zitat nach: A. Klönne, *Wieder normal werden? Entwicklungslinien poli-*

tischer Kultur in der Bundesrepublik, in: H. U. Otto, H. Sünker (Hg.), *Soziale Arbeit und Faschismus*, Bielefeld 1986, S. 528.
4 A. a. O., S. 531.
5 Th. W. Adorno, *Vernunft und Offenbarung*, in: ders., *Stichworte*, Frankfurt/M. 1969, S. 22.
6 A. a. O., S. 23.
7 A. a. O., S. 20.

Willibald Sauerländer
Aufklärung als kulturelle Aufgabe heute
Plädoyer für eine Rationalität ohne Berührungsängste

Ein älterer Freund meinte vor zwei oder drei Jahren mit dem Blick auf die kulturelle und die wissenschaftliche Szene unserer Tage: »Sehen Sie sich das an, das ist ja Sybaris«, spielte also angesichts des gegenwärtigen Zustandes der Kultur auf den im Altertum sprichwörtlichen Ort luxuriöser Verweichlichung und Verfettung an. Das mag zunächst nur nach einer oberflächlichen Bemerkung klingen, doch lohnt es sich, einen Augenblick an diesem Verdikt festzuhalten, wenn im Jahre 1987 über den Zusammenhang von Kultur und Zukunft der Aufklärung nachgedacht werden soll. Wir erleben ja seit gut zehn Jahren die Ausbreitung einer wendigen Zerstreuungskultur, die man kaum mehr mit jenen Phänomenen gleichsetzen kann, welche Adorno und Horkheimer seinerzeit als massenbetrügerische Kulturindustrie denunziert haben. Sie zeigt sich an der Veränderung unserer urbanen Strukturen durch eine Stimmungsarchitektur, die mit sinnentleerten Versatzstücken aus der Vergangenheit spielt und smartes Ambiente für den »Brunch« oder die Fußgängerzone herstellt, ein omnipräsentes Altheidelberg mit Boutiquenschick, hier in Frankfurt am Römer besonders eindrucksvoll zu besichtigen. Sie transformiert die Landschaft der Museen, die vom Musée d'Orsay in Paris über den American Wing des Metropolitan Museums in New York bis zu der besonders diffusen Variante des Museums Ludwig in Köln mit riesigen Publikumserfolgen zu Lunapark-ähnlichen Unterhaltungsplätzen oder visualisierten Opern stilisiert werden. Wo die Museen erzählen, dürfen die Historiker nicht fehlen, sie treten derzeit – in Frankreich und Italien zum Teil auf beachtlichem Niveau – gerne als Romanciers auf. Aber ich breche die Aufzählung dieser allbekannten Phänomene, die sich fast beliebig verlängern ließe, ab, denn sie führt nicht zur Analyse.

Voraussetzung der beschriebenen Veränderungen ist eine neue Instrumentalisierung von Kultur unter Produktionsbedingungen, welche für jene, die nicht aus dem wirtschaftlichen Kreislauf ausgeschlossen sind, ein gewisses Maß an Wohlfahrt und ein erhebliches Quantum an Freizeit erzeugen, Freizeit, die ihrerseits wieder wirtschaftliche und populistische Interessen anzieht, welche sich am effektvollsten über ein breit gefächertes Angebot der Ware Kultur umsetzen lassen. Noch nie scheint das Interesse von öffentlichen und kommunalen Verwaltungen, großen Industrieunternehmen, Geldinstituten an der Förderung publizitärer Kultureinrichtungen – wie Museen, Ausstellungen, Musikveranstaltungen, Tagungen – so virulent gewesen zu sein wie derzeit, wobei übrigens die privatwirtschaftliche Initiative eine immer größere Rolle spielt. Ein Bericht über die Präsentation der Bilder von René Magritte durch ein Münchner Geldinstitut in der vorletzten Ausgabe der *Zeit* trug die charakteristische Überschrift: »Eine Ausstellung, die öffentliche Institute nicht zuwege gebracht hätten.«

Vieles spricht dafür, daß mit der fortschreitenden Arbeitszeitverkürzung, der Erweiterung der Medien diese kulturelle Pharmaindustrie für die Freizeitgesellschaft weiter ausgebaut werden wird. Sie lenkt ab von dem, was nicht gesehen werden soll: von der Arbeitsplatzrationalisierung bis zur Umweltzerstörung, wobei die Fördernden auf dem primären praktischen Sektor und dem sekundären kulturellen Sektor nicht selten identisch sind. Die eine Hand streicht die nicht mehr rentablen Arbeitsplätze, verschwefelt die Luft und verschmutzt die Gewässer, die andere stiftet fürs Museum oder für hoffnungsvolle Nachwuchskünstler. Das Material der Kultur wird aufbereitet zur Entwicklung von Reizen, wird in leichter Verpackung einem auf Zerstreuung erpichten ästhetischen Bedürfnis zugereicht. Nicht zufällig ist Süskinds *Parfum* ein Bestseller in diesen Tagen. Die Erzählung spielt zwar im 18. Jahrhundert, aber ihr Thema ist de Sade oder Restif de La Bretonne näher als den Enzyklopädisten. Geschieht es wie hier in Frankfurt vor einigen Wochen, daß einer von denen, die nicht an den Genüssen teilhaben dürfen, zum Herostraten wird und versehentlich ein Streichholz in einen der Paläste der Kultur wirft, wird die Symbolträchtigkeit dieses Zwischenfalls kaum mehr wahrgenommen. Wir haben in der Bundesrepublik seit etwa 1972 im Zeichen der Tendenzwende eine Gegenaufklärung, die sich um Sinn- und Mahnmalstiftung müht, um die alten Werte und um die nationale Identität sorgt. Es gibt Parallelerscheinungen dazu in den Vereinigten Staaten und vor allem in Frankreich. Aber die Sinnstifter, die in Amerika das Schulgebet beschworen, in Paris schicke Buchreihen über die Nation auf den Markt schicken und bei uns nach Bitburg eilten, sind nur eine Variante jenes Zustandes der »Nachaufklärung«, wie er sich derzeit in der kulturellen Szene aller westlichen Industriestaaten ausbreitet.

Angesichts dieser Instrumentalisierung von Kultur gilt es zu unterscheiden zwischen den populistischen Strategien, welche den zerstreuenden Kulturgebrauch manipulieren, und den emotionalen Bedürfnissen von Konsumenten – von Bürgern –, welche sich von Kultur Entlastung erhoffen. Um es an einem banalen Beispiel deutlich zu machen: An der gefälligen Aufbereitung einer Altstadt mag die Fremdenverkehrsindustrie profitlich interessiert sein, gleichzeitig aber verlangen die Wünsche der Bevölkerung nach ihr. Nicht jede Nostalgie ist von Übel, ist gleich schon Verrat an Aufklärung und Fortschritt. Und an dieser Stelle ist eine neue Unbefangenheit gefordert, wenn wir von der Aufklärung als kultureller Aufgabe sprechen, weil sich hier die Frage nach Defiziten der kulturellen Aufklärung wie der kulturellen Moderne stellt. Die Gegenaufklärer haben jedenfalls erkannt, daß es unter den extrem abstrakten Lebensbedingungen der High-Tech-Industrie immer größere emotionale Leerräume gibt, die sich substitutiv mit Sinnstiftungen und Mythenbildungen ausfüllen lassen. Es ist die Dialektik von Robotergesellschaft und Männergesangsverein, die hier ins Spiel kommt, ein vielleicht triviales Bild, das sich aber beim Blick auf den Südteil unserer Republik als so wirklichkeitsfern gar nicht erweisen dürfte. Die nationale Sinnstiftung einschließlich der Erinnerungsverdrängungen gehört in die gleiche Kiste.

Nun ist es leichter, diese nur zu offensichtlichen Veränderungen des kulturellen Klimas zu beschreiben, als alternative Konzepte anzudeuten. Mir scheint, daß eine Kultur im Dienste der Aufklärung sich heute jener bildhaften, sinnlichen, ja auch der mythenstiftenden Wirkungsweisen versichern müßte, deren sich die Gegenaufklärung so unbestreitbar erfolgreich bedient. Eine aufklärerische Kultur in den achtziger Jahren müßte also Vertrauen fassen zu diesem sinnlichen Potential, müßte lernen, daß es nicht nur darum geht, die Vernunft, sondern auch die Affekte zu erreichen, um Bewußtsein zu verändern. Sie müßte sich erinnern, daß Sensibilisierung zur Tradition der Aufklärung gehört, was im »Siècle des Lumières« sowohl Rousseau als auch vor allem Diderot gewußt haben. Mit der pauschalen moralischen Denunziation alles Postmodernen – von den wieder unterhaltsamer gewordenen Gebäuden bis zu den narrativen Historien – machen wir es uns zu einfach. Es ist vielmehr notwendig, innerhalb der Postmoderne die Unterscheidung zwischen kommerzialisierter Trivialität und neuer Sensibilität zu treffen. Nur wenn der aufklärerische Gebrauch von Kultur die Angst vor den zurückkehrenden Bildern, Geschichten und Mythen überwindet, wird es möglich sein, die Sinnstifter bei ihren Vorhaben zu stören. Ungestraft werden wir die Manipulation der Sinne den Gegenaufklärern nicht überlassen.

Jürgen Moltmann
Die Zukunft der Aufklärung und des Christentums

Mit dieser Formulierung des Themas betone ich die Gemeinschaft in der Differenz von geschichtlichem Glauben und rationaler Aufklärung. Die Vernunft erhellt den geschichtlichen, den jüdischen und christlichen Glauben kritisch mit der Frage: »Was kann ich wissen?« Der geschichtliche Glaube eröffnet der Vernunft ihre utopischen Horizonte mit der Frage: »Was darf ich hoffen?« Die Aufklärung ist historisch in Anknüpfung und Auseinandersetzung mit dem jüdischen und christlichen Glauben entstanden.

Was ist Aufklärung? Ich gehe von zwei Definitionen Kants aus. Erstens: »Aufklärung ist der Ausgang des Menschen aus seiner selbst verschuldeten Unmündigkeit.« Zweitens: »Zu dieser Aufklärung wird nichts erfordert als die Freiheit, von seiner Vernunft in allen Stücken öffentlichen Gebrauch zu machen.« Der Kürze halber äußere ich mich in *sechs Thesen* über Herkunft und Zukunft der Aufklärung.

These 1: Wir unterscheiden historisch zwischen der englisch-amerikanischen, der französischen und der deutschen Aufklärung. Die zeitlichen Differenzen seit dem 17. Jahrhundert sind jeweils etwa 50 Jahre.

Die *englisch-amerikanische* Aufklärung war protestantisch, nonkonformistisch, freikirchlich und gläubig, wie in den USA noch heute zu sehen ist. Die *französische* Aufklärung war antiklerikal, laizistisch und atheistisch. Die *deutsche* Aufklärung war antistaatskirchlich, protestatheistisch und joachimitisch-chiliastisch im Traum vom »Dritten Reich des Geistes«.

Das *Christentum der Aufklärung* ist erkennbar in den neuen modernen Denominationen jener Zeit bei den *Quäkern* des »inneren Lichtes«, bei den *Baptisten* der persönlichen Glaubensentscheidung, bei den *Methodisten* der persönlichen Heiligung durch Selbstkontrolle: »*Soul Liberty*« war das Befreiungswort Roger Williams.

In Deutschland war die Konfession seit dem Westfälischen Frieden *Staatssache*: cujus regio ejus religio. Religionsfreiheit gab es nur als *jus emigrandi*. Darum entfaltete sich das aufgeklärte Christentum im liberalen Protestantismus nur als »*Privatsache*«. Erst der Code Napoleon brachte verspätet und wenig ausgenutzt die Möglichkeit zur »religiösen Vereinsbildung« nach Deutschland.

Während in den USA das System der »*voluntary religion*« zur Grundlage der politischen Demokratie wurde, entstand in Deutschland der Zwiespalt zwischen der *religiösen Zugehörigkeit* und der *religiösen Freiwilligkeit*, also zwischen Staatsreligion und Privatglaube, generell zwischen Institution und Subjektivität. Es fehlte die Freiheit, von seinem persönlichen Glauben oder seinem Unglauben »in allen Stücken *öffentlich Gebrauch* zu machen«. Noch heute »gehören« etwa 90% des deutschen Volks zu einer Kirche, evangelisch oder katholisch, aber nur etwa 15% »gehen« regelmäßig zur Kirche, nehmen aktiv teil und bestimmen mit. In den USA »gehören« etwa 60% zu einer Kirche, und es »gehen« etwa 50% regelmäßig zur Kirche, nehmen aktiv teil und bestimmen mit. Unsere Kirchen sind institutionelle »Betreuungskirchen« geblieben und erst langsam auf dem Wege, gemeinschaftliche »Beteiligungskirchen« zu werden.

These 2: Die Prinzipien der Aufklärung und des Christentums sind die Prinzipien der Freiheit.

1. *Religionsfreiheit gegenüber dem Staat*: Solange der Staat die Religion oder die Ideologie bestimmt, sind die einzelnen Menschen in ihrer Person unmündig: sie können sich weder ihrer Vernunft noch ihres Glaubens ohne die Leitung eines anderen bedienen. Religionsfreiheit jedes einzelnen Menschen ist darum die Voraussetzung für geschichtlichen Glauben wie für aufklärende Vernunft. Religionsfreiheit befreit die Religion vom Staat und den Staat von der Religion. Sie ist die Bedingung für den säkularen, vernünftigen, religionstoleranten Staat. Nachdem Religionsfreiheit in England im 17. Jahrhundert erkämpft worden war (John Milton), wurde sie in Frankreich 1789 eingeführt und mit entsprechenden Verspätungen zögernd in Deutschland verbreitet und zuletzt im Zweiten Vaticanum auch von der katholischen Kirche anerkannt, nachdem sie 50 Jahre zuvor amtlich verworfen worden war.

2. *Gewissensfreiheit gegenüber der Kirche*: Solange die Kirchen die Gewissen der einzelnen in ethischen Fragen binden, sind die

einzelnen Menschen unmündig und abhängig. Die Aufklärung hat darum zuerst das Gewissen befreit. Im Gewissen steht jede einzelne Person unmittelbar vor Gott und muß selbst entscheiden, weil sie sich selbst vor Gott zu verantworten hat. Das Gewissen wurde »der Gott in uns« (I. Kant) genannt, um seine Unantastbarkeit zu sichern. Die Kirche kann das Gewissen der einzelnen »schärfen«, aber sie darf keinem Menschen seine oder ihre eigene Gewissensentscheidung abnehmen, weder durch Enzykliken noch durch Denkschriften, weil nicht die Kirche vor Gott verantworten kann oder zu verantworten hat, was der einzelne Mensch tut oder unterläßt. Die Kirche darf also keinen Menschen dazu verführen, gegen sein Gewissen zu handeln. Das ist seit alters allgemeine christliche Auffassung.

3. *Glaubensfreiheit gegenüber der Autorität* der Bibel, der Tradition und der Kirche: Ich habe das Recht auf meine eigene Überzeugung. Wie Lessing, der Reformator der Aufklärung, sagte: Ein anderes sind Wunder, von denen andere mir erzählen, daß sie sie erlebt haben wollen, ein anderes Wunder, die ich selbst erlebe. Eines sind zufällige und auf Treu und Glauben vermittelte Geschichtswahrheiten, ein anderes notwendige und mir unmittelbar einsichtige Vernunftwahrheiten. Eines ist, Gutes zu tun aus Furcht vor Strafe, ein anderes, Gutes zu tun, weil es das Gute ist.

4. Gewissensfreiheit und Glaubensfreiheit der einzelnen Personen begründen gegenüber der Kirche, verstanden als göttliche Institution »von oben«, das *Recht auf Gemeinde unten*. Die Kirche ist nichts anderes als die vor Ort zu bestimmter Zeit »versammelte Gemeinde«. Gemeinde war das ursprüngliche Versprechen der Reformation, das jedoch durch das landesherrliche, protestantische Kirchenregiment nachhaltig verhindert wurde. Sie wird erst heute in der katholischen Basisgemeindebewegung in Lateinamerika eingelöst. Im Ernstfall ist auch bei uns Kirche nicht die Hierarchie und nicht eine Staatsreligion, sondern die Gemeinschaft (communio) gleichberechtigter, weil gleichgetaufter, zu Widerstand und Befreiung verpflichteter Frauen und Männer. Das ist die Lehre aus den Erfahrungen des Kirchenkampfes in den evangelischen und katholischen Kirchen gegen die Hitlerdiktatur im »Dritten Reich« und aus den Erfahrungen des lateinamerikanischen Kirchenkampfes heute.

These 3: Die Mittel zur Befreiung aus Unmündigkeit und zur Bewahrung der Freiheit sind die Mittel kritischer Vernunft.

Nach der Methodisierung der menschlichen Welterfahrung durch Petrus Ramus und René Descartes und ihrem Erfolg in den Naturwissenschaften entstand die kritische Geschichtswissenschaft. Die historisch-kritische Forschung entlarvte die Mythen und Legenden der Tradition und befreite die Gegenwart von ihr. »Die wahre Kritik des Dogmas ist seine Geschichte« (David Fr. Strauß). Darum gilt: »Das historische Bewußtsein zerbricht die letzten Ketten, die Philosophie und Naturwissenschaft nicht zerreißen konnten. Der Mensch steht nun ganz frei da« (Wilhelm Dilthey). Die Historisierung der in der Tradition gegenwärtigen Vergangenheit ist die schärfste Ideologiekritik von Herrschaftslegenden. Sie ist auch die Voraussetzung für Glaubensfreiheit, sofern sie Glaube von Aberglauben unterscheidet. Mit Hilfe der historisch-kritischen Bibelwissenschaft haben Christen ein freies Verhältnis zur Autorität ihrer Grundlagenschrift bekommen. Das gleiche gilt für die Autorität der Kirche, der kirchlichen Tradition und des Lehramtes. Kritische Vernunft wandelt das kindliche Verhältnis der Unmündigen zu ihren Vormündern in ein freies Verhältnis der Gegenwärtigen zu den Vergangenen. Der beklagte »historische Relativismus« ist nur ein Mißverständnis, weil er aus dem Absolutismus der Gegenwart gegenüber dem Vergangenen entsteht. Historisches Bewußtsein in historischer Kritik führt, recht verstanden, zu Solidarität und Gemeinschaft im Zusammenhang der Generationen in der Geschichte kraft der Erinnerung. Historisches Bewußtsein depotenziert die Vergangenheit nicht nur, sondern vertieft auch die Erinnerung und widersteht dem Vergessen. Historisch-kritische Forschung hat im Bereich der Bibelwissenschaft zur »Entmythologisierung« geführt (R. Bultmann). Dieses Programm dient nicht dem Ersatz des Mythos durch den Logos, sondern der Unterscheidung der befreienden, glaubenerweckenden Botschaft von den Mythen religiöser Phantasie. Die Botschaft des jüdischen Propheten und die Botschaft der christlichen Apostel enthält noch unausgeschöpftes religions- und mythenkritisches Potential – auch gegenüber dem alten und dem neuen »Mythos des 20. Jahrhunderts«.

These 4: Das Subjekt der Befreiung durch Aufklärung und der Religionsfreiheit ist das menschliche Subjekt in Gestalt des bürgerlichen Subjektes.

Die Rechte der Religions-, der Glaubens-, der Gewissens- und der Gemeindefreiheit wurden in der Zeit der Aufklärung zusammen mit den Menschen- und Bürgerrechten erkämpft. Durch diese wird die Würde der menschlichen Person öffentlich anerkannt. Auch heute kann Religionsfreiheit nicht abgesehen von den Freiheitsrechten der menschlichen Personen und den individuellen Menschenrechten verwirklicht werden. Das Bürgertum hat diese Freiheitsrechte in der englischen, der amerikanischen und der französischen Revolution gegen Feudalismus und Klerikalismus erkämpft. Die Rechte auf Religions-, Glaubens- und Gewissensfreiheit wurden zur Grundlage der liberalen Demokratie.

Staatskirchliche und klerikale Religionssysteme behindern die liberale Demokratie, weil sie ihr widersprechen. Die Einbindung des menschlichen Subjektes in bürokratische Systeme und die ideologische Auflösung der Person in Strukturen bedrohen mit der Freiheit der Person auch die Religionsfreiheit und müssen als Angriffe auf das Christentum selbst verstanden werden.

These 5: »Die Wissenschaftskultur, die als Einlösung des Versprechens der Aufklärung in der Zukunft gelten kann« (Peter Glotz), wird nicht von außen, etwa durch »das konservative Syndrom« oder durch »religiöse Konterrevolutionen« oder durch Prophetien vom »Ende der Neuzeit«, von der »Postmoderne« oder eines »New Age« gefährdet, sondern von innen, durch die Widersprüche der Aufklärung selbst.

Die Kultur der Aufklärung ist aus der industriellen und der politischen Revolution hervorgegangen und hat diese geistig geprägt. Aus ihnen ist die »moderne Welt« geschaffen worden, die man das universale Großprojekt der »wissenschaftlich-technischen Zivilisation« genannt hat. Es ist die erste humane Zivilisation, die sich aus dem Einklang mit den kosmischen Gesetzen und Rhythmen der Natur gelöst hat und allein nach dem Entwurf der Menschen gestaltet wird.

Jede Kultur hat ihre Kehrseite in einer Barbarei, jede siegreiche Geschichte ihre Unterseite in den Opfern, jeder Fortschritt hat seinen Preis. In *drei großen Widersprüchen* bringt sich die Kultur der Aufklärung heute selbst in tödliche Gefahr. In genau diesen ungelösten Widersprüchen siedeln sich die erwähnten antiaufklärerischen Bestrebungen an: die wissenschaftlich-technische Zivilisation der Aufklärung hat erstens das Elend der »Dritten Welt« geschaffen, die wissenschaftlich-technische Zivilisation der Aufklärung hat zweitens zu ihrer Sicherung das nukleare Schreckenssystem aufgebaut; mit dem Ausbau der wissenschaftlich-technischen Zivilisation der Aufklärung wächst drittens die ökologische Krise und wird zum globalen Kollaps der Natur.

Dritte Welt: Mit der Ersten Welt in Europa und Nordamerika entstand wie das Proletariat in ihr selbst auch die »Dritte Welt« in Lateinamerika, Afrika und Asien. Die unterworfenen Völker dort haben von Anfang an den größten Teil der menschlichen und materiellen Kosten des nordatlantischen Fortschritts getragen. Die nordatlantischen Kolonialimperien entstanden zur Zeit der Aufklärung. Der gegenwärtige Widerspruch zwischen den verarmenden und sich verschuldenden Völkern der Dritten und den sich entwickelnden Industrienationen der Ersten Welt ist keine vorübergehende Krise, sondern ein Geburtsfehler der Kultur der Aufklärung. Entweder gelingt es der Kultur der Aufklärung, die Völker der Dritten Welt zu politischer Freiheit, wirtschaftlicher Gerechtigkeit und kultureller Eigenständigkeit zu bringen, oder sie zerstört zwei Drittel der Menschheit. Dafür muß sie sozusagen sich selbst, d. h. ihre europäische Form, überspringen

Das nukleare Schreckenssystem: Die Kultur der Aufklärung begann mit dem messianischen Bewußtsein der »*Neuzeit*«. Mit dem Aufbau der Atommacht erreicht diese Kultur ihre apokalyptische »*Endzeit*«. Die unvergleichlichen Fortschritte der menschlichen Beherrschung der Natur haben das atomare Abschreckungssystem ermöglicht, das heute mehr als 50% der wissenschaftlichen Intelligenz und der technischen Mittel verschlingt. Das Zeitalter, in dem das Ende der Menschheit jederzeit möglich ist, hat unwiderruflich begonnen. Es ist das in dieser Hinsicht letzte Zeitalter der Menschheit, denn die Formel für die Weltvernichtung vergißt sich nicht mehr. Entweder gelingt es, das System nuklearen Wahns der »assured mutual destruction« durch ein politisches System vernünftiger Zusammenarbeit zu ersetzen, oder die Wissenschaftskultur der Aufklärung zerstört die Menschheit.

Der ökologische Kollaps: Mit dem Ausbau wissenschaftlich-technischer Naturbeherrschung wächst die Zerstörung der Natur, ihrer Gleichgewichte und Ressourcen. Die ökologische Krise entstand aus der wissenschaftlich-technischen Machtergreifung des Menschen über die Natur. Sie offenbart den Selbstwiderspruch, auf den das Großprojekt der Kultur der Aufklärung aufgebaut ist. Sie ist die Krise des modernen Herrschaftssystems der Menschen über die Natur und wohl auch Ausdruck des »Gotteskomplexes« der modernen Menschen (H. E. Richter). Fortschritte der modernen Zivilisation auf dem einmal eingeschlagenen Weg werden nur zu Lasten der Natur erreicht und führen zum ökologischen Selbstmord der Menschheit. Die es wissen, leben in der quälenden Furcht, die Natur könne zu dem Grad verderben, daß sich die Menschheit bald als ausgestorbene Lebensart zu den Dinosauriern gesellen werde. Was diesen Gedanken so beunruhigend macht, ist der Verdacht, daß die Entscheidung darüber schon unwiderruflich gefallen sein könnte, weil wir die Gifte, die in die Ozonschicht aufsteigen und in die Erde einsickern, nicht mehr zurückholen können. Das Schicksal der Menschheit könnte also besiegelt sein, bevor sich die Symptome ihres Aussterbens zeigen. Dann hätte diese Kultur der Aufklärung keine Zukunft mehr, sondern nur noch einen Rest von Gegenwart, der bald zur Vergangenheit wird. Entweder also gelingt uns eine *ökologische Reformation dieser Kultur der Aufklärung*, oder sie wird die Erde zerstören.

These 6: Die Zukunft der Aufklärung und des Christentums kann nur in einem »Bund für Gerechtigkeit, Frieden und die Bewahrung der Schöpfung« gewonnen werden.

Das Christentum ist aus seinem nationalen, eurozentrischen und konfessionellen Zeitalter in seine ökumenische Epoche eingetreten. Ökumenische Solidarität steht heute höher als nationale und konfessionelle Loyalität.

a) Darum wird das Christentum in der Ersten Welt heute zum Anwalt des Volkes in der Dritten Welt: Die Erste Welt ist seit Jahrhunderten Schuldner der Dritten Welt und sollte heute ihre Schulden tilgen. Ohne Gerechtigkeit für das Volk in den Nationen der Dritten Welt wird es keinen Frieden für die Völker der Ersten Welt geben.

b) Das Christentum hat in den letzten Jahren durch nahezu alle seine großen Kirchen dem »Geist, der Logik und der Praxis des nuklearen Abschreckungssystems« eine feierliche und verpflichtende Absage erteilt. Ein Krieg mit Kernwaffen ist nach der traditionellen Lehre vom »gerechten Krieg« und nach der Friedensweisung der Bergpredigt ein ungerechter Krieg, den vorzubereiten und an dem teilzunehmen Christen verwehrt ist.

c) Das Christentum hat zwar durch Anthropozentrismus und die Erhebung des Geschöpfes Mensch zum Bild Gottes über die Natur und den »Rest der Schöpfung« zur »Entzauberung der Natur« (M. Weber) und zu ihrer Unterwerfung durch den Menschen beigetragen. Der jüdisch-christliche Glaube an die Natur als Schöpfung Gottes ist dennoch eine Widerstandshaltung gegen die Naturzerstörung durch Menschen, denn dieser Glaube lehrt eine tiefe »Ehrfurcht vor dem Leben« (A. Schweitzer).

Die ökumenischen Diskussionen der letzten 20 Jahre haben sich darum auf den »Bund der Gerechtigkeit, für Frieden und die Bewahrung der Schöpfung« konzentriert, zu dem die Weltkirchenkonferenz in Vancouver 1982 aufgerufen und die Kirchen in allen drei Welten verpflichtet hat.

Die *Kultur der Aufklärung* gewinnt angesichts der tödlichen Widersprüche, in die sie sich selbst, in die sie die Menschheit und in die sie die Natur gebracht hat, dann Zukunft, wenn sie in diesen Bund einstimmt und ihn als Selbstverpflichtung übernimmt. Die Kultur der Aufklärung wird im Bund mit dem ökumenischen, dem politischen, befreiungstheologischen und friedenstheologischen *Christentum* ihre eigenen Ideale bewahren und ihre eigenen Versprechungen erfüllen können.

Dies ist, last, not least, keine These, sondern nur: ein Angebot.

Johann Baptist Metz
Wider die zweite Unmündigkeit
Zum Verhältnis von Aufklärung und Christentum

I.

Mündigkeit durch öffentlichen Vernunftgebrauch kennzeichnet – nach Kant – Aufklärung als kulturellen und politischen Prozeß. Als solcher ist er heute gefährdet durch das, was ich die zweite Unmündigkeit und eine mit ihr heraufziehende tiefe Politiklosigkeit nennen möchte. Diese Gefährdung hat substantiellen Charakter, insofern sie das (bei Moltmann im vorhergehenden Beitrag angesprochene und vorausgesetzte) Subjekt der Aufklärung zum Verschwinden zu bringen droht. An dieser Krise – und nur an ihr – möchte ich in extremer Kürze das Verhältnis von Aufklärung und Christentum diskutieren. Ich nenne und skizziere zunächst zwei Symptome dieser sekundären Unmündigkeit und ihrer Folgen.

1. Die die europäische Aufklärung begleitenden *Säkularisierungsprozesse* sind nicht nur Prozesse der gesellschaftlichen Entmächtigung und Auflösung traditioneller Religionsformen, sie entpuppen sich immer mehr auch als Prozesse der Entmächtigung und Auflösung des Menschen, wie er uns bisher vertraut und anvertraut war und wie ihn die Aufklärung unbeschädigt unterstellen konnte. Immer weniger, so scheint es heute, ist dieser Mensch noch sein eigenes Gedächtnis, immer mehr nur noch sein eigenes Experiment. Alles wird technisch reproduzierbar, am Ende auch der produzierende Mensch selbst. Die europäischen Modernisierungsprozesse machen, wo sie sich undialektisch einem vermeintlichen Stufengang des Fortschritts überlassen, den Menschen in seinem Subjektsein, in seinen zwischenmenschlichen Beziehungsfähigkeiten und seinem Geschichtsbewußtsein nicht eigentlich stärker, sondern schwächer. Die rasende Beschleunigung, in der wir leben, der überstürzte Wechsel im Verbrauch und in den Moden, auch den kulturellen, gewährt kaum mehr sinnenhafte Anschauung; immer unanschaulicher, unsinnlicher werden unsere Wahrnehmungen, weil wir den Menschen und Dingen zumeist nur nachblicken, gewissermaßen nur in den Rücken schauen können. So wird der einzelne immer mehr auf Anpassung an eine abstrakt-

unanschauliche, unübersichtliche Welt dressiert. Auch der Rekurs auf die Phantasien seiner Kindheit scheint verlegt, weil wir die mit unseren Automaten ersticken, ehe sie sich entfalten konnten. Wohin also ist der uns bislang vertraute Mensch? Es scheint, daß er um so erfolgreicher überlebt, je mehr er sich zum anpassungsschlauen Tier zurückzüchtet. Dieser schleichende, sanfte Tod der Mündigkeit wird um so erfolgreicher vonstatten gehen, je mehr wir ihn nicht als Bedrohung und Unterdrückung, sondern als Vergnügen und Zerstreuung erleben. Das besorgt bekanntlich unsere moderne Kulturindustrie, die wachsende Übermacht der Massenmedien, nicht zuletzt des Fernsehens, die unseren Alltag immer mehr quasi transzendental umspannt und uns von unseren eigenen Bildern, unseren eigenen Träumen, von unseren eigenen Geschichten und unserer eigenen Sprache immer mehr entlastet und uns eines Tages zu routinierten, glücklichen Analphabeten (H. M. Enzensberger) machen wird. Diese zweite Unmündigkeit ist offensichtlich viel schwerer zu überwinden als die erste, weil der sekundär Unmündige gar nicht an der Unmündigkeit leidet, an der er leidet; weil er sie für einen Vorteil hält und weil sie zu seinem Wohlbefinden beiträgt.

Das also wären einige Parameter dieser sekundären Unmündigkeit: Subjektmüdigkeit, Gedächtnisschwund, Sprachzerfall, Realitätswahrnehmungsverlust mit deutlichen Symptomen eines zerstreuten, voyeurhaften Umgangs mit gesellschaftlichen und politischen Krisen, also zunehmende Politiklosigkeit, privatistisches Nischendenken; und dann vor allem auch: Abschied von der Geschichte. Denn wenn man der bei uns schon wieder viel gepriesenen neuen Geschichtsfreudigkeit einmal ins Herz schaut, dann ist sie vor allem dies: Lust an der Literarisierung der Geschichte, Geschichte als Collage, als Gegenstand der Zerstreuung. Mythen scheinen wieder bekömmlich, vor allem wenn sie aus nichtchristlichen Kulturen auf den Tisch kommen. Das kritische Subjekt, das allzu lange an ihnen gewürgt hat, ist ohnehin in Auflösung begriffen. Da ihm die erzählend-erinnernden Tiefenstrukturen seiner Vernunft abhanden gekommen sind, pendelt es hilflos zwischen einem abstrakten Historismus des Verstandes und einer völligen Ästhetisierung der Geschichte im posthistoire.

2. Die heute im Zentrum des aufgeklärten Europa überall zu beobachtenden *Remythologisierungsprozesse* dienen schließlich nicht der Überwindung, sondern wiederum der Bestätigung der

zweiten Unmündigkeit. Sie propagieren eine Entlastung vom Einheitsdenken der Vernunft im Namen der Buntheit, der umständlichen Zerstreutheit und Vielfalt des Lebens und seiner Geschichten. Ich mißtraue dem Versprechen der Entlastung von Entscheidungszwängen und dem Versprechen der Befreiung zur Individualisierung, das sich mit dem Abschied vom Einheitsdenken und dem ästhetisch-mythisch organisierten Aufgang des Vielheitsdenkens verbindet. Nistet nicht gerade in einer Welt der beziehungslosen und handlungsfernen Vielfalt neue Gewalt? Haben wir nicht in der Geschichte unseres Landes eine gefährliche Suspension des Gedankens der Einheit und der Gleichheit aller Menschen erlebt: wurden die Juden nicht, ehe sie in die Gaskammern geschickt wurden, aus dieser Einheit metaphysisch und rechtlich entlassen? Können wir uns also politisch-kulturell jene Unschuld leisten, die wir ästhetisch – mit dem Lob der Polymythie – propagieren? Läßt sich die ethische Suspension, die Unschuldsvermutung für den Menschen in den neuen Mythologien schließlich nicht als eine geschichts- und subjektfeindliche Entschuldigungsstrategie entlarven – etwa in dem Sinn: die einzige Entschuldigung des Menschen angesichts der historisch gestauten Katastrophen ist die, daß es ihn als schuldfähiges Subjekt gar nicht gibt? Wenn indes Schuldfähigkeit zur Würde der subjekthaften, unbeliebigen Freiheit gehört, treiben die neuen Mythologien in die zweite Unmündigkeit. Und New Age mag als einer ihrer populären Ableger gelten.

Wohin also ist es mit der Aufklärung gekommen? Hat sie schließlich nur Unmündigkeit auf einem neuen, gewissermaßen behaglicheren Niveau produziert? Oder sollte ich einen wichtigen Garanten des Mündigkeitsideals der Aufklärung vergessen haben, nämlich die *Wissenschaften*? Doch sind die modernen Wissenschaften überhaupt vom Ideal der Mündigkeit geleitet? Augenscheinlich ist unser modernes Wissenschaftswissen nicht am subjekthaften Fundament des Wissens orientiert; Subjekt, auch Freiheit, Individuum usw. sind, streng wissenschaftlich gesprochen, Anthropomorphismen. So wäre, wissenschaftstheoretisch, was wir treuherzig und naiv immer noch »den Menschen« nennen, längst ein Anachronismus. Diesen Menschen, sollte es ihn je gegeben haben, gibt es eigentlich nicht mehr. Nach Foucault ist er eine Erfindung des 18. Jahrhunderts. Um zu wissen, was der Fall ist, ist von seinem Tod auszugehen. Zumindest bei französischen Wissenschaftstheoretikern ist dieser Tod des Menschen eine ausgemachte Sache. Und deutsche Gründlichkeit hat ihn auch schon systemtheoretisch erläutert und eingeordnet: Es gibt keine Subjekte, nur selbstreferentielle Systeme. In ihnen herrscht nicht die Spontaneität des Geistes (welch »alteuropäische« Vorstellung!), sondern die Weltraumkälte einer unendlich gleichgültigen Evolution. Was in ihr an den Menschen erinnert, der wir einmal waren, ist allenfalls gestaltlose, wahrnehmungs- und handlungsferne Angst, und entsprechend ist das politische Leben heute nicht etwa von Revolutionseuphorien, sondern weit eher von Evolutionsapathien geprägt. Wohin also ist es mit der Aufklärung gekommen? Sieht es nicht so aus, als würde ihr mit der Mündigkeit auch der Mensch selbst abhanden gekommen sein?

II.

Alles hängt davon ab, in welchem Horizont die Aufklärung sich über sich selbst, über ihren eigenen Zustand aufklärt. Es gibt da m. E. eine klare Alternative. Die läßt sich am kürzesten *im Blick auf Nietzsche* erläutern. Nietzsche schlug vor, Aufklärung und Moderne endlich in den Horizont des Todes Gottes zu stellen und daraus auch die unerbittliche Konsequenz zu ziehen, nämlich die des Todes jenes Menschen, den die Aufklärung selbst noch naiv unterstellt und mit ihrem Mündigkeitsideal ausgestattet hatte. Entsprechend redet Nietzsche schon vom Tod des Subjekts, hält das Subjekt für eine bloße »Fiktion« und die Rede vom »Ich« für einen Anthropomorphismus; auch beschreibt er schon den endgültigen Zerfall der Sprache im subjektlosen Taumel der Metaphern und kündet das Ende des geschichtlichen Bewußtseins an, da die Geschichte, losgekettet von der Ewigkeit, in eine anonyme Evolution stürzt, die nichts will als Evolution. Nietzsche freilich kennt und nennt noch die Hintergrundannahme für diesen Tod des Menschen: nämlich den Tod Gottes. Er kennt das Echo auf den Schrei seines »tollen Menschen«: Wohin ist Gott? Es lautet: Wohin denn der Mensch?

Hier nun wird die Alternative deutlich. Man zieht *entweder*, den »alten Menschen« im Rücken, mit Nietzsche aus der Moderne ins mythische Reich des Übermenschen. Dessen trivialste Verwirklichung ist vermutlich die naheliegendste und keineswegs abgewendet. Schließlich hat erst vor einigen Jahren das New Yorker Magazin *Time* diesen Menschen nach dem Tod des Menschen, diesen Menschen jenseits aller Mündigkeit als »Mann des Jahres« porträtiert: den Roboter, eine computerisierte Intelligenz, die keines Gedächtnisses bedarf, weil sie von keinem Vergessen bedroht ist, auch keiner eigensinnigen Sprache bedarf, weil sie sanft und widerspruchslos funktioniert, eine Intelligenz also ohne Geschichte, ohne pathetische Praxis und ohne Moral, kurzum die zur Maschine erstarrte Rhapsodie der Unschuld.

Oder man rückt die Aufklärung in den Horizont des Gottesgedächtnisses, d. h., man riskiert den Umkehrschluß gegenüber Nietzsche, der hellsichtig den Konnex zwischen dem Tod Gottes und dem Tod des uns bisher geschichtlich vertrauten Menschen hergestellt hatte. Dieser Umkehrschluß lautet in drastischer Verkürzung: Wer dem Dahinschwinden dieses Menschen widerstehen will, wer seine subjekthafte Identität, seine Verständigungsmöglichkeiten, sein Mündigkeitsbegehren und seine Politikfähigkeit retten will, der kann das, wenn es denn zum Schwure kommt, nur in Verbindung mit diesem Gottesgedächtnis, das schließlich nicht einem polymythischen Reichtum im Geiste entstammt, sondern jener biblischen »Armut im Geiste« zugehört, die unfähig ist, sich von geschichtsfernen Mythen trösten zu lassen. Und was die auf den Tod des Menschen und seiner Geschichte bereits mythisch eingeschworene Noch- oder Nachmoderne in Rechnung zu stellen hätte, wäre die Subversion dieses Gottesgedächtnisses, das auch heute noch von Humanität und Solidarität, von Unterdrückung und Befreiung reden und gegen himmelschreiende Ungerechtigkeit protestieren, das also politikfähige Mündigkeit gerade praktisch werden läßt. Das freilich mag nun vielen von Ihnen zu kurz, zu kurzschlüssig, zu apologetisch klingen. Für sorgsame Ausführlichkeit bleibt jedoch keine Zeit. Die beiden letzten Minuten sollen nämlich dem Blick auf das konkrete kirchliche Christentum gehören.

III.

Dabei kann ich hier weder auf das Versagen der Kirche als öffentlicher Tradentin dieses Gottesgedächtnisses eingehen, noch kann ich die Ursachen und Folgen der historischen Tatsache diskutieren, daß sich speziell die katholische Kirche so betont resistent gegenüber der politischen Aufklärung verhalten hat. Ich möchte Sie nur auf einen Aufbruchs- und Differenzierungsprozeß im kirchlichen Leben hinweisen. Die katholische Kirche steht vor einer Zäsur ihrer Geschichte, der vielleicht tiefgreifendsten seit urkirchlicher Zeit. Sie ist auf dem Weg von einer kulturell monozentrischen Kirche Europas (und Nordamerikas) zu einer kulturell vielfach verwurzelten und in diesem Sinn *kulturell polyzentrischen Weltkirche*. Diese Situation fordert ihr eine Lernbereitschaft ab, die sie gleichzeitig in ein neues Verhältnis zum europäischen Aufklärungserbe bringt. In diesem Aufbruch zu einem kulturell polyzentrischen Weltchristentum muß sie ja gleichzeitig in Rechnung stellen, daß sie ihre bisherige Kulturgeschichte nicht einfach abstreifen kann. Schließlich gibt es kein »reines« oder »nacktes« Christentum, das sich gewissermaßen erst im nachhinein zu einer vorgefaßten kultur- und geschichtsenthobenen Identität die verschiedenen Kulturgewänder umlegt. Die Kultur, deren sich das Christentum nicht einfach entledigen kann, so wie man sich eines Gewandes entledigt, ist die aus jüdischen und griechisch-hellenistischen Traditionen assimilierte europäisch-abendländische Kultur. Wenn nun aber die Kirche diese historisch kontingente Gewandung nicht einfach abstreifen kann, um dann in dieses oder jenes neue Kulturgewand zu schlüpfen, wie kann es dann überhaupt eine kulturell polyzentrische Weltkirche geben? Dies ist die Frage, und die Antwort, die ich hier versuchsweise geben möchte, lautet: Ethnisch-kultureller Polyzentrismus ist möglich, wenn die Kirche zwei Grundzüge ihres biblischen Erbes innerhalb dieser europäischen Kulturwelt erinnert und immer mehr in sich selbst zur Geltung bringt. Wenn sie sich – zum einen – aus ihrem biblischen Erbe als eine Religion versteht und bewährt, die im Namen ihrer Sendung Freiheit und Gerechtigkeit für alle sucht; und wenn sie sich – zum andern – als eine Religion versteht und bewährt, die in sich eine besondere Kultur entfaltet, nämlich die Kultur der Anerkennung der Anderen in ihrem Anderssein, also die schöpferische Anerkennung ethnisch-kultureller Pluralität, wie sie uns in Ansätzen aus der Urgeschichte des Christentums vertraut sein müßte. In diesem Sinn darf vielleicht das gegenwärtige kirchliche Christentum als ein Erfahrungs- und Lernraum verstanden werden, in dem abstrakte Aufklärungspostulate nicht einfach zögerlich nachgeahmt, sondern aus der Verbindung mit dem jüdisch-christlichen Gottesgedächtnis neu erprobt und produktiv gestaltet werden – nicht zuletzt, um einer in sekundärer Unmündigkeit ermatteten Aufklärung beizukommen.

II. Geschichte

Jürgen Kocka
Geschichte als Aufklärung?

Das Verhältnis von Geschichte und Aufklärung ist, jedenfalls in Deutschland, gespannt, herkömmlicherweise und gegenwärtig. Einige Beobachtungen sollen dies erläutern. Zu einer akademischen Leitdisziplin wurde die Geschichte erst im 19. Jahrhundert, in den Jahren der Restauration, und das sie bald prägende historistische Paradigma setzte sich geradezu programmatisch vom angeblich unhistorischen, naturrechtlichen, schematischen Aufklärungsdenken ab. Die bürgerlich-volkstümliche Geschichtsbewegung des 19. Jahrhunderts mit ihren vielen lokalen Geschichtsvereinen, Denkmälern und historisierenden Festen sah sich nicht primär in menschheitsgeschichtlich-aufklärerischer Tradition, sondern erinnerte Partikulares: regionale Identitäten und das, was der entstehenden Nation, dem ersehnten Nationalstaat spezifisch sein sollte. Unvergessen ist die scharfe Abgrenzung der deutschen Geschichtswissenschaft gegen das »seichte« Aufklärungsdenken, den Positivismus, die westliche Zivilisation seit dem späten 19. Jahrhundert und vor allem seit dem Ersten Weltkrieg: mit den »Ideen von 1914« gegen die von »1789«. Zwischen 1933 und 1945 ist die Geschichte des Faches zwar durch wenig direkte Instrumentalisierung, aber durch noch weniger Widerstand geprägt. Hätte es in dieser Phase eklatanter Gegen-Aufklärung nicht mehr Reibung zwischen Historikern und Nationalsozialismus geben müssen, wenn aufklärerische Traditionen im Fach tiefer verankert gewesen wären?

Heute ist vieles anders. Doch der Aufschwung des historischen Interesses, den wir erleben, der sich in neuer öffentlicher Hochschätzung für die Geschichte, in historischen Ausstellungen und Museen, historischen Bestsellern und Geschichtsfesten, Spurensicherungs- und Konservierungskampagnen, Flohmarktkultur und Historikerstreit – also sehr vielfältig – ausdrückt, dieser Aufschwung des historischen Interesses geschieht, fürchte ich, nur sehr begrenzt im Zeichen der Aufklärung. Nicht das – zum Kern von Aufklärung gehörende – Bedürfnis nach rationaler Kritik speist gegenwärtig die Hinwendung zur Geschichte, sondern das Verlangen nach Identität. Nicht die Hoffnung auf Emanzipation und Reform dient als Treibsatz des historischen Fragens, sondern der Wunsch nach Bewahrung und die Suche nach Halt angesichts selbstläufiger, sich beschleunigender, als bedrohlich empfundener Wandlungen. Erinnerung ist gewünscht, Erklärung viel weniger. Erzählung erwartet man vom Historiker eher als Analyse. Der neue historische Sinn kommt oft zusammen mit Zivilisationskritik und Zukunftsskepsis einher. »Dissonanzen des Fortschritts« beschreibt der Historiker Michael Stürmer und setzt auf historische Erinnerung, um jenen Konsens zu stärken, den Gesellschaften seines Erachtens brauchen, damit sie nicht in den geistigen Bürgerkrieg abrutschen. »Der Wunsch nach Geborgenheit und Sicherheit ist nicht per se reaktionär«, schreibt Dorothea Trittel – anders und doch ähnlich – in der Nummer der *Geschichtswerkstatt*, die sich »Schwierigkeiten beim Entdecken der Heimat« widmet. Der Philosoph Hermann Lübbe meint: »Herkunftstreue läßt uns in bezug auf die Folgelasten von Modernisierungsprozessen besser standhalten.« Und sein Kollege Odo Marquard empfiehlt die Geisteswissenschaften als riesigen Kompensations- und Reparaturbetrieb angesichts der modernisierungsbedingten Sinnverluste, die wir angeblich erleiden.

Wie sich an diesen beliebig vermehrbaren Beispielen zeigt, ist die Allianz zwischen Aufklärung und Geschichte nicht selbstverständlich. Aber sie ist möglich. Dies vor allem deshalb, weil es neben vielen anderen Formen des Umgangs mit Geschichte auch Geschichte als Wissenschaft gibt, und der wissenschaftliche Umgang mit Geschichte – aus Gründen, die mit der Rolle der Wissenschaften in unseren Gesellschaften überhaupt zusammenhängen – eine gewisse Vorrangstellung gewonnen hat. Damit meine ich, daß jedenfalls der Tendenz nach auch die Ergebnisse nicht-wissenschaftlicher Geschichtsbearbeitung mit der Geschichtswissenschaft vereinbar sein müssen. Am Beispiel: Regierungen mögen an historischen Museen aus politischen Gründen, aus Gründen der nationalen Identität zum Beispiel, interessiert sein und sie deshalb initiieren. Aber es würde ihnen angesichts einer funktionierenden demokratischen Öffentlichkeit sehr schwerfallen, dabei nicht einzuräumen, daß dies nur auf wissenschaftlicher Grundlage geschehen kann. Und dies macht einen Unterschied.

Der wissenschaftliche Umgang mit Geschichte zeichnet sich gegenüber anderen Umgängen mit Geschichte (etwa in Form von Mythen, Legenden, fiktionaler Literatur, Denkmälern, Mahnmalen, historisierenden Festen usw.) dadurch aus, daß er selbst ein Produkt der Aufklärung ist. Erst die Wissenschaftsgeschichte der letzten Jahre hat ins Bewußtsein gehoben, daß die Geschichtswissenschaft ein Produkt des 18. Jahrhunderts ist und vom Denken der Spätaufklärung mindestens so sehr geprägt worden ist wie durch den späteren Historismus. Vier Innovationen sind hervorzuheben, die im 18. Jahrhundert zumindest im Ansatz gelangen und seitdem zum Grundbestand von Geschichtswissenschaft gehören.

Erstens setzte sich als Teil des aufklärerischen Fortschrittsgedankens die Vorstellung von Geschichte im Kollektivsingular durch, und zwar von Geschichte im Sinne eines diesseitigen Prozesses. Vorher hatte man entweder von einzelnen Geschichten (im Plural) gesprochen oder die Geschichte der Menschen als Teil eines umfassenden heilsgeschichtlichen Planes gedacht. Damit wurde nun zum erstenmal möglich, vergangene Wirklichkeit als prinzipiell erforschbaren, diesseitigen Gesamtzusammenhang von Ursachen, Handlungen und Wirkungen zu denken, und zwar so, daß sich Gegenwart und Zukunft von der Vergangenheit zwar gründlich unterschieden (also nicht wiederholten), gleichwohl aber aus ihr hervorgingen (»Kontinuität«).

In denselben Jahrzehnten setzten sich zweitens neue, rigidere Methoden der Geltungssicherung durch: Tatsachen hatten nun die empirische Überprüfung nach bestimmten Regeln zu bestehen, bevor sie als wahr, und zwar wahr für alle, akzeptiert werden konnten.

Aus der sich ebenfalls in der zweiten Hälfte des 18. Jahrhunderts ankündigenden Erkenntnis von der Perspektivität jedes historischen Erkennens wurde drittens nicht die Konsequenz relativistischer Resignation, sondern die Pflicht abgeleitet, den eigenen »Sehpunkt« und »Plan« – den eigenen Zugriff – zu explizieren, zu reflektieren und zur kritischen Diskussion zu stellen, für die man ebenfalls Regeln entwickelte.

Entsprechend änderte sich viertens die Darstellungsform, sie wurde diskursiver und argumentativer, methoden- und forschungsbezogener, wollte sich von der »Schönschreiberei der Literaten« unterscheiden. Schließlich ging es um Wahrheit, nicht um Fiktion. Und dies alles, so sahen es die Chladenius, Schlözer, Gatterer und Kollegen, war als Beitrag zur Selbstverständigung und Erziehung einer Gesellschaft gemeint, deren vernünftigen Fortschritt im menschheitsgeschichtlichen Maßstab man nicht nur erwartete, sondern ebendadurch auch zu fördern hoffte.

Eigentlich müßte man jetzt zeigen, warum diese ursprüngliche Allianz zwischen Aufklärung und Geschichte in den letzten 200 Jahren nicht tragfähiger und haltbarer war. Letztlich lag das an denselben Hindernissen, die der Realisierung der aufklärerischen Ideen überhaupt im Wege standen, so daß diese bis heute noch nicht vollendet ist. Aber ich lasse das beiseite und versuche vielmehr zu zeigen, daß auch heute noch im wissenschaftlichen oder wissenschaftskompatiblen Umgang mit Geschichte eine nicht zu unterschätzende aufklärerische Macht steckt, die es festzuhalten und zu entwickeln lohnt.

1. Die der Geschichte als Wissenschaft eigene Rationalität ist im Prinzip geeignet (wenn auch nicht immer mächtig genug), der Instrumentalisierung der Geschichte zu anti-aufklärerischen Zwecken enge Grenzen zu ziehen. Am sogenannten »Historikerstreit« läßt sich das zeigen. Bekanntlich hat Ernst Nolte einen kausalen Zusammenhang zwischen den früheren bolschewistischen Massenvernichtungen und dem späteren nationalsozialistischen Holocaust unterstellt und diesen als nicht ganz unverständliche, gewissermaßen präventive Abwehrreaktion auf die weiterbestehende »asiatische« Drohung interpretiert. Diese Deutung hatte es in sich, dem nationalsozialistischen Massenmord an den Juden nachträglich Sinn zuzusprechen, einen Sinn im Kontext eines ebenfalls unterstellten gesamteuropäischen Abwehrkampfes gegen den Bolschewismus. Zweifellos ein politisch gefährliches Argument. Aber nicht, weil es politisch gefährlich war, hat es Schiffbruch erlitten. Sondern weil es im Lichte der Evidenz und nach dem Maßstab der geschichtswissenschaftlichen Regeln, die bei der Auswertung der Evidenz anzuwenden sind, inakzeptabel, nämlich falsch war. Bis auf die intellektuell unbedeutende Äußerung des Bonner Historikers Hildebrand kenne ich keinen ernst zu nehmenden Fachhistoriker, der diese These verteidigt hätte. Die Historiker, die Nolte gegen Kritik verteidigten (wie Hagen Schulze, Thomas Nipperdey und Horst Möller), machten um diesen Kern der Nolteschen Provokation einen vorsichtigen Bogen. Ähnlich – d. h. fachwissenschaftlich und nicht nur politisch – kann man Andreas Hillgrubers Ansatz kritisieren, die Identifikation des Historikers mit der Perspektive des kämpfenden Ostheeres zu verlangen und auf dieser Grundlage das Ende des Zweiten Weltkriegs zu be-

schreiben. Es ist nämlich nicht nur eine Forderung wertender Gerechtigkeit, sondern auch eine Grundregel geschichtswissenschaftlichen Arbeitens, seinerzeit divergierende Perspektiven gegeneinanderzuhalten oder aus einer möglichst umfassenden heutigen Perspektive die damalige Situation in ihrer Vieldeutigkeit zu begreifen. Diese Grundregel verletzt Hillgruber, allerdings nicht nur er. Ich erspare mir weitere Beispiele. Die These sollte klar sein: Der wissenschaftliche Diskurs mit seinen Regeln der Quellenkritik, der Analyse und Interpretation läßt zwar zumeist mehrere, auch konkurrierende Interpretationen und Ergebnisse zu, aber nicht alles geht. Vieles schließt er aus. Solange er selbst funktioniert und solange er sich geltend machen kann (was nicht nur von den Wissenschaftlern abhängt, sondern auch vom Zustand der Öffentlichkeit, den Machtverhältnissen und Institutionen), sperrt er sich gegen Legenden und Mythen, Verzerrungen und Lügen. Er entfaltet damit eine kritische Kraft, die weit über den innerwissenschaftlichen Bereich hinausreicht – als Beitrag zur Aufklärung.

2. Bekanntlich wird derzeit häufig von der Besinnung auf die gemeinsame Geschichte erwartet, daß sie zur Stärkung von Identität beiträgt, wobei Identität – wenn ich recht sehe – als konsensförderndes Gemeinsamkeitsgefühl und -bewußtsein verstanden wird, das die Legitimität und die kollektive Handlungsfähigkeit (Zukunftsfähigkeit) von Gesellschaften stärkt. Daran ist vieles problematisch. Man kann bezweifeln, ob wir hierzulande tatsächlich ein besonderes Identitäts- und Konsensdefizit haben, wie es neokonservative Zeitkritiker befürchten und behaupten. Man kann weiterhin meinen, daß die Legitimität, der Konsens, die Identität gegenwärtiger Systeme zuerst und vor allem vor ihrer (nicht nur ökonomischen) Leistungsfähigkeit abhängen und nur zum kleinen Teil von der historischen Erinnerung. Es mag im Grunde für die Leistungskraft von Gesellschaften und die in ihnen mögliche Lebensqualität sprechen, wenn sie ihre Identität nicht mühsam, gewissermaßen sekundär und ideologisch, über historische Besinnungsübungen stiften müsen. Aber wenn man denn schon Geschichte als Identitätslieferantin in Anspruch nimmt, dann ist dreierlei zu bedenken:

Erstens sind Formen der Identitätsstiftung denkbar und beobachtbar, die mit Geschichts*wissenschaft* und ihrer spezifischen, aufklärungsgeprägten Rationalität nicht vereinbar sind. Dazu gehört jede Stilisierung und jede Beschönigung der eigenen Geschichte, dazu gehören Mythen und Legenden, dazu gehört jede *primär* über Emotion und Suggestion vermittelte Aneignung von Geschichte. Sicherlich, Stolz, Sympathie und Rührung mögen die Beschäftigung mit der eigenen Geschichte begleiten, häufiger noch Trauer und Mitleid, Verachtung und Haß. Aber wenn man Geschichte als Aufklärung will, darf man dabei nicht stehenbleiben, sondern muß diese Gefühle gedanklich einholen. Die ehrlichste Betroffenheit und die angestrengteste Trauerarbeit können das Begreifen, die Erklärung, die Einordnung des historischen Phänomens nicht ersetzen, und darauf kommt es an, wenn Geschichte orientieren und zukunftsfähig machen soll.

Zweitens halte ich es für eine merkwürdige neokonservative Illusion zu glauben, daß die Erinnerung der gemeinsamen Vergangenheit automatisch zu mehr Konsens und Gemeinschaftlichkeit in der Gegenwart führt. Blickt man nüchtern, unvoreingenommen und um Wahrheit bemüht in die Vergangenheit, dann entdeckt man auch vieles, was schmerzt, und vieles, was trennt. Streit ist die Folge, zumindest erfährt man aber Pluralität, Ambivalenz, Relativierung und Zweifel. Nietzsche hat das übrigens beschrieben und – von seinen problematischen Voraussetzungen her, aber hellsichtig – die »historische Krankheit«, das »Begriffsbeben« gegeißelt, das von der Geschichtswissenschaft erregt werde und das den Menschen das Fundament aller ihrer Sicherheit und Ruhe, allen Glauben nehme.

Drittens ist zu betonen, daß die gesellschaftlichen Funktionen von Geschichte vielfältig und durch den Begriff »Identitätsbildung« sehr ungenau beschrieben sind. Zu diesen Leistungen der Geschichte für die Gegenwart gehört die Erklärung historisch bedingter Gegenwartsphänomene, um sich ihnen gegenüber angemessener verhalten zu können. Beispielsweise sind Antisemitismus, die nationale Frage, das Problem der sozialen Ungleichheit zwischen den Geschlechtern solche Gegenwartsprobleme, die man ohne Begreifen ihrer historischen Dimension gar nicht vernünftig behandeln kann. Zu den Leistungen der Geschichte für die Gegenwart gehört es weiterhin, daß man durch genaue Analyse vergangener Zusammenhänge, Erfolge, Katastrophen *Kategorien* gewinnt, die auch unter veränderten Konstellationen in Gegenwart und Zukunft praktische Orientierung erleichtern, Sensibilität erhöhen und gesellschaftlich-politisches Handeln indirekt anleiten. Und die Geschichte kann helfen, durch sekundäre Fremdheitserfahrungen, durch Verfremdungen Möglichkeitsbewußtsein zu erzeugen, im Lichte dessen die gegebene Wirklichkeit unter Legitimationsdruck gerät und ihre scheinbare Selbstverständlichkeit verliert. Hier, in dieser Verflüssigungsleistung, zeigt sich die Kraft der Geschichte als Kritik – genau das Gegenteil von dem, was Stürmer, Lübbe und Marquard von ihr erwarten.

Aber Geschichte als Aufklärung wird auch von anderer Seite verfehlt. Der Literaturwissenschaftler Karl Heinz Bohrer soll als Beispiel dienen. Im *Merkur* vom Sept./Okt. 1987 versucht er, eine Position oberhalb der im sogenannten »Historikerstreit« engagierten Parteien zu beziehen, indem er beiden Seiten vorwirft, im Grunde glichen sie sich ja in ihrem eitlen Glauben an die rationale Erkennbarkeit von Geschichte und in ihrer illusionären Annahme eines Wirkungszusammenhangs zwischen Vergangenheit und Gegenwart. Dagegen stellt Bohrer die Forderung, man solle Kontingenz und Diskontinuität zum Prinzip der Beschäftigung mit Geschichte machen. Geschichte im Singular, das ist für ihn ein »bildungsbürgerliches Phantasma«. Die Historiker, so Bohrer, sollten nicht Wissen produzieren, nicht Kausalerklärungen bringen, nicht versuchen, Wichtiges von Unwichtigem zu scheiden, vielmehr sollten sie faszinieren, die Leser aus der eigenen Zeit wie auf einem Märchenteppich entführen, verzaubern und – hier der unvermeidliche modernisierungsskeptische Gestus – an Dimensionen des Menschlichen erinnern, die in der Moderne vergessen wurden. Um der banalen Öde der Wissenschaft zu entfliehen, empfiehlt er den Historikern einen ganz anderen Blick auf die Geschichte, nämlich auf das Gewesene als etwas Fremdes. *Unzusammenhängende Notizen über »Geschichte«* ist dann der folgende Artikel desselben Heftes überschrieben, den Bohrer als vorbildlich lobt.

In diesen Worten kommt ein neuer Irrationalismus zum Ausdruck, der in wechselnden Formen derzeit gewisse Konjunktur hat. Er findet sich in einigen Varianten der Alltagsgeschichte, in der »post-modernen« Philosophie, im Versuch, die qualitative Differenz zwischen wissenschaftlicher Geschichtsschreibung und fiktionaler Literatur zu leugnen, in der Einebnung des fundamentalen Unterschieds zwischen wissenschaftlicher und mythischer Geschichtsbetrachtung. Dieser neue Irrationalismus ist dadurch gekennzeichnet, daß er Geschichte nicht mehr als erforschbaren

Zusammenhang von Ursachen, Handlungen und Wirkungen, von Vergangenheit, Gegenwart und Zukunft zu begreifen bereit ist und historische Zusammenhangserkenntnis als entweder überflüssig oder unmöglich oder langweilig denunziert. In der Konsequenz dieses Ansatzes löst man Geschichte in Geschichten auf – zurück vor 1750 –, und mit dem Ziel der Zusammenhangserkenntnis gibt man den Anspruch auf, durch Geschichte zu orientieren: Geschichten zur Unterhaltung und Imagination statt Geschichte als Aufklärung. Von der Position, die ich hier vertreten habe, erscheint dies als Regression. Bohrer mag aber recht haben, wenn er diese Auseinandersetzung um den Ort der Geschichte zwischen Aufklärung und Verzauberung letztlich für fundamentaler hält als den sogenannten »Historikerstreit«.

Karl-Ernst Jeismann
Geschichte als Aufklärung?

Jürgen Kocka hat die Möglichkeit eines Verhältnisses der Gegenwart zur Geschichte, das von den Prinzipien der Aufklärung geprägt ist, an der Existenz und Arbeitsweise der Geschichtswissenschaft aufgezeigt. Er hat dabei, wenn ich es richtig verstanden habe, das »Bedürfnis nach rationaler Kritik« gleicherweise der Aufklärung wie der Wissenschaft, auch der Geschichtswissenschaft, zugeschrieben und Veränderung und Verbesserung des menschlichen Lebens wie der Erkenntnis als die Charakteristika der Aufklärung und aufgeklärter Wissenschaft dem Wunsch nach Bewahrung und Sicherheit entgegengestellt.

Es ist deutlich: Die Basis dieser These ist die Überzeugung, die Kant in seiner *Idee zu einer allgemeinen Geschichte in weltbürgerlicher Absicht* in wiederholten Wendungen so formulierte, daß »eine stetig fortgehende, obgleich langsame Entwicklung der ursprünglichen Anlagen« der Menschheit den Lauf der Geschichte aus dem Reich der Natur in das Reich der Vernunft im Innersten präge. Der »Leitfaden der Vernunft« ist gleichermaßen das Kriterium für Moral und Handeln wie für Erkenntnis. Man muß annehmen, »die Natur verfolge ... einen regelmäßigen Gang unserer Gattung von der unteren Stufe der Tierheit an allmählich bis zur höchsten Stufe der Menschheit ... «

Ich möchte die Thesen Jürgen Kockas nachdrücklich unterstützen. »A priori« ist diese Setzung, sieht man ihre Alternativen an, eine Dezision des Humanen, und es lassen sich im Lauf der Geschichte auch empirisch nachdrückliche Argumente dafür finden. Dennoch bleibt es eine Setzung, und wir verteidigen mit ihr nicht nur die wissenschaftliche Rationalität, die aus ihr folgt, sondern eine mit historischen Mitteln empirisch nie völlig beweisbare, im Grunde moralische Entscheidung. Letzten Endes ist sie gegen Philosopheme, die das Irrationale als Grund der Weltgeschichte annehmen, nicht durch Beweis, sondern nur durch diese Entscheidung zu legitimieren; sie gründet sich nicht auf intellektuellen Scharfsinn, der sich durchaus, wie Kocka an Bohrers Diktum gezeigt hat, mit einem Irrationalismus von Basisentscheidungen verbinden kann, sondern nur auf diese moralische, wie Kant sagt »weltbürgerliche«, Option.

Diese Option ist immer gefährdet, und so kann ich die optimistische Feststellung nur mit Skepsis hören, daß im sogenannten »Historikerstreit« die vernünftigen, wissenschaftlichen Standards verpflichteten Argumente gesiegt hätten über die Legitimationsfiguren ihrer Gegner. Dies mag für einen kleinen Kreis der an der Diskussion teilnehmenden Historiker zutreffen; wie es bei ihrer schweigenden Mehrheit aussieht oder wie darüber hinaus in der teilnehmenden Öffentlichkeit die Gewichte verteilt sind, scheint mir eine andere Sache zu sein.

Geschichtswissenschaft in dem Sinne, wie Jürgen Kocka sie hier skizziert hat, ist ein Kind der Aufklärung und insofern historisch und systematisch ihren Prinzipien verpflichtet. Aber als Vorstellung von Vergangenheit im öffentlichen wie privaten allgemeinen Bewußtsein ist die Wahrnehmung von Geschichte nicht nur viel älter und ungleich breiter, sondern auch von anderen Strukturen und anderen Funktionen geprägt. Geschichtliche Wahrnehmung und Deutung im vor- und außerwissenschaftlichen Raum folgt Identifikations- und Legitimationsmechanismen; anthropologische Konstanten wie der Drang nach Selbstbestätigung und Abgrenzung, Rechtfertigung und Anklage, Verehrung und Verteufelung, vor allem aber nach Bestätigung und Erhebung filtern diese »Konstruktion der gesellschaftlichen Wirklichkeit« (Berger/Luckmann) auch im Blick auf die historische Dimension. Geschichtsbemächtigung als elementares Lebensbedürfnis will nicht verunsichernde Kritik und emotional irritierende Erklärung, sondern Sicherheit und Selbstgewißheit der Deutung von Gegenwart und Geschichte. Die »kollektive Imagination« (Dieter Groh) folgt nicht »weltbürgerlichen«, sondern elementar partikularen Bedürfnissen.

Ist das nun ein Befund des schlechthin Unvernünftigen, oder sind diese »lebensweltlichen« Bemächtigungen von Geschichte die Bedingung jedes Interesses an ihr überhaupt? Hier stoßen wir auf ein Dilemma der Geschichtswissenschaft. Aufklärung kann nur durch Vermittlung von Einsicht auf dem Weg über Frage, Zweifel, Diskurs wirken. Aufgeklärte Geschichtsschreibung muß selbst ihre eigenen Positionen für Zweifel und Irrtumsmöglichkeit offenhalten. Was vermag diese Geschichtsschreibung also über das elementare Bedürfnis nach zweifelloser Sicherheit? Was vermag sie über das Bedürfnis, das der Tochter aus einem Sadisten- und Mördergeschlecht in den Mund gelegt wurde, der Iphigenie auf Tauris: »Wohl dem, der seiner Väter gern gedenkt?« Anders gefragt: Wie kann der Wille zu einem aufgeklärten, orientierenden und vernünftigen Umgang mit Geschichte selbst zum Lebensbedürfnis gemacht werden, damit er seine Kraft aus dieser elementaren Schicht gewinnt?

Dies geht nur durch das Begreifen und Ernstnehmen des »unvernünftigen«, lebensweltlichen Umgangs mit Geschichte. Die Geschichtswissenschaft muß das schon deshalb tun, weil der Einstrom dieser Bedürfnisse in ihr eigenes Gebiet immer wieder kräftig geblieben ist. Geschichtswissenschaft muß ihr eigenes Tun methodisch ständig auf solche Voraussetzungen hin befragen und die Kritik daran konstitutiv machen, kann sich nicht als reine Vernunftwelt von lebensweltlichem Umgang mit Geschichte absetzen. Aufgeklärter Umgang mit Geschichte unterliegt selbst elementaren Geschichtsbedürfnissen, kann sie überhaupt nur dadurch der Kritik zugänglich machen, ihre partikulare Berechtigung, ihre Grenzen und ihre Gefahren aufweisen. Von außen aufgesetzte Rationalität käme nicht ins Gespräch mit solchen in der Geschichtsdeutung Ausdruck findenden Identitätsbedürfnissen, Entlastungssehnsüchten und Selbstbestätigungszwängen. Sie geriete vielmehr in den Verdacht, selber nur die Rationalisierung genau der gleichen Bedürfnisse mit anderem Vorzeichen zu sein.

Ich füge ein Beispiel aus dem »Historikerstreit« zur Illustrierung dieser These an. Ich stimme Jürgen Kocka zu, wenn er an dem von Andreas Hillgruber formulierten Identifizierungspostulat die Standards geschichtswissenschaftlichen Fragens kritisch anlegt. Auf diese Weise kann man eine partikulare Perspektive in ihren Zusammenhang stellen, ihres Absolutheitsanspruchs entkleiden und, indem man ihre partielle Berechtigung zeigt, die politische Gefahr und die den Ansprüchen der Wissenschaft nicht gerecht werdende Irrtumsanfälligkeit aufweisen. Aber ich polemisiere scharf gegen die eine Reaktion, die Liberalität und Aufklärung für sich in Anspruch nimmt und doch angesichts einer solchen Argumentation die Guillotine in Gang setzt – denn nichts anderes ist Augsteins Verdikt, hier schreibe ein »konstitutioneller Nazi«. Dieses ist, und gerade in der verklausulierten, juristisch unanfechtbaren, aber doch für jedermann klar auf Andreas Hillgruber zielenden Formulierung eine zur Tyrannei und Selbstgerechtigkeit verkommene Aufklärung. Es gehört zu den Traditionen der Aufklärung, den anderen Menschen als nicht minder vernunftbegabtes Wesen, wie man selbst es zu sein glaubt, ernstzunehmen. Seine Argumente kann man scharf bekämpfen; seine Substanz darf man nicht verteufeln. Tut man dies, dann stellt man »Aufklärung«, die ja stets nur ein Prozeß, nie ein erreichtes Ziel sein kann, selber still, kann nicht mehr einen Diskurs zur besseren Einsicht fortführen, sondern reißt die Gräben tiefer auf als zuvor. Nimmt man dies bewußt in Kauf, endet eine so praktizierte Aufklärung prinzipiell bei Gewalt, die sich aufklärerisch versteht, aber doch nur eine andere Art des Terrors ist.

Im Gleichnis gesprochen: Der Philosoph muß wieder in die Höhle. Abstrakt: Aufgeklärter Umgang mit Geschichte muß sich der Themen annehmen, welche im gesellschaftlichen Geschichtsbedürfnis auftreten und muß die Denkfiguren und Funktionen solcher Geschichtsbemächtigung kennen und vernünftig machen, soweit es in seiner Kraft steht. Konkret: Ein Museum der deutschen Geschichte muß nicht sein; wird es durch die politischen Kräfte aber schließlich durchgesetzt – und es ist an sich ja nichts Böses –, nützt eine Kritik von außen nichts, kommt es vielmehr darauf an, es von innen her zu einer vernünftigen und verantwortbaren Präsentation von Geschichte zu bringen; man muß den Weg zum deutschen Nationalstaat zurück nicht als den künftigen Königsweg der deutschen Geschichte betrachten; wenn die Frage nach der deutschen Einheit aber politisch und in gesellschaftlichen Gruppen virulent wird, wenn sie gerade in den irrationalen Geschichtsbedürfnissen rechts und links eine neue Klangfarbe annimmt, nützt es nichts, sie überhaupt als unvernünftig zu deklarieren, aber vielleicht etwas, dieses Problem als eine auch der Geschichtswissenschaft sich stellende Frage auf vernünftige Weise zu behandeln. Sowenig man in den siebziger Jahren die Parole der Emanzipation den Schwärmern überlassen durfte, darf man heute die der Identität den Gemeinschaftszauberern überantworten; nicht jede Identitätssuche, nicht jedes Konsensbedürfnis, nicht jede Traditionsvergewisserung ist per se von Übel; »vernünftig« gemacht werden können solche unausrottbaren Bedürfnisse nur, wenn man sie aus den Partialitäten und Absolutheitsansprüchen wissenschaftlich herausführt, zeigt, in welchen Identitätsbündeln wir alle stehen, wo berechtigte Ansprüche und wo unberechtigte Anforderungen liegen.

Ich komme damit zur letzten Bemerkung am Beispiel des »Historikerstreits«. Martin Broszat hat die Forderung nach »Historisierung« des Nationalsozialismus gestellt und von Jürgen Habermas bis Thomas Nipperdey Zustimmung gefunden. Aber es verstärken sich die Einwände: Dabei gehe es weniger um ein nüchternes Begreifen, sondern um ein Abschütteln der traumatischen Last der Geschichte durch Musealisierung.

Dies ist ein Verdacht. Ich lasse dahingestellt sein, wieweit sich Geschichtsbedürfnisse in dieser Form einer Historisierung bedienen könnten. Was aber wäre die Konsequenz, sagte man mit Friedländer: »Historisierung ist legitim, aber nicht um jeden Preis«? Was wäre der Preis, würde man den Nationalsozialismus nicht »historisieren«, d. h. also, der genauen und ins einzelne gehenden historischen Untersuchung unterwerfen (gegen die Ernst Nolte in seinem neuen Buch Bedenken anmeldet), sondern ihn als monolithisches, schon mystifiziertes Böses an sich, als erratischen Block, in der Geschichte stehen ließe?

Im allgemeinen, sogenannten »Alltagsbewußtsein« geschieht das Abschütteln der traumatischen Last als Ausfluß eines Sozialinstinktes, der immer und längst am Werke ist, um so erfolgreicher, je geschlossener und damit unerkennbarer dieses historisch Böse ihm gegenübertritt. Wie soll diesem instinktiven Abschütteln im vor- und außerwissenschaftlichen Geschichtsbewußtsein anders als durch die Genauigkeit der Begegnung entgegengetreten werden, durch eine mit historischen Mitteln exakt belegte »Aufklärung«, da doch der bloße moralische Appell für sich machtlos bleibt und sich selbst moralisch verstehende Emotionen und Aggressionen weckt? Der Drang nach Entschuldung, nach »Schadensabwicklung« wird nicht gehemmt durch Überwältigung mit dem total Unmenschlichen, sondern nur durch die umfassende Aufarbeitung des konkreten, realgeschichtlichen Prozesses. Das Verhalten der Deutschen im Alltag des »Dritten Reiches« auf den unterschiedlichsten Ebenen, die genaue Analyse großer und wichtiger Berufsstände angesichts der »Verführung und Gewalt« (Thamer), wie sie schon in erschütternder Weise vorgelegt worden ist, verstellt einer globalen Verweigerung den Weg. Es verstellt auch einer bloß ideologischen Geschichtsschreibung den Weg, die aus gedanklichen Konstruktionen und ihren Wechselwirkungen, aus die Wirklichkeit überschießenden Gefühlen das Ungeheuerliche verstehbar oder gar verständlich machen will. An die Stelle des mystifizierten oder abstrahierten Total-Bösen tritt dann das konkrete, aus tausend Einzelströmungen gerinnende Banal-Böse hervor, angesichts dessen eine entschuldende Relativierung oder Verlagerung nicht mehr möglich ist.

Damit schließt sich der Kreis zu Jürgen Kockas Beitrag, der die aufklärende Wirkung von Geschichtswissenschaft betont hat; eine Wirkung, die ich von solcher »Historisierung« schließlich erwarte, mag sie auch nicht in einem einzigen Akt, sondern nur in ständiger Bemühung zu erzielen sein.

Jörn Rüsen
Vernunftpotentiale der Geschichtskultur

1. Vernunftkritik im historischen Diskurs

»Der Traum der Vernunft erzeugt Monstren« – mit diesem berühmten Capriccio Goyas läßt sich die gegenwärtige Lage im Bereich der öffentlichen Erinnerungsarbeit illustrieren. Die von Goya eindrucksvoll präsentierte Dialektik der Aufklärung scheint gegenwärtig wieder auf dem Gipfel eines Umschlages angekommen zu sein. Vermeintlich als gesichert geltende Vernunftprinzipien des historischen Denkens werden preisgegeben, und andere Gesichtspunkte treten an ihre Stelle. Der Tradition der Aufklärung wird (wieder einmal) nachgesagt, sie habe sich erschöpft. Dem entspricht ein Triumph neokonservativen und aufklärungsfeindlichen Denkens in weiten Bereichen der politischen, intellektuellen und ästhetischen Kultur. Und manche resignativen Gesten der Aufklärungsfreunde unterstreichen das noch.

Seit einiger Zeit wird in der westdeutschen Geschichtswissenschaft ein Ton erhoben, mit dem scheinbar errungene Standards kritischer Rationalität und aufgeklärter politischer Kultur im Umgang mit der jüngeren deutschen Vergangenheit in Frage gestellt und bewußt unterschritten werden. Nicht gerade unbedeutende Vertreter der Zunft geben in der historischen Urteilsbildung – wie es scheint: leichten Herzens – den aus der Aufklärung stammenden Universalismus normativer Gesichtspunkte und seine kritische Funktion auf. Ja, sie bezichtigen ihn, als totalitärer Moralismus historische Einsichten zu verhindern, die einer tragfähigen historischen Identität dienen können. An die Stelle der geschmähten Vernunft universalistischer Urteilskriterien treten historische Denkmuster, die vom moralischen Druck der jüngeren deutschen Geschichte entlasten und historische Identität in traditionellen Formen thematisieren, die weder vor der Erfahrung dieser Geschichte standhalten noch eine handlungsermöglichende Zukunftsperspektive erschließen können.

Eine andere Vernunftkritik im historischen Diskurs ist nicht so provinziell wie die erste und auch politisch nicht so eindeutig und auffällig, aber letztlich intellektuell viel gravierender. Ich meine die viel diskutierte Wendung der öffentlichen und intellektuellen

Zeitdiagnosen in die Postmoderne. Im historischen Denken besteht diese Wendung darin, daß man einen Schritt ins Ungewisse zurück hinter die etablierten Strukturen modernisierender Rationalität tut und deren Genesen gegen den Strich bürstet, und zwar radikal: man verzichtet auf das kategoriale Instrument entwicklungslogischer Vorstellungen zugunsten mythosnaher Zeitbilder. Diese Zeitbilder gerieren sich in ihren extremsten Formen als eine Nachgeschichte (ein posthistoire), in dem sich die Nüchternheit des historischen Blicks im Zauber ästhetischer Zeitimaginationen verliert. Während Clio in Westdeutschland unschlüssig zwischen den Möglichkeiten einer neuen Sinnstiftungskompetenz und einer aufgeklärten Geistigkeit schwankt, schickt sie sich in den Metropolen der Postmoderne an, die Gebildeten mit den Imaginationen verlorener, alternativer oder nur noch fiktionaler Zeiten zu beglücken.

Kurz gesagt: Die Historie beginnt die Herzen auf Kosten des Verstandes zu erwärmen. Das ist insofern eine Herausforderung, als ohne die sprachliche Arbeit vernünftigen Argumentierens die historische Erinnerung ihre Kraft zur Orientierung der Lebenspraxis verliert und zur bloßen Kompensation, wenn nicht gar zur Verschleierung derjenigen aktuellen Verhältnisse und Entwicklungen wird, vor denen sich leicht der Kopf verlieren läßt: Ich meine die dominaten Gegenwartserfahrungen, die radikale Zweifel am Humanisierungspotential rationalen Denkens hervorrufen – Umweltkatastrophen, strukturelle Friedensgefährdungen und wachsende Sinndefizite.

2. Dimensionen der Geschichtskultur

Es reicht nicht aus, die angedeuteten Vernunftdefizite nur als Probleme der Geschichtswissenschaft zu diskutieren. Die indizierten Verluste sind tiefer und umfassender; sie betreffen kulturelle Zusammenhänge der Geschichtswissenschaft, die in deren Fachlichkeit nicht aufgehen. Die Rationalitätsunterbietungen, die im »Historikerstreit« bei der apologetischen Deutung der deutschen Unheilsgeschichte erfolgt sind, stellen keineswegs eine rein innerfachliche Angelegenheit dar: Sie sind durch und durch mit Politik durchsetzt, vermutlich sogar im Kern politischer Natur (was nicht unbedingt heißen muß, daß alle ihre Vertreter dies auch wissen).

Die Kontrahenten treten zwar als Wissenschaftler auf, und ihre publizistische Resonanz hängt nicht zuletzt von ihrem fachlichen Renommee ab; aber der ganze Streit kann in der Form, in der er ausgetragen wird, und in dem Widerhall, den er gefunden hat, gar nicht verstanden werden, wenn sein innerer politischer Gehalt übersehen würde.

Das ist nun freilich kein Ausgleiten der Geschichtswissenschaft, keine Preisgabe ihrer Wissenschaftlichkeit, wie manche Historiker beklagen. Es wird nur unübersehbar deutlich, daß es im historischen Denken einen inneren Zusammenhang von Wissenschaft und Politik gibt, der die Wahrheitsansprüche der historischen Erkenntnis im Kern tangiert. Historische Vernunft ist theoretisch und praktisch zugleich; sie bindet den Erfahrungsbezug der Forschung an den Adressatenbezug der Geschichtsschreibung. Dieser innere Zusammenhang trägt den »Historikerstreit« und macht seine Brisanz aus.

Es gibt aber neben Wissenschaft und Politik noch eine dritte Dimension der historischen Erinnerungsarbeit, die in der öffentlichen Diskussion um ihre Formen und Inhalte ebenfalls angesprochen wird: die ästhetische. Sowenig ihr in der Debatte um die Museumsgründungen in der Bundesrepublik und in Berlin als eigener Dimension gerecht wird, sowenig können ihre Relevanz und ihr innerer Zusammenhang mit Wissenschaft und Politik übersehen werden.

Wenn ich im folgenden versuche, Vernunftpotentiale des Geschichtsbewußtseins aufzuweisen, mit denen die angesprochenen Defizite überwunden werden können, dann möchte ich sie in den Verschränkungen dieser drei Dimensionen: Wissenschaft, Politik und Kunst, erheben und nicht einseitig die Geschichtswissenschaft allein als Vernunftgarantien ausloben.

3. Vernunftkriterien

Was aber heißt Vernunft? Diese Frage möchte ich in formaler, in inhaltlicher und in funktionaler oder pragmatischer Hinsicht beantworten und dabei die Spezifik der drei Dimensionen der Geschichtskultur und ihren inneren Zusammenhang systematisch berücksichtigen.

Auf der kognitiven Ebene der Geschichtskultur bedeutet Vernunft formal: die geltungssichernden Prinzipien des historischen Denkens. Wir kennen sie als Prinzipien einer rationalen Argumentation, als Begrifflichkeit, Erfahrungsbezug, Methode, Konsensorientierung und ähnliches. Auf der politischen Ebene der Geschichtskultur bedeutet Vernunft formal: die legitimitätssichernden Prinzipien von Herrschaft und Macht. Wir kennen sie als Prinzipien moderner Rechtsstaatlichkeit, als Menschen- und Bürgerrechte, Gewaltenteilung, Partizipation der Beherrschten an Herrschaft, Volkssouveränität und ähnliches. Auf der ästhetischen Ebene der Geschichtskultur bedeutet formale Vernunft die – wie man etwas altbacken, aber analog zum bisher Gesagten formulieren könnte – »schönheits«-sichernden Prinzipien der formalen Gestaltung historischer Deutungen, wie vor allem die Autonomie der künstlerischen Gestaltung und die damit gegebene Vielfalt und Offenheit narrativer Formen der Sinnbildung über Zeiterfahrung. Was das Verhältnis der drei Dimensionen zueinander betrifft, so bedeutet Vernunft in formaler Hinsicht ein wechselseitiges Zugeständnis von Autonomie der historischen Sinnbildung und zugleich die Einsicht einer Abhängigkeit voneinander.

Vernunft in der Erinnerungsarbeit des Geschichtsbewußtseins ist aber mehr als nur ein Ensemble formaler Prinzipien. Als »vernünftig« lassen sich auch *Inhalte* der Erinnerung ansprechen. Solche inhaltlichen Vernunftqualitäten bestehen in all den Prozessen und Vorgängen der Vergangenheit, die sich als Humanisierung bestimmen lassen, wie Abschaffung von Not, Elend, Leid, Unterdrückung und Ausbeutung und Befreiung zur Autonomie der beteiligten Subjekte. Vernünftig sind historische Erinnerungen, die diese Prozesse und Vorgänge festhalten oder ihr Fehlen und Verfehlen in der Vergangenheit aufweisen.

Schließlich hat die Vernunft des Geschichtsbewußtseins auch eine funktionale oder pragmatische Ausprägung. Sie besteht darin, daß die jeweils kognitiv, politisch und ästhetisch geleistete historische Erinnerung einen Sitz im Leben, eine praktische Funktion hat, die sich näher als zeitliche Orientierung der Lebenspraxis und – direkt bezogen auf die Subjektivität der sich Erinnernden – als Bildung ihrer historischen Identität explizieren läßt. Vernünftig sind historische Erinnerungen, die solche Funktionen wahrnehmen.

4. Vernunftdefizite im modernen historischen Denken

Die Vernunftdefizite im historischen Diskurs der Gegenwart sind nicht zufällig. Diejenigen Vernunftpotentiale der Geschichtskultur, die im Zuge der Modernisierung des historischen Denkens entwickelt worden sind, reichen offensichtlich nicht mehr aus.

Der rückwärts gewandte Revisionismus einiger westdeutscher Historiker indiziert Defizite im universalistischen Normensystem der historischen Urteilsbildung, das seit der Aufklärung die Modernität des deutenden Umgangs mit der historischen Erfahrung auszeichnet.

Die postmoderne Wendung der Geschichtskultur signalisiert eine systematische Grenze der bisher verwirklichten Formen, Inhalte und Funktionen der historischen Vernunft. Die Sinnbedürfnisse in der historischen Orientierung der aktuellen Lebenspraxis und in der Bildung einer den Gegenwartserfahrungen standhaltenden historischen Identität schießen über die Vernunft hinaus, die die Geschichtskultur im Prozeß ihrer Modernisierung sich zu eigen gemacht hat. Dieser postmoderne Überschuß an historischem Sinnbedarf ist nicht zufällig mit einer schneidenden Absage an die in Wissenschaft, Politik und historiographischer Gestaltung verfaßte Vernunft verbunden, weil deren Ausprägung in den Modernisierungsprozessen der neuzeitlichen Kultur selber als eine der Quellen angesehen wird, denen die Orientierungskrise der Gegenwart entspringt: So gilt z. B. die Kategorie des Fortschritts, mit dem das historische Denken die Modernisierung zum Ausdruck bringt und zugleich kulturell selber betreibt, als wesentliches Element einer menschlichen Selbstermächtigung im Umgang mit der Natur und mit sich selbst, die katastrophische Folgen gezeigt hat.

5. Kompensationsversuche

Im westdeutschen »Historikerstreit« werden nur ältere Strategien der historischen Sinnbildung erneuert, ohne daß plausibel gemacht werden könnte, wie mit ihnen diejenigen Gegenwartserfahrungen verarbeitet werden können, die sie veralten ließen.

Die postmodernen Tendenzen in der Geschichtskultur stellen demgegenüber eine Transgression der errungenen Vernunftpotentiale dar; die historische Erinnerungsarbeit erfährt einen Resubjektivierungs- und Repoetisierungsschub, der die bisherigen Konzepte geschichtskonstitutiver Subjektivität (vor allem die idealistischen des Historismus) und auch die bisherigen Formen historiographischer Gestaltung im Zeichen einer narrativistischen Wende hinter sich läßt. Beides aber macht die Geschichtskultur nicht vernünftiger, sondern im Hinblick auf die bisher entwickelten Vernunftstandards sogar unvernünftiger: Die neue Subjektivität der historischen Erkenntnis und die neue Ästhetik der historiographischen Formung rücken die historische Erinnerung in eine fatale Nähe zu Formen mythischer Sinnbildung.

6. Entwicklungschancen der historischen Vernunft

Es hilft nichts, gegen die Vernunftverachtung neokonservativer Regressionen in der Geschichtskultur oder gegen die Vernunftfeindschaft postmoderner Transgressionen errungener Vernunftchancen dieser Kultur die Tradition der Aufklärung zu beschwören. Abgesehen davon, daß sich Beschwörungen zu den Inhalten dieser Tradition höchst dysfunktional verhalten, ist die Unter- und Überschreitung der mit der Aufklärungstradition verbundenen Standards historischer Urteilsbildung als Kritik an diesen Standards ernstzunehmen.

Erst aus einer solchen Kritik kann der Funken einer Argumentation geschlagen werden, der das Vernunftpotential der Geschichtskultur erweitert und vertieft. Francisco Goya hat diese Kritik bildlich mit dem eingangs erwähnten Capriccio zum Ausdruck gebracht. Eine Vernunft, die träumt, erzeugt die Ungeheuer ihrer Re- und Transgression. Das heißt nun freilich nicht, daß die Vernunft bloß ein ungeheuerlicher Traum sei, sondern im Gegenteil: daß sie endlich erwachen sollte. Goya selbst hat sein Capriccio so erläutert: »Die von der Vernunft im Stich gelassene Phantasie produziert unmögliche Ungeheuer; vereinigt mit ihr ist sie die Mutter der Künste und der Ursprung ihrer Wunder.« Auf die Geschichtskultur angewendet, bedeutet dies ein Plädoyer für ein neues Verhältnis von kognitiver und ästhetischer Seite der historischen Erinnerungsarbeit: Die Prozeduren der historischen Sinnbildung müssen als fundamentale Operationen des Geschichtsbewußtseins so reflektiert und vollzogen werden, daß die erarbeiteten Standards formaler, inhaltlicher und funktionaler Vernunft im deutschen Umgang mit der historischen Erfahrung in sie eingebracht werden können.

Was heißt das im einzelnen?

In der kognitiven Dimension des Geschichtsbewußtseins geht es darum, daß die für die Geschichte als Wissenschaft maßgebenden Vernunftprinzipien weder auf die technischen Prozeduren der historischen Forschung beschränkt noch aber zur Anmaßung einer Sinnstiftungskompetenz erweitert werden. Das eine wäre der Schlaf; das andere wären die traumatischen Ungeheuer. Statt dessen sollte die Geschichtswissenschaft ihre formalen Prinzipien rationaler Geltungssicherung in der sprachlichen Tiefendimension narrativer Sinnbildung zur Geltung bringen. Das heißt: Sie kann und muß unbeirrt ihre Theoretisierungsarbeit in der historischen Interpretation fortsetzen, und zwar so, daß sie den neueren Einsichten in die narrative Struktur historischen Wissens systematisch Rechnung trägt.

Überdies kann die Geschichtswissenschaft über die formale Grenze ihres Vernunftanspruchs hinausgehen. Sie kann sich in einer neuen hermeneutischen Anstrengung für die Sinnpotentiale sensibilisieren, die in der Erfahrung der Vergangenheit selber beschlossen liegen. Die Geschichtswissenschaft kann ihr Vernunftpotential formaler Geltungssicherung einsetzen, um die Erinnerung an paradigmatische Vorgänge der Sinnkonstitution in der Vergangenheit wachzuhalten. Tut sie dies, dann bringt sie den erinnerten Sinn neu zur Geltung, und es kann keine Rede davon sein, daß sinnverbürgende Traditionen durch die methodische Rationalität des wissenschaftlichen Denkens geschwächt würden. Traditionen können sogar im Medium rationaler Argumentation mit deren Vernunft zusätzlich aufgeladen werden.

In der politischen Dimension der Geschichtskultur besteht der Vernunftschlaf gegenwärtig darin, daß die für die Deutungsarbeit des Geschichtsbewußtseins maßgeblichen politischen Kriterien als solche nicht expliziert, von den kognitiven und ästhetischen Strategien der narrativen Sinnbildung nicht unterschieden und mit ihnen nicht ausdrücklich und begründend vermittelt werden. So tritt beispielsweise der politische Neokonservativismus in der biedermännischen Miene reiner Fachlichkeit auf. Er muß sich erst von seinen Kontrahenten darüber belehren lassen, daß und wie begründungsfähige politische Gesichtspunkte notwendige Elemente der historischen Deutung und Urteilsbildung darstellen. Und die postmoderne Transformation kognitiver Kompetenzen der historischen Sinnbildung in ästhetische hat eine Entpolitisierung des historischen Denkens zur Folge, die das politische Handeln nur allzu leicht der Kontrollinstanz der historischen Erfahrung beraubt und einem blindgewordenen Willen zur Macht überantwortet.

Natürlich sind politische Kriterien historischer Sinnbildung nicht schon dadurch vernünftig, daß sie expliziert werden. Ihre Explikation bringt sie aber tendenziell in die Gedankenarbeit an der Begründung politischen Handelns und an der Legitimation von Herrschaft und Macht ein, die ihre eigenen Vernunftpotentiale (wie z. B. die Menschen- und Bürgerrechte) hat. Diese Potentiale sind nicht nur nicht erschöpft, sondern sie bedürfen dringend einer spezifisch historischen Explikation, die die innere zeitliche Dynamik der legitimitätssichernden Prinzipien politischer Herrschaft an den Tag bringt.

Was die ästhetische Dimension der Geschichtskultur betrifft, so schläft die Vernunft hier auf doppelte Weise: einmal, insofern die Geschichtswissenschaft im traditionellen fachlichen Selbstverständnis das Eigengewicht der historiographischen Gestaltung ausblendet, und andererseits, insofern kompensatorisch und wissenschaftskritisch der verdrängten Ästhetik historiographischer Gestaltung nunmehr eine ästhetische Sinnstiftungskompetenz zugebilligt wird. Zunehmend ausgeblendet wurden die Vernunftpotentiale der historiographischen Formung im Prozeß der Verwissenschaftlichung des historischen Denkens: Die Formung verlor ihr Eigengewicht in der narrativen Sinnbildung und geriet immer mehr in eine funktionale Abhängigkeit von der Forschung. Die historiographischen Möglichkeiten, wissenschaftsspezifische Vernunftansprüche an die Rezipienten der Geschichtsschreibung zu adressieren, wurden zwar praktisch immer wahrgenommen, aber allzuoft ging die diskursive Offenheit der Forschung in der Darstellung ihrer Ergebnisse verloren. Allzuoft trat die Historie mit priesterlichen Gebärden der Wahrheitsverkündigung vor ihr Publikum, verwendete also eine rhetorische Strategie, die in eklatantem Widerspruch zur Rationalität der Forschung stand. Daneben aber läßt sich beobachten, wie in der Geschichtsschreibung das Element reflexiver Verständigung über die jeweilig präsentierten Interpretationen zunimmt; man kann von Elementen einer diskursiven Rationalität in der historiographischen Formung selber sprechen. Diese Elemente beschränken sich nicht auf die Historiographie (im engeren Sinne); sie lassen sich auch als Gestaltungselemente in historischen Museen ausmachen und zur Geltung bringen.

Wird also die Formung der historischen Erinnerung in ihr ästhetisches Eigenrecht eingesetzt, dann gewinnt die Geschichtskultur an Vernunft. Dieser Gewinn freilich kann leicht verspielt werden, wenn die Ästhetik mit der Sinnstiftungskompetenz belastet wird. Ästhetisch vernünftig ist die historiographische Formung dann, wenn der Sinn der Geschichte in ihr nicht zur Ruhe anschaulicher Betrachtung oder in die Form eines konsumierbaren Kulturgutes gebracht werden kann. Statt dessen muß (und kann) er als Unruhe in einer Kommunikation zwischen Darstellung und Adressaten ausgetragen werden, in der sich deren historische Identität verflüssigt. Historische Identität wird dann nicht mehr mit allen Regeln rhetorischer Kunst den Adressaten historiographisch übergestülpt, sondern diese werden als Quelle historischen Sinns mit ihrem eigenen Vernunftpotential ernstgenommen, indem sie durch die historiographische Gestaltung selber zur produktiven Mitgestaltung narrativer Sinnbildungen aufgefordert und befähigt werden.

Diese Stärkung formaler Vernunft in den drei Dimensionen der Geschichtskultur hat ihre inhaltlichen und funktionalen Entsprechungen. Hinsichtlich des Vernunftinhalts historischer Erinnerungen geht es darum, angesichts des unbestreitbaren dialektischen Umschlags von Vernunftansprüchen menschlichen Handelns in vernunftwidrige Resultate, an Standards der Beseitigung von Not und Elend, von Autonomie und Diskursivität festzuhalten und diese Standards auch kritisch im Gegenwartsbezug der historischen Erinnerung zur Geltung zu bringen. Freilich nicht mehr in der Form eines naiven Fortschrittsglaubens, sondern auf der Folie einer Leidensgeschichte, in der Vernunft als Agens geschichtlicher Veränderungen wahrgenommen und als zukunft-erschließende Hoffnung deutbar wird.

Funktional-pragmatisch schließlich sind die Vernunftpotentiale der Geschichtskultur dadurch zu steigern, daß Konsenszwänge in der historischen Identitätsbildung kritisiert werden, die auf vermeintlichen Vernunftansprüchen der jeweils identitätsbildend präsentierten Geschichte beruhen. Demgegenüber muß die pragmatische Vernunft der Geschichtskultur an ein Kriterium der Ich- und Wir-Stärke gebunden werden, das die Fähigkeit zur Anerkennung des Andersseins der anderen und des Verstehens von Eigen-Sinn in der Vielheit zeitlich differenter Kulturen zum Maßstab konsensfähiger historischer Identitätsbildung macht.

Wie immer die hier skizzierten Möglichkeiten zur Steigerung der Vernunftpotentiale in der Geschichtskultur sich im unübersichtlichen Feld der Wissenschaftspraxis, der politischen Kultur und der Kunst auch konkret ausnehmen mögen – solange sie nicht erprobt worden sind, gibt es keinen Anlaß, über das Ende der Vernunft in der Geschichte zu jammern und die Tradition für abgeschnitten zu erklären, in der die Vernunft als unverzichtbares Sinnkriterium der historischen Orientierung der menschlichen Lebenspraxis und der Identitätsbildung ihrer Subjekte galt. Insofern haben wir die Zukunft der Aufklärung noch vor uns.

Dieter Groh
Postinstrumentelle Geschichtswissenschaft

René Descartes, einer der philosophischen Väter der Aufklärung, Vater der Bewußtseinsphilosophie und nicht gerade unschuldig an der Vorherrschaft der instrumentellen Vernunft in der Moderne, hat die Formel »clare et distincte« zum Wahrheitskriterium wissenschaftlicher Erkenntnis erhoben. Der Vortrag von Jörn Rüsen scheint auf hervorragende Weise dieser Forderung zu entsprechen. Seine Kategorien werden klar und deutlich vorgestellt, entfaltet und an geschichtswissenschaftlichen Positionen exemplifiziert. In einem Dreierschema werden die Vertreter des der Aufklärung in hohem Maße verpflichteten struktur- und gesellschaftsgeschichtlichen Paradigmas vorgestellt. Ich nenne sie der Einfachheit halber Progressive, obwohl Rüsen das abgedroschene Reizwort vorsichtig vermeidet. Die Vernunftflüchtlinge, die Transgressiven, die auf ihren Abwegen die kognitiven Kriterien historischer Vernunftkultur verraten, werden dadurch charakterisiert, daß sie Tendenzen zur Entpolitisierung weitertreiben, das ästhetische Moment innerhalb des Dreierschemas von Wissenschaft, Politik und Ästhetik favorisieren und Sinnstiftung durch Mythos, das andere der Vernunft, bewerkstelligen. Auf der Gegenseite treten die Vernunftverächter, die Regressiven, in der Maske der Wissenschaftlichkeit auf. In Wahrheit verraten sie jedoch wissenschaftliche Kriterien deshalb, weil sie innerhalb des Dreierschemas Politik favorisieren. Sinnstiftung leisten sie zum Zweck nationaler Identitätsfindung, ein Vorhaben, das sich – aufklärungsfeindlich – als Verdrängung der Geschichtlichen enthüllt.

Innerhalb dieses Dreierschemas schlägt Rüsen den Progressiven, also aufklärerischer Geschichtskultur, zum Zwecke der Stärkung ihrer Position gegenüber ihren Gegnern und zugleich zur Auffüllung der eigenen Defizite ein Remedium vor: die Aufhebung der Entzweiung – oder besser: Entdreiung – durch Entfaltung aller Potentiale der historischen Vernunft in *einem* Paradigma. Nur so könnten offenbare Sinnbedürfnisse vernunftgemäß befriedigt werden: durch Sinn*bildung* anstelle von oktroyierter und angemaßter Sinn*stiftung*. Dazu müßte das gemeinte Paradigma sich jene Dimensionen politischer Vernunft aneignen und inhaltlich in seinem Sinne ausfüllen, die seine Gegner allzu einsinnig usurpiert haben. Das neue, vernünftige Ganze soll also *alle* Dimensionen historischer Vernunft – kognitive, politische, ästhetische – gleichberechtigt vereinen.

Diese Beschreibung der gegenwärtigen geschichtskulturellen Szenerie verdankt ihre unanfechtbare Klarheit einer Abstraktion. Ein gewisser Mangel an Deutlichkeit, ja Konsistenz ist gleichwohl nicht zu übersehen. Er entsteht nicht erst durch das Verfahren, Namen zu vermeiden und die vorgestellten Positionen nicht konkret zu besetzen. Bereits auf dem Feld der abstrakten Argumentation selbst fallen Widersprüche auf. Wie läßt sich z.B. die Forderung nach einem verbindlichen Normenuniversalismus, als unabdingbar für eine der Aufklärung verpflichtete Sozial- und Geschichtswissenschaft angenommen, vereinen mit dem am Ende formulierten Postulat, den anderen in seinem Anderssein anzuerkennen und »Eigen-Sinn in der Vielheit zeitlich differenter Kulturen« zu verstehen?[1] Bleibt diese Frage offen, so wissen sich die Eingeweihten freilich bei der Suche nach Namen zu helfen. Die Progressiven und die Regressiven sind allemal leicht zu identifizieren. Aber wer genau ist gemeint, wenn von den auf poetische Abwege geratenen Transgressiven die Rede ist? Kann tatsächlich ein Vertreter postmoderner Geschichtsschreibung wie Carlo Ginzburg derart negativ bewertet werden, wenn er geradezu meisterhaft historiographische Verfahren praktiziert, die Rüsen für wünschenswert hält?[2]

Ein weiterer Widerspruch zwischen Abstraktion und konkretem Befund liegt für mich in der Behauptung eines politischen Defizits der Geschichtskultur, bezogen auf ihre progressiven Vertreter. Liegen nicht bereits von seiten der Historikergruppe um die *Annales* bis zu den Vertretern der historischen Sozialwissenschaft explizit politische und wissenschaftspolitische Stellungnahmen und Handlungen vor?[3]

Im Hinblick auf das von Rüsen verwendete Dreierschema und die Symmetrie der Dimensionen will mir scheinen, als verdanke sich die schöne Symmetrie mehr ästhetischen als systematischen Bedürfnissen. Denn eine Asymmetrie zwischen Regressiven und Transgressiven ist unübersehbar. Die ersteren sind im Ganzen der gegenwärtigen Geschichtskultur wohl eher provinziell und theoretisch uninteressant. Sie sind allein darum sehr ernst zu nehmen, weil die von ihnen ausgehende Gefahr politischer, vor allem aber wissenschaftspolitischer Natur ist, wie Hans-Ulrich Wehler jüngst deutlich gemacht hat.[4] Die Transgressiven dagegen sind alles andere als provinzieller Natur, sie behaupten sich international in den Metropolen der Postmoderne, sie sind intellektuell ernst zu nehmen, theoretisch interessant, aber politisch bedenklich wegen Auswanderung in entpolitisierte Reservate. Als abtrünnige Progressive sind sie zu Objekten einer brisanten Haßliebe geworden.

Aus diesen Gründen werde ich mich im folgenden auf die transgressive sowie auf die progressive Richtung konzentrieren, genauer: auf ihr gegenseitiges Verhältnis, denn seine Zukunft steht wohl im Zentrum des vorliegenden Therapievorschlags. Angesichts dessen ist die Besetzung der politischen Dimension, um der Regression den Wind aus den Segeln zu nehmen, eher ein Kinderspiel und ohnehin, wie gesagt, schon teilweise geleistet. Progressive und transgressive Momente müssen *vermittelt* werden, um die heute in der Geschichtswissenschaft weitgehend sistierte Aufklärung – so lese ich Rüsens Analyse – fortzusetzen. Es geht hier also, wenn Sie mir die Metapher erlauben, um den Kern eines Reaktors zur historischen Energiegewinnung nicht durch Spaltung, sondern durch Fusion. Eine solche Fusion ist allerdings mit dem von Rüsen vorgeschlagenen Verfahren kaum zu leisten. Denn ich glaube, daß eine Strategie, die darin besteht, positive Momente anderer wissenschaftlicher Positionen zu besetzen, um die eigenen durch sie demonstrierten Defizite auszugleichen, nicht möglich ist. Ich würde mich zwar gern Rüsen anschließen und annehmen, die historische Vernunft brauche nur aus ihrem Schlaf zu erwachen, um die Monster in nützliche Haustiere zu verwandeln, aber dazu bedarf es einer komplizierteren Operation.

Ohne mich hier mit Feinheiten der Diskussion um den Kuhnschen Paradigmabegriff aufzuhalten[5], scheint mir doch zweierlei sicher zu sein: In einem wissenschaftlichen Paradigma werden erstens notwendigerweise bestimmte nichtkompatible Momente ausgeblendet: Paradigmata machen teilweise blind. Zweitens können Paradigmata nicht beliebig durch andere Elemente ergänzt werden. Das wäre eklektischer Opportunismus. Sie sind nur durch wissenschaftliche Revolutionen ablösbar, weil ihre Vertreter aus den genannten Gründen sich selbst bei bestem subjektivem Willen nicht einigen können.

So hoffnungslos sollten wir die Lage indessen nicht sehen, sondern unbeirrt die Frage nach einer Vermittlung der gegensätzlichen Positionen stellen. Anders formuliert kann diese Frage auch lauten: Wie ist eine historische Wissenschaft zu denken, die die von Rüsen zu Recht kritisierten Defizite nicht aufweist und die sich auf der Höhe einer philosophischen Reflexion bewegt, die der Aufklärung verpflichtet ist?

Erste Bedingung der Möglichkeit einer Vermittlung der Positionen scheint mir ein genauerer Blick auf die Gegensätze, auf die jeweiligen Leistungen und Defizite, insbesondere aber die Frage nach den Ursachen der Defizite zu sein. Da sich Geschichtskultur selbstverständlich historisch entwickelt hat, ist auch eine Geschichtswissenschaft »jenseits des Historismus«[6], also das theoriegeleitete struktur- und gesellschaftsgeschichtliche Paradigma, zeitbedingten Verschleißerscheinungen ausgesetzt. Dieses Paradigma, das in einem bestimmten historischen Moment eine adäquate Realisierung des Vernunftpotentials von Geschichtskultur dargestellt hat, wird heute herausgefordert von überschießenden Sinn- und Orientierungsbedürfnissen. Diese Bedürfnisse, so Rüsen, entstanden aus »irritierenden und desorientierenden Erfahrungen«, die lebensweltlicher und wissenschaftlicher Art sind und sich gegenseitig instruieren und verstärken.

Die Reaktionen auf solche Erfahrungen gipfeln philosophisch in der Kritik an der instrumentellen Vernunft oder Zweckrationalität. Ihr zugrunde liegt die Einsicht in die dialektische Natur der Aufklärung. Sie wird von den einen heute frohlockend zitiert als Zeichen und Beweis des Scheiterns des »Projekts Moderne«, von den andern jedoch als Impuls zur Fortsetzung und Vollendung des Projekts aufgegriffen.[7] Alle Humanwissenschaften wurden von dieser Bewegung erfaßt, die Geschichtswissenschaft in exemplarischer Weise.

Die Struktur- und Gesellschaftsgeschichte, die sich aus der Instrumentenkammer der Makrotheorien marxistischer und nichtmarxistischer Provenienz bediente, wurde in anderen Ländern bereits in einer Periode der Wissenschaftsgeschichte kritisiert, in der sie bei uns in der Bundesrepublik sich erst zu formieren und durchzusetzen begann. In der heute noch vorherrschenden Form aufgeklärter Geschichtswissenschaft dominieren, so die Kritiker, Prozeßlogiken, systemintegrative Prozesse und Strukturen sowie insgesamt ein Verfahren, das man wohl mehr der instrumentellen als der kommunikativen Vernunft zurechnen könne.[8] Subjektiver Sinn und die Innenseite des Geschehens träten weitgehend zurück, ja mancher Kritiker sucht vergeblich nach Menschen in Darstellungen, die diesem Paradigma verpflichtet sind.

Gegen solche Einseitigkeit der historischen Vernunft und ihre Defizite im Bereich der kommunikativen Vernunft traten die Transgressiven an, manche in kompensatorischer Absicht. Ihre Kritik basierte auf der Betonung des subjektiven Moments gegenüber dem objektiven, auf kulturellen gegenüber strukturell-ökonomischen Orientierungen. Was das Untersuchungsobjekt betrifft, schlugen sie sich auf die Seite der Geschichte von unten und von innen gegen eine Geschichte von oben und von außen. Mit dieser subjektivistischen und kulturalistischen Wende eines Teils der Geschichtswissenschaft einher ging und geht eine neue Betonung des narrativen, ja des ästhetisch-künstlerischen Moments von Geschichtsschreibung.

In ihrem Eifer, aus dem Bankrott der modernen instrumentellen Gestalt der Vernunft das größtmögliche Kapital zu schlagen, verfallen postmoderne Kulturalisten in einen subjektivistischen Reduktionismus, spiegelbildlich zum objektivistischen Reduktionismus der Gegenposition.[9] Für dieses Programm stehen unbekannte Alltagshistoriker ebenso wie E. P. Thompson, Carlo Ginzburg, Natalie Z. Davis, Emmanuel Le Roy Ladurie[10] in seiner späteren Phase und viele andere Namen. Ihre kulturalistischen und subjektivistischen Einseitigkeiten sind weniger der Tatsache geschuldet, daß sie leichtfertig auf Leistungen der okzidentalen Vernunft und ihrer Geschichtskultur zugunsten eines Hangs zum Irrationalen verzichtet hätten. Eher verdanken sich ihre Einseitigkeiten einem verbreiteten Ungenügen an dem weithin die moderne Geschichtswissenschaft beherrschenden objektivistischen Paradigma, der modernen, vor allem von instrumentellen Theorien informierten Struktur- und Gesellschaftsgeschichte. Sie und andere haben uns freilich gelehrt, daß neben Strukturen und Prozessen auch volkskulturelle Traditionen Geschichte gestaltet haben, daß auch Unterklassen und Untertanen Subjekte der Geschichte[11] gewesen sind und daß es nicht nur objektiven Sinn zu analysieren, sondern auch subjektiven zu decodieren gilt.[12] Insofern haben wir die Zukunft einer aufgeklärten Geschichtswissenschaft, die sich nicht nur an instrumenteller Vernunft, sondern auch an kommunikativer orientiert, noch vor uns.

Eine Geschichtswissenschaft, welche es verstünde, beide Positionen in einem Paradigma nicht nur zu vereinen, sondern auch zu vermitteln, könnte nach den von Rüsen genannten drei Stufen der Geschichtskultur, also Aufklärung, Historismus sowie Struktur- und Gesellschaftsgeschichte, eine vierte Stufe erreichen. Ich würde sie die postinstrumentelle nennen.

Anmerkungen

1 Hiermit wird eines der zentralen Probleme der gegenwärtigen Diskussion in verschiedenen Disziplinen der Philosophie von der Ethik bis zur Wissenschaftstheorie angesprochen. Jürgen Habermas hat die für uns relevantesten Aspekte seit 1981 in mehreren Publikationen und mit steigendem Erfolg bearbeitet: *Theorie des kommunikativen Handelns*, Frankfurt/M. 1981, Bd. 1, S. 72–99; *Replik auf Einwände*, in: ders., *Vorstudien und Ergänzungen zur Theorie des kommunikativen Handelns*, Frankfurt/M. 1984, S. 536–540; *Die Einheit der Vernunft in der Vielheit ihrer Stimmen*, in: *Merkur*, H. 467, 1988, S. 1–14. Kritisch hierzu: Stephan Fuchs – Matthias Wingens, *Sinnverstehen als Lebensform. Über die Möglichkeit hermeneutischer Objektivität*, in: *Geschichte und Gesellschaft* 12 (1986) S. 477–501; Dieter Groh, »*Spuren der Vernunft in der Geschichte*«. *Der Weg von Jürgen Habermas zur »Theorie des kommunikativen Handelns« im Schatten Max Webers*, in: ebd. S. 443–476.

2 Man muß hinzufügen, daß Rüsen ein ausgezeichneter Kenner Droysens ist und Ginzburg – offenbar ohne es zu wissen – auf den Spuren Droysens wandelt, was seine Darstellungsmethode betrifft. Ich meine vor allem die »untersuchende Darstellung« in Johann Gustav Droysen, *Historik*, hg. v. Rudolf Hübner, 3. Aufl., Darmstadt 1958, S. 276–282. Auch Hayden White, *Auch Klio dichtet oder Die Fiktion des Faktischen*, Stuttgart 1986, einer der von Rüsen gemeinten, aber nicht genannten Gegner, scheint mir die Droysensche Position bezüglich des fiktionalen Anteils der Geschichtsschreibung nur zuzuspitzen: Droysen, ebd., S. 144.

3 Vgl. Groh, *Strukturgeschichte als »totale« Geschichte?* (1971), heute am besten in: Theodor Schieder – Kurt Gräubig (Hg.), *Theorieprobleme der Geschichtswissenschaft*, Darmstadt 1977, S. 311–351, hier S. 337–339; neuestes Beispiel: Hans-Ulrich Wehler, *Entsorgung der deutschen Vergangenheit? Ein polemischer Essay zum »Historikerstreit«*, München 1988.

4 *Neokonservative Wissenschaftspolitik*, in: *Merkur*, H. 466, 1987, S. 1091–1096; leicht verändert in: Wehler, a. a. O., S. 189–196.

5 Vgl. Thomas S. Kuhn, *Die Struktur wissenschaftlicher Revolutionen*, 4. Aufl. Frankfurt/M. 1978, und *Neue Überlegungen zum Begriff des Paradigma*, in: ders., *Die Entstehung des Neuen. Studien zur Struktur der Wissenschaftsgeschichte*, Frankfurt/M. 1978, S. 389–420.

6 So Wolfgang J. Mommsen, *Die Geschichtswissenschaft jenseits des Historismus*, Düsseldorf 1971.

7 Zu dieser Frontstellung Groh, »Spuren der Vernunft«, a. a. O.

8 Als Beispiele: Groh, *Strukturgeschichte*, a. a. O., S. 349–351; Andreas Grießinger, *Das symbolische Kapital der Ehre. Streikbewegungen und kollektives Bewußtsein deutscher Handwerksgesellen im 18. Jahrhundert*, Berlin 1981, S. 28–35; Norbert Schindler, *Spuren in der Geschichte der ›anderen‹ Zivilisation. Probleme und Perspektiven einer historischen Volkskulturforschung*, in: Richard van Dülmen – ders. (Hg.), *Volkskultur*, Frankfurt/M. 1984, S. 13–77; Robert Berdahl u. a., *Klassen und Kultur*, Frankfurt/M. 1982.

9 Ich habe diese Kritik nach beiden Seiten, zumeist verbunden mit einem Lösungsvorschlag, der eine Weiterentwicklung des Modells von David Lockwood (Social Integration and System Integration) beinhaltet, vorgetragen: *Zur Einführung*, in: Edward P. Thompson, *Plebeische Kultur und moralische Ökonomie. Aufsätze zur englischen Sozialgeschichte des 18. und 19. Jahrhunderts*, Berlin 1980, S. 5–31; *Ethnologie als Universalwissenschaft (Marshall Sahlins)*, in: *Merkur*, H. 414, 1982 S. 1217–1225; *Blick über die Grenzen*, in: Franz Josef Brüggemeier – Jürgen Kocka (Hg.), *»Geschichte von unten – Geschichte von innen«. Kontroversen um die Alltagsgeschichte*, Fernuniversität Hagen 1985, S. 70–77.

10 Vgl. z. B. Thompson, a. a. O. u. *Die Entstehung der englischen Arbeiterklasse*, Frankfurt/M. 1987; Ginzburg, *Der Käse und die Würmer. Die Welt eines Müllers um 1600*, Frankfurt/M. 1970 u. ö.; Davis, *Humanismus, Narrenherrschaft und die Riten der Gewalt. Gesellschaft im frühneuzeitlichen Frankreich*, mit einem Nachwort von Norbert Schindler, *Für eine Geschichte realer Möglichkeiten*, Frankfurt/M. 1987; Le Roy Ladurie, *Montaillou. Ein Dorf vor dem Inquisitor 1294 bis 1324*, Berlin 1980.

11 Vgl. die Übersicht bei Groh, *Der gehorsame deutsche Untertan als Subjekt der Geschichte?* in: *Merkur*, H. 412, 1982, S. 941–955.

12 Zum Decodierungskonzept und zum Konzept der sozialen Logik, die von E. P. Thompson zuerst geprägt wurden, vgl. Groh, *Strategien, Zeit und Ressourcen. Risikominimierung, Unterproduktivität und Mußepräferenz – die zentralen Kategorien von Subsistenzökonomien*, in: *Schweizerische Gesellschaft für Wirtschafts- und Sozialgeschichte*, No. 5, 1986, S. 1–38, hier S. 6–7, neueste Version in Eberhard Seifert (Hg.), *Ökonomie und Zeit*, Frankfurt/M. 1988

Eberhard Lämmert
Wem gehört die Geschichte?
Über einen vernünftigen Umgang mit der Vergangenheit

Kant unterschied die philosophischen Wissenschaften von den oberen Fakultäten nach einem einfachen Kriterium. Theologen, Juristen und Mediziner hätten ihre Lehre an ihren kanonisierten Schriften, der Bibel, dem Landrecht, der Medizinalordnung, auszurichten; den Philosophen dagegen sei geboten, in ihrer Denkarbeit und ihrer Lehre allein den Regeln der Vernunft zu folgen. Wenn die Angehörigen der philosophischen Fakultäten es an gesellschaftlichem Ansehen mit den anderen nicht aufnehmen könnten, so sei es zum Ausgleich dafür ihr Privileg, auch die öffentliche Praxis der »nützlichen« Wissenschaften im Namen der Wahrheit und der Vernunft kritisch zu durchleuchten. Vernunft definiert der Aufklärer Kant an dieser Stelle als das Vermögen, autonom und damit frei nach den Prinzipien des Denkens zu urteilen. Diese besondere Freiheit zu einem nicht-instrumentalisierten Denken verschaffte der Philosophischen Fakultät dann binnen eines Jahrzehnts ihren zentralen Ort in der von Humboldt reformierten Universität.

Kants Kennzeichnung der philosophischen Erkenntnisarbeit, von der bis heute kein Abstrich zu machen ist, stellt ohne viel Aufhebens nicht nur alle Gesinnungsdogmatiker, sondern auch diejenigen bloß, die Vernunft fahrlässig mit instrumenteller Vernunft verwechseln und dann rasch mit dem »Elend der Aufklärung« bei der Hand sind, während doch eher von einem elenden Umgang mit der Aufklärung zu reden wäre. Adornos und Horkheimers *Dialektik der Aufklärung* trägt, so lange man sie nicht historisch und damit auch mit dem Blick auf die Konfrontation der Verfasser mit der unvertrauten amerikanischen Kulturindustrie liest, einiges zu dieser Verwirrung bei. Jedenfalls bleibt es ein gesicherter historischer Befund, daß die Einsetzung des vernunftbegabten Bürgers in die Verantwortung, die eigene Geschichte mit zu gestalten – anstelle der dazu angeblich allein berufenen, gottbegnadeten geistlichen und weltlichen Stände –, eine Leistung der Aufklärungsepoche ist und ein Vermächtnis, von dessen voller

Einlösung wir nach erheblichen Rückschritten auch heute noch weit entfernt sind. An dieser epochalen Aufgabe ist seither auch die Geschichtswissenschaft zu messen.

Geschichtswissenschaft in Deutschland ist seit dem Versuch der Göttinger Universalhistoriker, sie nicht mehr bloß als Exempel der Heilsgeschichte oder als eine Ahnengalerie regierender Geschlechter, sondern in erster Linie um des Werdegangs der Völker und ihrer Kulturen willen zu betreiben, zu einem wichtigen Organ der Selbstbesinnung für diejenigen geworden, die sich in den Fürstentümern, Grafschaften und freien Städten des hindämmernden Römischen Reiches auf eine zukünftige Bürgernation einzurichten suchten. Die jähe Belebung historischer Stoffe in der Literatur während der Freiheitskriege und der Aufstieg der Geschichtswissenschaften im frühen 19. Jahrhundert bezeugen die in die Breite dringende Hoffnung auf eine solche Teilhabe an der Verantwortung für die politische Zukunft der Nation. Die Wiederbelebung der altdeutschen Poesie, die Sammlung der deutschen Rechtsaltertümer, die sprunghafte Entwicklung einer vergleichenden Sprachwissenschaft und der methodische Ausbau einer quellenkritischen Geschichtsschreibung wurden bald nach 1800 benötigt als Beleg wie als Instrument zur Befestigung eines neuen politischen Denkens, das gegenüber den hergebrachten Herrschaftslegitimationen die Berufung auf einen natürlichen Ursprung der Völker und damit die Errichtung einer deutschen Bürgernation rechtfertigen konnte. Der besondere Ruf, den sich die durch solche Herausforderung beflügelten historischen Geisteswissenschaften alsbald über Deutschland hinaus in ganz Europa erwarben, ist deshalb mit der griffigen Kompensationsthese Odo Marquards nicht einmal zur Hälfte erklärt. Wissenschaftliche Höhepunkte der gelehrten Arbeit in den derart in Anspruch genommenen historischen Wissenschaften sind die Sammlungen und Untersuchungen der Brüder Grimm zur Herkunft der deutschen Sprache und Kultur, gipfeln in ihrem *Deutschen Wörterbuch,* und der Versuch von Gervinus, deutsche Geschichte als Geschichte der deutschen Nationalliteratur zu schreiben. Dieser in gelehrten Schriften so gut wie in Märchensammlungen und Liederbüchern sich austragende Impuls, Geschichte mit dem Blick auf eine republikanische Zukunft zu beleben, verlor seine Kraft erst durch die verpaßte achtundvierziger Revolution.

Allerdings ließ gerade die Sorgfalt, mit der die historischen Fächer in Deutschland ihre Verwissenschaftlichung betreiben, das einmal in die Breite getragene und noch zukunftsoffene Geschichtsbewußtsein in einem wichtigen Punkte ungesättigt. In dem Maße nämlich, in dem der Prozeß der historischen Erkenntnis selbst – die untersuchende Darstellungsform Droysens – anstelle einer erzählenden Vergewisserung der Vergangenheit zum eigentlichen Thema des Geschichtsschreibers wurde und die Gewissenhaftigkeit eines Historikers schließlich nach seinen Leistungen in dieser Sparte beurteilt wurde, entstanden der Geschichtswissenschaft in überlieferten Sagen und in den historisierenden Balladen, Dramen und Romanen Konkurrenten, die das einmal erweckte historische Interesse umfassender, aber auch verführungsmächtiger zu prägen verstanden. Lebendige Anschauung der Vergangenheit, so protestiert um die Jahrhundertmitte der gewesene Historiker und nachmalige Erfolgsautor Viktor von Scheffel, sei nur durch eine eigenmächtige Verbindung von Quellentreue und Einbildungskraft zu leisten. Wenn dabei aus vier historischen Ekkehards eine einzige pralle Romanfigur wird, so werden dafür eben nicht nur die Äbte und die Herren, von denen die Quellen sprechen, sondern auch der junge Klosterbruder, die Magd und der Stallknecht, von denen keine Chronik eine Silbe weiß, samt ihren alltäglichen Nöten und geheimen Wünschen lebendig und füllen das Bild der Vergangenheit wirklichkeitsgerechter aus, als die penible Wissenschaft allein es vermag.

Wie kann das Kriterium »Vernunft« noch für die Beurteilung derart phantasiereicher Geschichtserzählungen in Anspruch genommen werden? Sind sie nicht die Verführung schlechthin zur Identifikation mit Scheinbildern der Geschichte?

Hier hilft ein Blick auf die materiellen Qualitäten einer vernünftigen Erarbeitung der Geschichte, wie sie von den Göttinger Universalhistorikern Gatterer und Schlözer bereits entwickelt und wie sie von dem Königsberger Kritiker der reinen und der praktischen Vernunft befestigt wurden. Vernünftig erscheint die Hervorkehrung solcher Personen und Vorgänge der Vergangenheit, von denen die *Hauptveränderungen* in der Geschichte ihren Ausgang nehmen. Dort kann der Berichterstatter am ehesten die Achtung von Naturrechten, die Minderung von individuellem und sozialem Elend, die Abschaffung von sklavenähnlichen Dienstverhältnissen und die Herstellung von sozialer Gerechtigkeit als die Urteilsbasis seiner Darstellung erkennen lassen und den Leser gegenüber entsprechenden Defiziten empfindlich machen.

Für die Einsichten, die der Leser daraus gewinnen soll, gilt allerdings, wie schon die nationalistische Geschichtsschreibung des 19. Jahrhunderts lehrt, ein weiteres, womöglich entscheidendes Kriterium: Auf die Vernunfttradition der aufgeklärten Wissenschaften kann nur diejenige Geschichtsschreibung sich berufen, bei der die jeweils angesprochenen Natur- und Menschenrechte nicht nur für eine abgehobene Gruppe von Menschen, sondern für den Menschen schlechthin Geltung haben. Kein zweites Kriterium läßt so sicher eine Entscheidung darüber zu, ob das Identifikationsangebot, das von jeder Geschichtserzählung ausgeht, restriktiven oder emanzipativen Charakter trägt. Wer erinnert sich nicht rasch der Romane oder auch der Geschichtsbücher, in denen hergebrachte Rechte so verteilt werden, daß sie zum Beispiel den Rittern und den Bauern zukommen, aber nicht den schnöden Kaufleuten; zum Beispiel dem *père de famille,* aber nicht den Frauen; zum Beispiel den Deutschen, aber nicht den Franzosen oder auch den deutschen Juden.

An das zuletzt genannte, noch aus diesem Jahrhundert allzu vertraute Schema schließt sich gleich die Frage an: Wie steht es mit der Geschichtsschreibung als einem Organ zur Stiftung oder Befestigung nationaler Identität? Über die Vernünftigkeit eines erstarkenden Nationalbewußtseins, so lange die Nation eine herbeizuwünschende Utopie war, also in Frankreich im 18. und in Deutschland mindestens bis zur Mitte des 19. Jahrhunderts, ist kaum zu streiten. Ein Umschlag in die fraglose und damit unvernünftige Befestigung des Nationalbewußtseins beginnt jedoch bemerkenswert rasch nach der Konsolidierung eines jeden Nationalstaates, und spätere Ausprägungen einer rigoros nationalistischen Geschichtsdeutung stehen in eigentümlicher Wechselwirkung mit mangelnder Saturiertheit oder auch mit Expansionsgelüsten eines etablierten Nationalstaats. Solche Rigorismen äußern sich dann im belletristischen ebenso wie im wissenschaftlichen Umgang mit den der Nationalgeschichte zugeordneten Gegebenheiten. Das gilt für die deutsche Geschichte wie für die Geschichte anderer Völker. Ist aber, so läßt sich nach einem viel zitierten Dictum von Adorno fragen, die Erweckung von deutschem Nationalbewußtsein nach Auschwitz noch möglich!

Peter Weiss hat in seinem Oratorium *Die Ermittlung* Gerichtsakten und Prozeßberichte zur Aburteilung dieses von Deutschen begangenen Großverbrechens zum Teil wörtlich verarbeitet. Allerdings hat er dabei eine gründliche Umstellung der Prozeßverläufe vorgenommen: Anstelle der Verhandlungen gegen die einzelnen Angeklagten, die das individuelle Strafprozeßrecht vorsieht, hat er die von ihm genutzten Aussagen und Ermittlungsergebnisse so geordnet, daß der Gesamtprozeß der Folterung und der Vernichtung von der Rampenauswahl bis zur Gaskammer herausgeschält wird. Die Stilisierung in gleichmäßige Gesänge dämmt darüber hinaus jeden Anschein ein, als ob dieser organisierte Massenmord von einzelnen Individuen oder gar besonderen Charakteren beherrscht wäre. Die förmliche Benennung des Textes als »Oratorium« formt für die Handelnden und Leidenden wie auch für die Betrachter die Einzigartigkeit des Geschehens um zu einem übergreifenden Paradigma, und zwar schon dadurch, daß die auftretenden Personen nurmehr mit Funktionsbezeichnungen oder mit Ziffern benannt sind und alle Ortsbezeichnungen wegfallen. Gerade dieser Abschliff konkreter Details verleiht dem gesamten Vorgang die Qualität der Dauer und der Wiederholbarkeit des Gedenkens.

Ich denke, es war im definierten Sinne vernünftig, Auschwitz, Maidanek, Treblinka und andere Vernichtungslager aus punktuellen Quellen so zu synthetisieren und sie der Geschichtserfahrung von Zeitzeugen wie von Nachkommen in einer Sprachform zu überantworten, in der sie nicht nur als Ereignis der Jahre 1942 bis 1945, sondern schlechthin bedenkenswert bleiben. Die Kunst einer typologischen Auslegung historisch einmaliger Vorgänge, die schon die altchristlichen Kirchenväter entwickelten, um die Geschichten des Alten Testaments auf den einzigartigen Erdenwandel Jesu zu beziehen, ermöglicht dem Dramatiker Peter Weiss den Beleg, daß aus einer historischen Situation, in der Menschen sich selbst zu Herren- und andere zu Untermenschen bestimmen, krasseste Unmenschlichkeit zwingend hervorgeht.

Nicht nur typologisch, sondern auch kausal verknüpft Ernst Nolte seit der Niederschrift seiner Rede über »Vergangenheit, die nicht vergehen will« ebenfalls verbrecherische Akte von annähernder Größenordnung, nämlich dem »Rassenmord« der Nationalsozialisten mit dem »Klassenmord« der Bolschewiki und mit dem türkischen Völkermord an den Armeniern während des Ersten Weltkrieges. So naheliegend für eine künstlerische Darstellung die stellvertretend-paradigmatische Auswertung eines historischen Vorgangs ist, so legitim ist für ein wissenschaftliches Vorgehen der Versuch, Vergleiche zu ziehen und auch kausale Verbindungslinien aufzudecken. Wenn Nolte allerdings nicht nur von einem faktischen, sondern ausdrücklich auch von einem logischen Prius des »Archipel GULag« vor Auschwitz spricht und dann die gesamte Ursachenzuweisung für Hitlers »Endlösung« an dem einzigen dünn gesponnenen Faden einer »asiatischen« Vorgeschichte aufhängt, und wenn er den so hergestellten logischen Zusammenhang durch nicht weniger als fünf rhetorische Fragesätze gleichzeitig dem Nachprüfungszwang entzieht und seinen Hörern einschmeichelt, dann muß der Historiker sich nach den Gründen fragen lassen, die ihn dazu anhalten, mit einer derart homöopathischen Dosis von wissenschaftlichem Aufwand den Versuch einer Roßkur am Diskurs über Auschwitz zu unternehmen.

Wer vor allem soll damit kuriert werden? Soll die Menschheit wissen, daß es Massenmorde mit kausaler Notwendigkeit geben wird, so lange der letzte nicht vergessen ist? Dies insinuiert ein weiterer waghalsiger Satz Noltes zur Begründung seines Vorgehens. Was hat es demgegenüber auf sich mit Noltes eigener Vergeßlichkeit, die ihn allein deshalb zur Behauptung eines Kausalnexus zwischen GULag und Auschwitz befähigte, weil sie ihm jede Erinnerung genommen hatte an die vom GULag ganz unabhängige Konzeptualisierung der Judenausrottung im ersten Parteiprogramm der NSDAP von 1920? Dort steht bereits, daß kein Jude deutscher Volksgenosse sein dürfe: ein Satz, der also schon ein Vierteljahrhundert vor 1945 erstmals die Teilung der Deutschen in Volksgenossen und in solche, die auszumerzen waren, zum politischen Programm erhob.

Die Frage nach der Vernunft einer solchen Perspektive auf die Geschichte ist jedoch nicht schon beantwortet mit der Feststellung von Mängeln der wissenschaftlichen Sorgfalt, die im Disput unter Gelehrten aufzudecken und zu beheben sind. Auch nach einer Bewertung des wissenschaftlichen Verfahrens bleibt das Urteil über die Vernünftigkeit einer neuen Geschichtsdeutung letzten Endes abhängig davon, zu welchem eingestandenem oder uneingestandenem Zweck sie unternommen wurde und ob sie damit auch eine bestimmte Vergeßlichkeit womöglich geradezu programmierte. Da gibt es neben den schon viel zitierten Sätzen in Noltes Rede einen eher unauffälligen Satz, der lautet: »Kein

Deutscher kann Hitler rechtfertigen wollen, und wäre es nur wegen der Vernichtungsbefehle gegen das deutsche Volk vom März 1945.« Ein Argument, das mehr enthüllt, als es soll, und das auch der »asiatischen Tat« in der Argumentation Noltes einen besonderen Stellenwert gibt. Letzter Vernunftsgrund der Verurteilbarkeit Hitlers ist nicht schon Auschwitz; hier entlastet ihn am Ende noch der Zwang eines niedrigen »asiatischen« Vorbilds. Aber daß er sich zuletzt auch gegen die Deutschen wandte, das kann keiner ihm vergeben. Kein Deutscher wohlgemerkt. Dieses Argument ist vom gleichen Schlage wie der entschuldigende Satz, mit dem Michael Stürmer beteuerte, in den KZ's wären doch in den ersten Jahren auch Deutsche umgekommen. In der Nähe dieses Arguments ist ebenfalls die ultima ratio Andreas Hillgrubers anzusiedeln, »sich mit dem konkreten Schicksal der deutschen Bevölkerung« und den »opferreichen Anstrengungen des deutschen Ostheeres« zu identifizieren bei dem Versuch, als Historiker die »Zerschlagung des Deutschen Reiches« zu beschreiben. Hillgruber unterscheidet sich allerdings von dem pathetischen Objektivismus gleichsinniger Vorentscheidungen, indem er sich ausdrücklich zu einer solchen Perspektive bekennt. Den Zwang jedoch, der ihn dazu veranlaßt, dies als die einzig mögliche Position des Historikers auszugeben, durchleuchtet er nicht mehr.

Hier liegen klassische Syndrome einer rechtsideologischen Argumentation offen. Selbst dort, wo sie sich populistisch verbrämt, besteht jede fundamentalkonservative Argumentation seit der Auflösung der Ständegesellschaft auf der Existenz zweier wertend unterscheidbarer Menschentypen, des eigenen und eines anderen, der im Ganzen oder mindestens in einzelnen Zügen als inferiorer zu gelten hat. Anders als bei der linksideologischen Verhärtung des Klassentheorems zum Klassenhaß, die vergleichbare, aber nicht gleich zu begründende Wertunterschiedungen nach sich zieht, gibt sich die konservative Wertabstufung den Anschein größerer Freizügigkeit und auch Objektivität, indem sie die Ebene des wertenden Vergleichs für ihre jeweilige Argumentationsabsicht »frei« wählt. Sie kann abwechselnd soziale, regionale oder auch ethische Abstufungen anvisieren und so je nach gegebenem Anlaß dem »Pöbel«, den »Preußen« oder den »Polacken« gegenüber bewußt oder unbewußt die eigene Überlegenheit hervorkehren. Dies beleuchtet nun eigentümlich das hartnäckige Insistieren Noltes auf vorgängigen »asiatischen« Völkermorden und Folterpraktiken. Von dorther also müssen Hitler und die Seinen Ängste vor der Untermenschlichkeit angereichert haben, bevor sie selbst unmenschlich handelten. Und noch als Opfer heben sich für Deutsche die Deutschen als bejammernswerter von den Juden ab.

Gramsci hat Kants Definition von der Befreiung des Menschen aus seiner selbstverschuldeten Unmündigkeit auf die moderne Herabsetzung bald dieser, bald jener Menschengruppe projiziert, indem er sie in die Formel faßte, Aufklärung habe ein Hervorgehen des Menschen aus der Subalternität zu befördern. Wenn aufklärende Vernunft dies bewirken soll, dann betreiben Argumente, die der Befestigung einer solchen Abstufung noch im Martertod das Wort reden, hartnäckige Gegenaufklärung – von unchristlicher Verirrung nicht erst zu reden. Noch jenseits aller Bewertung, die die praktische Vernunft nahelegt, handelt es sich bei solchem Umgang mit Geschichte in genauem Sinne um einen zweckrationalen und damit unvernünftigen Versuch, Vergangenheit zu verdrängen.

Trivialisiert wird aus solcher Verdrängungsarbeit die einfache Ableitung: An Auschwitz sind die Sowjets schuld. Nicht sehr weit davon entfernt ist bereits der jüngste Protest Helmut Kohls gegen die vorgesehene Würdigung kommunistischer und christlicher Opfer in der Berliner Ausstellung »Widerstand gegen den Nationalsozialismus«. Angeregt von einer Klage, dort würden Kommunisten, die doch nur ein anderes totalitäres Regime hätten vorbereiten wollen, christlichen Widerstandskämpfern gleich- oder gar vorgeordnet, wird kurzerhand ein Parteiorgan, das zufällig auch ein Staatsorgan ist, in Bewegung gesetzt, weil »wir« als Regierungspartei dafür »nämlich in Mithaftung genommen« werden könnten. Auch hier kehrt das alte, im schlechten Sinne konservative Argument von den zwei oder mehreren verschiedenen Sorten Menschen, von den ungleichen Kindern Adams, von denen die einen zum Herrschen und die anderen zum Dienen, aber auch die einen zum Schonen und die anderen zum Schinden wie gemacht sind, an der fürchterlichsten aller möglichen Stellen: bei der Totenehrung, als eine Regierungsempfehlung wieder. Hat man einmal das Festhalten an der Erklärung eines anderen Menschenschlages zu »underdogs« als ein Leitmotiv historischer Unvernunft erkannt, zieht das bange Fragen an die Friedensfähigkeit eines konservativ verhärteten Denkens nach sich, ebenso aber Fragen nach der relativen Achtung oder Nichtachtung elementarer Menschenrechte bei der Behandlung von Bürgerrechtlern oder auch in den modernen Kolonialkriegen. Um historisch gründete Urteile aus solchen Fragen zu entwickeln, gilt es zu studieren, wie sich aus einer proletarischen Revolution der »Sowjetmensch« so herausbilden konnte, daß er sich Rechte über die Tschechoslowaken oder auch über die Afghanen zumaß, oder auch, welche früher entwikkelten »Kreuzungsideen« heute für eine politische und militärische Einflußnahme auf soziale Veränderungen in Mittel- und Südamerika in Anspruch genommen werden. Und damit der Besen vor der eigenen Tür nicht halt macht: In solchem Betracht sind sogar die in unser Jahrzehnt weitergeschleppten Gänsefüßchen für die DDR Zeichen eines gedankenlos festgehaltenen Überlegenheitsgefühls, dessen historische Berechtigung mindestens von Zeit zu Zeit der Überprüfung wert ist.

Auch der gründlichste Erforscher vergangener Geschichtsverläufe wird nicht leugnen, daß jede neue Aufarbeitung von Geschichten zur Geschichte neue Deutungen und neue Gewichtungen der Vergangenheit für die Gegenwart nach sich zieht. Ein Urteil über die politische Vernunft oder Unvernunft einer solchen Aufarbeitung wird darüber hinaus jedoch wesentlich davon bestimmt, ob, und wenn ja, welche Gruppe von Menschen unter den gegenwärtigen Lebensumständen durch diese neue Deutung der Vergangenheit mit einem nur sie betreffenden Gemeinbewußtsein ausgestattet werden soll. Können dies um 1987 oder auch in Zukunft sinnvoll noch »die Deutschen« sein!

Gewiß sind wir alle Steuerzahler und auch Nutznießer eines Staates, unter dessen speziellen Gesetzen wir leben. Aber wirtschaftliche so gut wie nachrichten- und verkehrstechnische und schließlich auch militärische Verflechtungen und nicht zuletzt eine Friedenspolitik gegenüber unseren näheren und weiteren europäischen Nachbarn lassen es heute in genauem Sinne unvernünftig erscheinen, die Bevölkerung des »Dritten Reiches« speziell entlasten zu wollen von der Alleinverantwortung für einen historischen Exzeß an Millionen Europäern mit dem Ziel, ausgerechnet das Selbstgefühl der bundesrepublikanischen Deutschen, bei denen es gegenüber den Supermächten und gegenüber der eigenen Industrie nicht einmal zu einer selbständigen Handels- oder auch Embargopolitik reicht und die sich allenfalls im »Verfassungsfeind« oder im »Wirtschaftsflüchtling« den Zweitklassenmenschen schufen, dem gegenüber sie noch herrschen können, sind 1987 keine Einheit mehr, für die eine kollektive Identitätsbildung irgend vernünftig oder auch nur praktisch wäre. Nicht einmal der deutsche Wald ist allein von den Deutschen vor Schaden zu bewahren. Neben der unkontrolliert ideologischen Steuerung ihrer Argumente sind die jüngsten Versuche, die Nolte und mit ihm andere unternahmen, deutsche Vergangenheit vergehen zu machen, um sie sich ausgeputzt wieder anzueignen, allein deshalb unvernünftig, weil es ihnen dabei 1987 *nur* um die Deutschen geht. Auch Peter Weiss verarbeitete, als Künstler, deutsche Geschichte. Aber für alle, und deshalb *vernünftiger*.

Ute Frevert
Zwischen Traum und Trauma – Aufklärung, Geschichte und Geschlechterverhältnis

I.

»Aufklärung«, »Geschichte« – was darunter zu verstehen ist, kann als bekannt vorausgesetzt werden. Der Begriff »Geschlechterverhältnis« jedoch bedarf einer genaueren Bestimmung. Er ist noch neu im politisch-wissenschaftlichen Diskurs der Gegenwart und deshalb offen für manche Fehldeutung, auch und vor allem für solche unwillkürlicher Art. Obwohl das Wort sehr exakt beschreibt, um was es geht – um das Verhältnis zwischen den Geschlechtern –, liegt die Gefahr nahe, seinen Bedeutungsgehalt zu verkürzen und es schlicht in »Frauenfrage« zu übersetzen. Haben wir uns doch in einer informellen kulturellen Übereinkunft darauf geeinigt, »Geschlecht« mit »Frauen« zu identifizieren, und das auf allen Ebenen unseres Alltags. In Bonn gibt es ein Ministerium für Jugend, Familie, *Frauen* und Gesundheit, aber keines für Männer. In der Wissenschaft macht seit mehreren Jahren eine *Frauen*forschung von sich reden, aber keine sich auch so benennende Männerforschung. Geschichte und Soziologie sozialer Bewegungen weisen aus, daß es eigentliche *Männer*parteien, -vereine und -bewegungen in den letzten 200 Jahren nie gab; selbst wenn sie sich nur aus Männern zusammensetzten, empfanden sie dieses Merkmal nicht als entscheidend – wichtiger waren ihnen, so liest man in ihren offiziellen Verlautbarungen, andere Interessen sozialer, ökonomischer, politischer oder religiöser Art.

Für Frauen dagegen stellte ihr Geschlecht ganz bewußt und offensichtlich ein organisationsfähiges Interesse dar – sie bezeichneten ihre Vereine unmißverständlich als »Frauenvereine«, ihre Bewegung als »Frauenbewegung«, ihre Probleme als »Frauenfrage«. Über alle sicherlich vorhandenen Gegensätze und Trennungen hinweg stellten sie gemeinsame, alle Frauen mittels ihrer Geschlechtszugehörigkeit verbindende Erfahrungen, Interessen und Ziele. Mag dieses Programm vor hundert Jahren noch reines Programm gewesen sein, ist es heute an vielen Punkten zur Realpolitik geworden, und auf Parteienhader spezialisierte Tagesschau-Journalisten müssen überrascht feststellen, daß grüne, rote und schwarze Parlamentarierinnen in sogenannten Frauenfragen mit einer Stimme sprechen.

Sogenannte Frauenfragen aber, und hier liegt das folgenreiche politische Mißverständnis, sind nicht »nur« Frauenfragen, sie betreffen nicht nur Frauen, sind nicht nur ihr Problem, sondern ebenso sehr Problem der Männer. Sie berühren das Verhältnis der *beiden* Geschlechter, werden von ihm bestimmt und prägen es wiederum. Aus diesem Grund geht es in diesem Beitrag nicht um die Beziehungen zwischen Aufklärung und »Frauenfrage«, sondern um Aufklärung, Geschichte und »Geschlechterverhältnis«.

Daß uns die Assoziation »Frau«=»Geschlecht« so leicht zufliegt, zeigt, daß sie eingespielt ist, eingespielt als eines jener Ordnungsmuster, die auf eine lange Geschichte zurückblicken können. Hätte dieser Kongreß vor 140 Jahren stattgefunden, wäre an meiner Stelle vielleicht Carl Welcker aufgetreten, süddeutscher Liberaler und Professor. 1847 aber gab es keinen Kongreß, statt dessen ein wahrscheinlich publikumswirksameres und mentalitätsprägenderes Projekt – das Rotteck-Welckersche *Staatslexikon*, ein Orientierungs- und Selbstverständigungskompendium bürgerlicher Liberaler vor der Revolution. Carl Welcker schrieb damals neben vielem anderen auch einen Artikel über »Geschlechtsverhältnisse«, der, man kann es annehmen, die Vorstellungen seiner liberalen, dem Fortschrittsbewußtsein der Aufklärung verpflichteten Zeitgenossen zu diesem Thema kundtat. Was aber war das Thema? Der Untertitel verrät es: Unter dem Oberbegriff »Geschlechtsverhältnisse« versammelten sich »Frauen, ihre rechtliche und politische Stellung in der Gesellschaft«, ihre Vereine, Verbrechen, »Rechtswohlthaten« und manches mehr. Über Männer schrieb Welcker wenig – die »Geschlechtsverhältnisse« reduzierten sich schon bei ihm auf die Verhältnisse des *weiblichen* Geschlechts.[1]

Gehen wir noch einmal fünfzig Jahre zurück und greifen wir zu Immanuel Kants *Anthropologie in pragmatischer Hinsicht*, 1798 verfaßt. Ein Kapitel der »anthropologischen Charakteristik« trägt die Überschrift »Der Charakter des Geschlechts«, und obwohl Kant hier seine Aufmerksamkeit in der Tat auch Männern zuteil werden ließ, schrieb er doch wesentlich mehr über Frauen. Sie erschienen ihm in jeder Weise als kunstvoller, verwickelter, herausfordernder: »»Der Mann ist leicht zu erforschen, die Frau verräth ihr Geheimniß nicht.« Da er das Verhältnis der Geschlechter in gleichsam archaischer Manier hauptsächlich als von einem Mehr oder Minder an physischer Stärke geprägt sah, empfand der Philosoph die »Eigenthümlichkeit« des männlichen Geschlechts, eben seine körperliche Kraft, als eher nichtssagend und langweilig; die Listen und Kunstfertigkeiten der Frauen aber, die sich als die körperlich Schwächeren auf andere Weise behaupten mußten, galten ihm als weitaus lohnenderer Forschungsgegenstand.[2]

So ist es nur plausibel, daß Frauen in Kants Werken lediglich dort zum Thema wurden, wo es um Ästhetik und Anthropologie ging, nicht aber in seinen staats- und gesellschaftsheoretischen Schriften. Wenn er in der *Metaphysik* oder in der Auseinandersetzung mit Hobbes die Ordnungsprinzipien bürgerlicher Gesellschaften und Staaten entwickelte, verstand es sich für ihn von selber, daß davon nur Männer als aktive Mitglieder dieser Ordnung betroffen waren. »Alles Frauenzimmer«, befand der Philosoph kategorisch, sei weder fähig noch berechtigt, »Bürger« oder »Mitgesetzgeber« zu heißen. Anders als Kinder, Gesellen, Dienstboten oder Hauslehrer etwa, die sich im Laufe ihres Lebens mit genügend Energie, Talent und Glück zum Bürgerstatus emporarbeiten konnten, war Frauen dieser Aufstieg prinzipiell versperrt – sie blieben ausgespart aus der Fortschrittsperspektive bürgerlicher Gesellschaft und Geschichte, wie sie Kant 1784 so eindrucksvoll in seiner *Idee zu einer allgemeinen Geschichte in weltbürgerlicher Absicht* entworfen hatte.[3]

Die bürgerliche Gesellschaft war ein durch und durch männliches Gebilde; ihre Prinzipien – Freiheit, Gleichheit, Rechtsförmigkeit – besaßen Geltung nur für Männer. Auch das Glücksversprechen, das diese Prinzipien enthielten, richtete sich ausschließlich an männliche Bürger. Aufhebung personaler Herrschaftsbeziehungen, Selbstbestimmungsrecht des Individuums, Mobilität, »Verbesserung« – all das spielte sich lediglich in jenen Räumen ab, die Menschen mittels Markt- und Kommunikationsbeziehungen miteinander in Kontakt brachten. Diese Räume aber waren männliches Terrain, und zwar nicht nur in den theoretischen Entwürfen aufgeklärter Philosophen, sondern auch in der alltäglichen sozialen Praxis. Die neue Öffentlichkeit des Bürgertums, seine Vereine, Lesegesellschaften und Kaffeehäuser waren Frauen in der Regel nicht zugänglich – hier wollten Männer unter sich bleiben.

Diese Anordnung hatte System, sie war nicht zufällig, beliebig, und sie war auch nicht gänzlich unproblematisch. Von Anfang an sah sich die bürgerliche Gesellschaft – und das heißt in dem Fall ihre räsonnierenden Vordenker ebenso wie ihre pragmatischen »Macher« – mit dem Dilemma konfrontiert, ihren Anspruch auf Allgemeinheit, der einen Großteil ihrer Attraktivität ausmachte, mit annähernd plausiblen Argumenten auf Männer einzugrenzen. Nicht nur in Frankreich oder England, sondern zeitgleich auch in Deutschland hatte das Versprechen der Aufklärung und der Französischen Revolution auch im »zweiten Geschlecht«, wie Fichte es zu nennen pflegte, Erwartungen auf Veränderung und »Verbesserung« geweckt. Zwar stammte das programmatische Werk weiblicher Gleichheitsforderungen in Deutschland von einem Mann – dem Königsberger Beamten und Kant-Freund von Hippel (1792) –, doch wissen wir aus den schriftlichen Äußerungen mancher seiner weiblichen Zeitgenossen, daß der Wunsch nach »Raum für die eigenen Füße«, wie es Rahel Varnhagen einmal ausdrückte, nicht den Phantasmagorien eines einzelnen »verirrten Kopfes« (so Fichte über Hippel) entsprang. Frauen, schrieb Rahel Varnhagen 1819, »sehen mit ihren Augen die ganze bewegte Welt wie etwa Einer, der wie ein Baum mit Wurzlen in der Erde verzaubert wäre«.[4]

Die Freiheit, diesen Zauber zu brechen und sich einen Platz in der »bewegten Welt« zu erobern, nahmen sich zu dieser Zeit nur sehr, sehr wenige Frauen, und sie wurde ihnen auch auf Schritt und Tritt streitig gemacht. Selbst die klassischen Söhne und romantischen Enkel der Aufklärung, die Weiblichkeit auf einen ästhetisierten Podest stellten und von den Frauen »Ganzheitlichkeit« und »Poesie« lernen wollten, waren nicht daran interessiert, ihr Leben »in der Welt« mit Frauen zu teilen. Deren Aufgabe bestand nicht darin, Männern in eine zwar anregende und lebendige, aber auch einseitige und »entzweite« Existenz zu folgen, sondern sie ihnen zu erleichtern. Selbst die fortgeschrittensten Modelle eines auf Verschmelzung angelegten Geschlechterverhältnisses, wie wir sie vor allem bei Friedrich Schlegel und Schleiermacher finden können, krankten an einer unverhohlenen Asymmetrie: Letztlich war es auch ihnen nur um die sinnlich-menschliche Perfektion der Männer, nicht aber um die »bürgerliche Verbesserung der Weiber« zu tun.[5]

In dem an der Wende vom 18. zum 19. Jahrhundert geführten, ungemein verdichteten Diskurs über das Geschlechterverhältnis lassen sich bereits alle Argumentationen entdecken, die auch heute noch aktuell sind. Ohne uns, was reizvoll genug wäre, genauer in die Gedankengebäude eines Kant, Fichte, Schiller, Humboldt oder Hegel zu vertiefen, können wir hier nur einige Punkte summarisch festhalten:

1. Es gab in dieser Umbruchphase offensichtlich ein starkes Bedürfnis, die Beziehungen zwischen Frauen und Männern zum Gegenstand öffentlichen Debattierens zu machen.
2. Diese Debatte war alles andere als einheitlich, förderte vielmehr sehr unterschiedliche Positionen, Gegenwartsbilder und Zukunftsentwürfe zutage.
3. Die Teilnehmer an dieser Debatte waren sich trotzdem in ihren Schlußfolgerungen erstaunlich einig: Obgleich sie nicht zögerten, beiden Geschlechtern Menschenwürde zuzugestehen und Frauen ebenso wie Männer als prinzipiell vernunftbegabte Wesen anzuerkennen, kamen sie auf zum Teil abenteuerlichen Wegen dazu, daraus ungleiche Konsequenzen abzuleiten. So unterschiedliche Vorstellungen sich die Debattierenden von der neu zu gestaltenden bürgerlichen Gesellschaft auch machten, so einstimmig plädierten sie doch dafür, diese Gesellschaft als ein rein männliches Projekt zu konzipieren. Frauen sollten an ihren Veranstaltungen nicht teilnehmen, ihre Richtlinien nicht bestimmen, sondern statt dessen im Haus und in der Familie für die Reproduktion der Gattung, des Ehemanns und die Verfeinerung der Kultur sorgen.

II.

Nun ist es eine Sache, der Aufklärung und ihren bürgerlichen Meisterdenkern eine männliche Schräglage nachzuweisen und nach logischen Widersprüchen, an denen es wahrlich nicht mangelte, zu fahnden. Als nächstes muß sich jedoch die Frage stellen, wie der *Prozeß* der Aufklärung, ihre vergangene Zukunft in den letzten zweihundert Jahren, mit dem Verhältnis zwischen den Geschlechtern umgegangen ist, bevor in einem dritten Schritt zu überlegen sein wird, was aus diesem Umgang für die weitere, für unsere Zukunft zu folgern sei.

Es gibt Nachfahren der Aufklärung, die deren gerade geschilderte männliche Schräglage als Relikt vorbürgerlicher, ständischpatriarchalischer Traditionen abtun. Die Meisterdenker hätten sich noch nicht, heißt es, zur wahren und echten bürgerlichen Gesinnung emporgeschwungen, sondern seien in den Konzepten und Vorurteilen des 18. Jahrhunderts befangen gewesen. Letztlich sei es nur eine Frage der Zeit gewesen, bis die bürgerliche Gesellschaft diese traditionellen Relikte abgestreift und sich unaufhaltsam, wenn auch langsam und mit manchmal ungebührlicher Verzögerung, auf die Gleichheit der Geschlechter zubewegt hätte. In dieser Optik präsentiert sich die Geschichte des 19. und 20. Jahrhunderts im Hinblick auf das Geschlechterverhältnis und vor allem auf die Position von Frauen als beeindruckende Fortschritts- und Erfolgsgeschichte.

Aber mit welchen Maßstäben wird hier gemessen? Eine Verzerrung der Proportionen fällt nicht nur dort ins Auge, wo die programmatischen Verkündigungen mit den realen Defiziten verglichen werden, der Anspruch der aufgeklärten bürgerlichen Gesellschaft auf allgemeine Freiheit und (Chancen-)Gleichheit an den tatsächlichen Verhältnissen gemessen wird. Als perspektivisch verzerrt erscheint dieses Urteil auch und vor allem dann, wenn wir uns die qualitativen Veränderungen in anderen Sektoren dieser Gesellschaft und bei anderen sozialen Gruppen vergegenwärtigen.

Nachdem wir mittlerweile mindestens zwei industrielle Revolutionen hinter uns haben und uns mitten in einer dritten oder vierten befinden, deren Veränderungspotentiale und -wirkungen noch gar nicht abzuschätzen sind, muten die angeblich so beeindruckenden Fortschritte im Geschlechterverhältnis nachgerade mickrig an. Angesichts des radikalen Wandels von Lebens- und Arbeitsbedingungen in den letzten 200 Jahren ist es kaum zu rechtfertigen, im Verhältnis zwischen Männern und Frauen in diesem Zeitraum eine faszinierende Dynamik und insbesondere in der Position von Frauen erstaunliche Verbesserungen zu diagnostizieren.

Die offenkundige Ungleichzeitigkeit und Asymmetrie gesellschaftlichen Fortschritts wirft die Frage auf, warum dies so war. Wer jetzt vielleicht wieder auf ständisch-feudale Relikte und Traditionen hinzuweisen geneigt ist und nach vorbürgerlichen Sündenböcken sucht, muß sich vor Augen halten, daß Frauen sehr viel später als andere sogenannte minderprivilegierte Gruppen aus dem Schatten dieser Traditionen heraustraten. Immerhin konnten jüdische Männer ihren demütigenden Sonderstatus seit 1812 (in

Preußen) mit einer annähernd gleichberechtigten Stellung in Kultur, Wirtschaft und Gesellschaft vertauschen. Bäuerliche Hausväter wurden im Zuge der preußischen Agrarreform im frühen 19. Jahrhundert nach und nach ihrer persönlichen Unfreiheit gegenüber Grundherren entlassen. Trotz aller Vorbehalte und Ängste bürgerlich-adeliger Machteliten gegenüber den Unterschichten erhielten proletarische Männer im Kaiserreich das Wahlrecht, und das so restriktive preußische Vereinsrecht von 1850 verbot nicht etwa prinzipiell allen Arbeitern, sondern allen Frauen die Mitgliedschaft in politischen Vereinen und Parteien. Die Emanzipation, oder, in der Sprache des ausgehenden 18. Jahrhunderts, die »bürgerliche Verbesserung« der Frauen, ließ folglich wesentlich länger auf sich warten als die religiöser Minderheiten oder sozialer Unterschichten.

Allein am Hemmschuh emanzipationsfeindlicher Traditionen kann dies nicht gelegen haben. Schließlich konnten auch und vor allem Juden auf eine lange und sehr qualvolle Erfahrung der Ausgrenzung und Verachtung zurückblicken, und auch das »Volk«, der »arme Landmann« und der städtische Tagelöhner erfreuten sich keineswegs der ungeteilten und vorurteilslosen Sympathie ihrer bürgerlichen Zeitgenossen. Ebensowenig kann das tatsächliche Verhalten der jeweiligen zu emanzipierenden Gruppe als Entscheidungsgrundlage für eine schnellere oder verzögerte Befreiung herangezogen werden: Wenn die jüdische Gesellschaft des 19. Jahrhunderts uferlose Anstrengungen unternahm, ihre Sitten, Sprachformen und Werte denen der nichtjüdischen bürgerlichen Umwelt anzupassen, sich zu »assimilieren«, wurde ihnen die formale Emanzipation doch gewährt, bevor sie sich »bürgerlich verbessert« hatten. Frauen dagegen konnten so reich und gebildet sein wie sie wollten – keine politische Partei hätte sie im 19. Jahrhundert als Mitglieder aufgenommen, kein bürgerliches Gericht als juristische Vertreterinnen ihrer Kinder akzeptiert.

Der Grund dafür, daß Frauen aus dem Fortschritts- und Emanzipationsszenario sowohl des aufgeklärten Räsonnements als auch der bürgerlichen Wirklichkeit ausgeblendet blieben, kann daher nicht in voraufklärerischen Vorurteilen und vorbürgerlichen Traditionen gesucht werden, sondern muß offenbar in der Struktur der neuen, modernen Gesellschaft selber liegen. Eines der wichtigsten Organisationsprinzipien bürgerlicher Gesellschaft war (bzw. ist) die strikte Arbeitsteilung zwischen Frauen und Männern und der daraus resultierende Ausschluß der Frauen von politischer Macht. Die gesellschaftliche Ungleichheit der Geschlechter hatte Methode, sie war ein bewußt eingesetztes Herrschaftsinstrument, das Männern die Kontrolle über ihre Familie und Nachkommenschaft sicherte und sie zugleich in die Lage versetzte, ihre anstrengenden und verantwortungsreichen Pflichten in Beruf, Öffentlichkeit und Politik psychisch und physisch stabil zu bewältigen. Indem Frauen ausschließlich für die Familie dazusein hatten, schufen sie die Bedingungen dafür, daß Männer außerhalb der Familie tätig werden und zugleich das für das bürgerliche Subjekt so unerläßliche Gefühl haben konnten, nicht allein wegen ihrer Leistungen und Erfolge in der konkurrenzorientierten Außenwelt, sondern auch als »Menschen« geliebt und anerkannt zu werden. Wie hieß es doch in einem populären bürgerlichen Text des frühen 19. Jahrhunderts:

»Wer bey einem Blicke in die größere bürgerliche Gesellschaft sich sagen muß: In der zusammengesetzten Staatsmaschinerie achten die Meisten mich nur nach meiner Schwere und nach meiner Kraft, viel oder wenig zu heben und zu treiben; da gelte ich als Rad, an dessen Stelle, wenn es stockt, ein andres gesetzt wird... wer sich so in der bürgerlichen Gesellschaft verliert, der findet sich in der häuslichen wieder.« Denn: »In seinem Hause wird jeder nur nicht ganz Unwürdige geliebt und werth gehalten.«[6]

In dem Maße, wie die sich mit atemberaubender Geschwindigkeit entwickelnde »größere bürgerliche Gesellschaft« ihren männlichen Mitgliedern immer mehr »Schwere« und »Kraft« abverlangte, wuchs auch die Bedeutung des häuslichen Refugiums. Je stärker Männer als Unternehmer, Beamte oder Freiberufler in den auf vollem persönlichem Einsatz beruhenden, arbeitsteilig organisierten Funktionskreislauf einer zunehmend komplexen und verflochtenen Gesellschafts»maschinerie« hineingezogen wurden, desto ausgeprägter war ihr Bedürfnis, in der Familie einen möglichst harmonischen, unveränderlichen Ruhepol zu finden, eine Atmosphäre der »wundervollen Ausgleichung« (Welcker).

Die bürgerliche Familie stellte jedoch nicht nur ein Gegenmodell zur »bürgerlichen« Gesellschaft dar, in dem alternative Werte und Verhaltensweisen gefordert und kultiviert wurden – Liebe statt Leistung, Kameradschaft statt Konkurrenz, Stabilität statt Mobilität. Sie war dieser Gesellschaft vielmehr in wichtigen Elementen nachgebildet: Auch in der Familie herrschte das Prinzip der Arbeitsteilung, auch hier gab es Macht und strukturelle Dominanz.

War die Frau die »unentbehrliche Seele« (Welcker) des Familienlebens, galt der Mann als »Haupt«, dem die oberste Entscheidungsbefugnis und die äußere Repräsentation der Familie oblagen. Inner- und außerfamiliale Herrschaftsfunktionen waren dabei eng miteinander verknüpft, worauf 1858 der damals noch preußisch-liberale Historiker Heinrich von Treitschke hinwies. Er betonte, »daß das dem Staate unentbehrliche Moment der Herrschaft in der Familie schon vorhanden ist«, und wünschte dem modernen Staat, »daß nur gereifte Männer, Männer, die im Hause regieren, seine Zügel lenken« mochten.[7]

Die Familie sollte folglich nicht nur die »geselligen Tugenden« eines »bürgerlichen Gemeinwesens« einüben und als »Pflanzschule für edle Menschlichkeit« fungieren[8] – sie bildete auch ein Terrain, in dem sich männliche Dominanz konstituierte und fortsetzte. Begründet wurde diese Dominanz in der Regel mit einem logischen Zirkelschuß: Nachdem einmal festgelegt war, daß Frauen, wie Hegel formulierte, ihre »substantielle Bestimmung« in der Familie fänden, Männer aber ihr »wirkliches substantielles Leben im Staate, der Wissenschaft und dergleichen« führten[9], verstand es sich von selber, daß Männer die Vertretung der Familie in der Gesellschaft übernahmen, damit zugleich aber auch das Recht erhielten, deren inneres Gefüge zu verwalten und zu kontrollieren.

Wollte man diese Arbeitsteilung und Machtungleichheit der Geschlechter plausibel begründen und rechtfertigen, bemühte man keine Traditionen, sondern berief sich auf die »Gesetze der Natur« (Welcker): Letztlich war es die Anatomie des Geschlechtsaktes, aus der alle physischen und psychischen Unterschiede von Frauen und Männern abgeleitet wurden.[10] Erst in der bürgerlichen Gesellschaft allerdings, dieser »höchsten Stufe vernünftiger Civilisation«, sei die Natur zu ihrem Recht gelangt und habe Verhältnisse vorgefunden, die ihren Vorgaben am nächsten kämen. In dieser Argumentation spiegelte sich kein rückwärtsgewandtes Denken, sondern der liberale Fortschrittsglaube par excellence, den im Bereich der Geschlechterbeziehungen auch Konservative teilten.[11]

Das Modell einer natürlichen Funktionsdifferenz der Geschlechter, das auf wundersame Weise die Anforderungen einer männlich-bürgerlichen Gesellschaft mit den Einrichtungen einer höheren, nicht mehr hinterfragbaren Instanz – Natur – versöhnte und darüber hinaus den Modernitätserwartungen des 19. Jahrhunderts entgegenkam, war ungeheuer erfolgreich. Es prägte das Selbstverständnis nicht nur bürgerlicher Frauen und Männer im 19. und auch noch im 20. Jahrhundert und fand sich sogar in den Köpfen jener frauenbewegten Aktivistinnen, die die sogenannte Frauenfrage seit den sechziger Jahren des 19. Jahrhunderts politisierten. Daß Frauen primär Mütter und Gattinnen seien und der »Mutterinstinkt«, wie noch im Dezember 1987 im SPIEGEL zu lesen stand, »bei fast jeder Frau, Mutter wie Nicht-Mutter«, »von Natur aus ... einprogrammiert« sei[12], war auch ihnen selbstverständlich. Die Arbeitsteilung zwischen Frauen und Männern, zwischen Familie und öffentlichem Wirken, wurde daher nicht grundsätzlich in Frage gestellt. Dennoch empfand die Frauenbewegung deren von Recht, Wirtschaftssystem und Politik gleichsam künstlich vorgenommene Verstärkung und Verfestigung als mißlich und veränderungsbedürftig. Zumindest potentiell sollten Frauen die gleichen oder wenigstens ähnliche Optionen besitzen wie Männer, eine gymnasiale Bildung erwerben, studieren und als Ärztinnen, Rechtsanwältinnen oder Hochschullehrerinnen arbeiten dürfen.

Auch wenn sich die Frauenbewegung des späten 19. und frühen 20. Jahrhunderts auf die Natur- und Familienlogik ihrer Zeit einließ und nur während einer relativ kurzen Orientierungs- und Experimentierphase radikalere Töne anschlug[13], bezog sie doch einen Gutteil ihres Argumentationsfundus aus dem aufklärerischen Arsenal. Freiheit, Menschenrechte, Menschenwürde und manchmal eben auch Gleichheit, zumindest aber Gleichberechtigung waren Begriffe, die die Aufklärung, die Französische Revolution und die normative Axiomatik der bürgerlichen Gesellschaft gleichsam als Vermächtnis hinterlassen hatten, als einen Traum, den es irgendwann zu verwirklichen galt.

Die Widerstände, die dabei zu überwinden waren, erwiesen sich als immens, und nur in mühsamer Kleinarbeit gelang es der Frauenbewegung, die auf männlicher Seite nicht viele Verbündete zählte, die einer vollen rechtlich-politischen Emanzipation entgegenstehenden Hindernisse abzutragen. Erst zu Beginn dieses Jahrhunderts fielen einige Hürden: Frauen durften politisch aktiv werden, das Abitur ablegen, studieren und bestimmte (akademische) Berufe ergreifen, die ihnen zuvor verschlossen waren.

Von dieser Liberalisierung profitierten allerdings faktisch nur junge, unverheiratete Frauen, die Töchter aus jenen (bildungs)-

bürgerlichen Familien, in denen ökonomische und demographische Umbrüche zu einer wenn auch begrenzten Aufweichung des polaren Geschlechtsrollenmodells geführt hatten.[14] Verheiratete Frauen, Mütter gar hatten in Schulen, Universitäten, Arztpraxen und Rechtsanwaltsbüros aber nach wie vor nichts zu suchen; sie standen weiterhin im Schatten der Familie, die sie von öffentlicher Aktivität fernhielt. Trotz aller wirtschaftlicher, kultureller und politischer Veränderungsprozesse sollte sich an diesem bürgerlichen Grundverhältnis nichts ändern. Mit Klauen und Zähnen verteidigten Juristen und Politiker auch die hierarchische Binnenstruktur der Familie; gegenüber den Forderungen der Frauenbewegung, die auf eine partnerschaftliche Organisation zielten, beharrten die Autoren und Fürsprecher des 1900 in Kraft tretenden neuen Bürgerlichen Gesetzbuchs darauf, daß sich ein »gesundes« Familienleben nur entwickeln könne, »wenn der Mann das Haupt der Familie ist«. Wollte man die Familie »ihres Wesens – der Leitung durch den Mann – berauben«, löse sie sich »in das nüchternste Vertragsverhältnis« auf und höre auf, als »Familie« zu bestehen.[15]

Bis 1958 war der Paragraph 1354 BGB gültig, der dem Ehemann »in allen das gemeinschaftliche eheliche Leben betreffenden Angelegenheiten« das alleinige Entscheidungsrecht zugestand. Nur auf Intervention des Bundesverfassungsgerichts bequemte sich der Deutsche Bundestag ein Jahr später, die Entscheidungshoheit des Vaters und sein juristisches Vertretungsrecht gegenüber den Kindern fallenzulassen. Erst das neue Namens- und Familienrecht der siebziger Jahre eliminierte dann die seit 1900 geltende Rechtsfigur der Hausfrauenehe und setzte das neue Modell frei aushandelbarer Partnerschaft an ihre Stelle.

III.

Also doch ein unaufhaltsamer Fortschritt, ein letztendliches Einlösen des Aufklärungsversprechens individueller Selbstbestimmung, Autonomie und Chancengleichheit? Die sozialliberale Koalition als Vollstreckerin der Aufklärung im Bereich des Geschlechterverhältnisses?

Tatsächlich haben sich die Beziehungen zwischen Frauen und Männern in den letzten Jahrzehnten erheblich verändert, und

Frauen haben auf fast allen Gebieten »aufgeholt«: Sie sind immer häufiger erwerbstätig, sitzen im Parlament, studieren und lehren an Universitäten, sprechen Recht. Sie haben weniger Kinder, bestimmen über Verhütung und sind lebensgeschichtlich weniger stark und viel kurzzeitiger mit Familien- und Haushaltspflichten belastet als noch vor fünfzig oder gar hundert Jahren.[16] Ohne die Erfolge geringschätzen zu wollen, sollten sie uns jedoch nicht blind machen für ihre sozial äußerst begrenzte Reichweite.

Trotz vereinzelter Alibifrauen in Politik, Wirtschaft und Wissenschaft hat sich an der elementaren Machtungleichheit der Geschlechter bislang nichts geändert. Daß heute mehr Frauen, vor allem verheiratete Frauen erwerbstätig sind als in den fünfziger Jahren, heißt nicht, daß mehr Ehemänner die Haus- und Familienarbeit mit ihnen teilen; daß mehr Frauen das Abitur ablegen und ein Studium beginnen, heißt nicht, daß sie sich dauerhaft im akademischen Betrieb zu etablieren vermögen; daß sie seit 1976 ihren Namen als Familiennamen behalten können, heißt nicht, daß sie es auch tun. Daß Männer seit kurzem Anrecht auf einen einjährigen Erziehungsurlaub haben, heißt nicht, daß sie dieses Recht auch in Anspruch nehmen, trotz der bemerkenswerten Initiative der Familienministerin, die in Zeitungsanzeigen – die notabene nicht im Feuilleton, sondern im Politikteil z. B. der *FAZ* plaziert werden – bei Männern und Personalchefs dafür wirbt.

Kurzum: Die Institution, die seit 200 Jahren als wesensgemäßes Wirkungsfeld von Frauen propagiert wird und ihre berufliche, politische und rechtliche Diskriminierung verantwortet, ist auch heute noch eine ausschließliche Domäne von Frauen, in die sich Männer nur sehr vereinzelt – und dann belächelt und ausgegrenzt – wirklich hineinwagen. Trotz aller inneren und äußeren Strukturveränderungen hält die Familie Frauen in einer Weise fest, die all ihre Außenbeziehungen prägt. Solange das so ist, so lautet meine These, wird sich an dem Machtungleichgewicht zwischen den Geschlechtern nichts ändern.

Die aufklärerische Fortschrittsperspektive des Geschlechterverhältnisses, der eingelöste Traum und das zu überwindende Trauma können deshalb nach den Erfahrungen der letzten 200 Jahre nicht im Müttermanifest der Grünen Frauen und in Gisela Erlers »Politik des Unterschieds« liegen, genausowenig wie in einem sehr diffusen und vielfach gewundenen Bekenntnis zur unverwechselbaren weiblichen »Natur«, wie es Barbara Sichtermann seit kurzem ablegt und das ihr – sicher ungewollt – den Beifall vieler Konservativer sichern wird.[17] Die Zukunft der Aufklärung liegt vielmehr in einer Radikalisierung des Gleichheitspostulats, in der androgynen Revolution, wie sie Elisabeth Badinter in ihrem neuen Buch beschreibt.[18]

Eine konsequente gesellschaftliche Gleichheit der Geschlechter würde die seit knapp hundert Jahren gültige Einbahnstraßenregelung aufheben, die Frauen zwar langsam in männlich besetzte und definierte Sphären vordringen läßt, ohne Männer im gleichen Maße an den Pflichten, Lasten und Freuden des »weiblichen« Familienraums zu beteiligen. Das bedeutet aber, daß sich die Organisationsprinzipien unserer Arbeitsgesellschaft entscheidend verändern und eine Vielzahl von nicht mehr an das Geschlecht gebundenen Kombinationsmöglichkeiten einräumen müßten, die das Selbstverständnis und die Funktionsweise dieser Gesellschaft im Kern tangieren würden.

Die Zukunft der Aufklärung liegt also darin, die Aufklärung über sich hinauszutreiben. Denn eine aufgeklärte Gesellschaft, die auf die binäre Codierung von Geschlechterrollen und -räumen ohne jedes Wenn und Aber verzichtete, wäre in der Tat lebenspraktisch grundverschieden von der, in der wir leben und die wir kennen. Erst wenn die Bedingungen gesellschaftlicher Gleichheit auf allen Ebenen, im Beruf ebenso wie in der Familie, für alle Kreise der Bevölkerung erreicht sind, kann die biologische Differenz der Geschlechter produktiv ausgedeutet, aber eben nicht mehr ausgenutzt werden. Dagegen wäre es wohl nichts weniger als kontraproduktiv, Weiblichkeit, Mütterlichkeit, »weibliche Natur« unter den derzeitigen Bedingungen strukturell verfestigter gesellschaftlicher Ungleichheit zum politischen, feministischen Pogramm zu erheben.

Wem die Perspektive der androgynen Revolution aus welchen Gründen auch immer nicht zusagt, wem sie zu teuer, zu unerotisch, zu gefährlich oder zu langweilig ist, mag dennoch getröstet sein. So weit, wie Madame Badinter meint, sind wir noch lange nicht, denn ein einzelner Hausmann oder eine männliche Schwangerschaftsphantasie machen noch lange keine Revolution, die per definitionem immer eine Massenbewegung ist. An diesen Massen aber fehlt es, vor allem an den männlichen Massen, die dem Personalchef nach ihrem Erziehungsurlaub selbstbewußt erklären:

»Organisieren hab' ich zu Hause erst richtig gelernt!« (Anzeigentext der Familienministerin). Ich würde diesen Mann gern kennenlernen, um ihn in ein Raritätenkabinett einzuschließen, denn selbst im nach Badinter so angleichungsverdächtigen Milieu des postmaterialistischen linken Mittelstandes ist mir ein solches Exemplar noch nicht begegnet. Auch die ökonomischen Bedingungen sind einer solchen Revolution zur Zeit nicht gerade förderlich, sind doch die Machtmittel von Frauen, die die Revolte sicherlich anführen müßten, im Zeichen hoher Arbeitslosigkeit, großer Jobkonkurrenz und durchweg männlicher Personalchefs eher gering zu veranschlagen.

Deshalb, und damit komme ich am Schluß noch einmal auf meinen Anfangspunkt zurück, ist das Geschlechterproblem gerade heute eigentlich überhaupt kein Frauenproblem mehr, sondern eines von Männern. Die Zukunft der Aufklärung liegt hier eindeutig bei den Frauen, die bereit und fähig sind, alle Klaviaturen der modernen Gesellschaft zu spielen. Männer aber halten nach wie vor an den zwar durchdringenden, aber monotonen Baßtönen fest, und dabei würden gerade ihnen ein paar hellere Triller gut anstehen.

Anmerkungen

1 C. Welcker, *Geschlechtsverhältnisse*, in: *Das Staats-Lexikon. Encyklopädie der sämmtlichen Staatswissenschaften für alle Stände*, hg. v. C. v. Rotteck u. C. Welcker, Bd. 5, Altona 1847, S. 654–679.
2 I. Kant, *Anthropologie in pragmatischer Hinsicht*, in: ders., *Werke*, Bd. VII, ND Berlin 1968, S. 303 ff.
3 Ders., *Die Metaphysik der Sitten*, in: ebd., Bd. VI, ND Berlin 1969, S. 314; ders., *Vom Verhältnis der Theorie zur Praxis im Staatsrecht*, in: ebd., Bd. VIII, ND Berlin 1969, v. a. S. 290–296.
4 R. Varnhagen, *Gesammelte Werke*, Bd. II, hg. v. K. Feilchenfeldt u. a., München 1983, S. 565.
5 Vgl. zu den Konzepten Friedrich Schlegels, Schleiermachers, Humboldts u. a. U. Frevert, *Bürgerliche Meisterdenker und das Geschlechterverhältnis. Konzepte, Erfahrungen, Visionen an der Wende vom 18. zum 19. Jahrhundert*, in: dies. (Hg.), *Bürgerinnen und Bürger – Geschlechterverhältnisse im 19. Jahrhundert*, Göttingen 1988.

6 G. W. C. Starke, *Gemählde aus dem häuslichen Leben und Erzählungen*, 3. Sammlung, Berlin 1801, S. 155 f.
7 H. v. Treitschke, *Aufsätze, Reden und Briefe*, hg. v. K. M. Schiller, Bd. 2, Meersburg 1929, S. 776, 778.
8 Welcker, S. 667.
9 G. W. F. Hegel, *Grundlinien der Philosophie des Rechts oder Naturrecht und Staatswissenschaft im Grundrisse* (= Werke, Bd. 7), Frankfurt 1973, S. 319.
10 So bei Fichte und Welcker. Siehe zu den von der Natur abgeleiteten »Geschlechtscharakteren« K. Hausen, *Die Polarisierung der »Geschlechtscharaktere« – Eine Spiegelung der Dissoziation von Erwerbs- und Familienleben*, in: W. Conze (Hg.), *Sozialgeschichte der Familie in der Neuzeit Europas*, Stuttgart 1976, S. 363–393.
11 Zitat Welcker, S. 658. Zum konservativen Standpunkt vgl. W. H. Riehl, *Die Familie* (1854), Stuttgart 1925, der die »Besonderung« der Geschlechter im Bürgertum gegenüber ihrer »auffallenden Gleichartigkeit... in Natur, Sitte und Beruf« in den »niederen Volksschichten« als Fortschritt wertet (S. 41, 39).
12 In einer Besprechung Ariane Barths über E. Badinters neues Buch: *Der SPIEGEL*, Nr. 50, 1987, S. 228.
13 Siehe dazu H.-U. Bussemer, *Frauenemanzipation und Bildungsbürgertum. Sozialgeschichte der Frauenbewegung in der Reichsgründungszeit*, Weinheim 1985.
14 Zu dieser Entwicklung und ihren Ursachen vgl. Bussemer, v. a. S. 23 ff.; dies., *Bürgerliche Frauenbewegung und männliches Bildungsbürgertum 1860–1880*, in: Frevert, *Bürgerinnen*.
15 *Politisches Handbuch der Nationalliberalen Partei*, hg. v. Centralbüro der Nationalliberalen Partei Deutschlands, Berlin 1907, S. 347. Vergleicht man diese Ausgabe mit der von 1897 (*Politisches Handbuch für nationalliberale Wähler*, Berlin 1897), fällt eine bezeichnende Neuerung ins Auge: Das Handbuch von 1907 führt erstmals unter dem Stichwort »Frauenbewegung, Frauenrechte« auch den Bereich weiblicher Erwerbstätigkeit und Bildung auf und versagt den hier waltenden »emanzipatorischen Bestrebungen« keineswegs seine Zustimmung. Zugleich aber beharrt es unnachgiebig auf dem Primat des Mannes in der Familie – ein weiteres Indiz für die immense Bedeutung, die die Familie als ein von Männern kontrollierter Frauenraum für das Selbstverständnis bürgerlicher Gesellschaft und ihrer »Macher« besaß.
16 Vgl. zu den langfristigen Trends und Entwicklungen im ökonomischen, sozialen, politischen und rechtlichen Bereich die Zusammenfassung in U. Frevert, *Frauen-Geschichte. Zwischen Bürgerlicher Verbesserung und Neuer Weiblichkeit*, Frankfurt 1986, S. 288 ff.
17 G. A. Erler, *Frauenzimmer. Für eine Politik des Unterschieds*, Berlin

1985; B. Sichtermann, *Weiblichkeit. Zur Politik des Privaten*, Berlin 1983; dies., *Wer ist wie? Über den Unterschied der Geschlechter*, Berlin 1987.
18 E. Badinter, *Ich bin Du. Die neue Beziehung zwischen Mann und Frau oder Die androgyne Revolution*, München 1987. Siehe auch das Interview mit E. Badinter in: *FAZ-Magazin*, 27. 11. 1987, S. 98 f.

Hartmut von Hentig
Gegen die Gleichheit der Menschen, für die Gleichheit der Bürger

Die Aufklärung und das Geschlechterverhältnis

1. Das Referat von Ute Frevert hat mich durch die Klarheit und Bestimmtheit der Gedanken, die ordnende Kraft der Fragen, die Frische der Beispiele beeindruckt; ich stimme wesentlichen Prämissen, Befunden und Folgerungen zu, zumal dort, wo die Prämissen, Befunde und Folgerungen einander hervorbringen – wie aus einem Guß sind: Die Frauenfragen sind nicht nur Frauenfragen; die Wirkung der Ideen, Postulate und Gesetze zur Emanzipation der Frau bleibt weit hinter ihrem Anspruch zurück (der Fortschritt war »mickrig« und vor allem asymmetrisch); es gibt viel Anlaß zu energischer und ausdauernder Tat; diese hat eine Chance vor allem: die Berufung auf die Aufklärung; der eigentliche praktische Rat lautet: das »Einbahnstraßen«-Prinzip aufzuheben, demzufolge Frauen allmählich an den Aufgaben, Chancen, Einflußsphären der Männer teilhaben, die Männer aber nicht gleichermaßen in die Pflichten, Lasten und Freuden des weiblichen Lebensraums (der Familie) eintreten. Dies ist bare Vernunft.

2. Von der Richtigkeit und Notwendigkeit anderer Prämissen, Befunde und Folgerungen bin ich nicht gleichermaßen überzeugt: von der Unterstellung, die Entwicklung sei mutwillig hervorgebracht; von der Behauptung, die Fortschrittshemmung (die »nicht abgegoltene Aufklärung«) sei nicht durch die Wirksamkeit der überkommenen Denkformen, des voraufklärerischen Traditionalismus zu erklären (Beweis: man zitiere die Altvorderen nicht, man preise vielmehr die Natur, S. 140); von dem Schluß, die Struktur der modernen Gesellschaft selber sorge für die Wirkungslosigkeit der Aufklärung in diesem Punkt (»Die Ungleichheit der Geschlechter hatte Methode«, die Arbeitsteilung werde bewußt als Herrschaftsinstrument eingesetzt, S. 139).

3. Einiges hätte ich nicht gewagt – zum Beispiel die Vergleiche mit den Juden und den Proletariern; die bei diesen Personengruppen zutreffenden Ausdrücke »Ausgrenzung« und »Verachtung« lassen sich gerade nicht zur Beschreibung der Lage der Frauen verwen-

den: diese standen den Männern nahe, waren als Frauen umworben, als Vertraute geehrt und gerade *dadurch* ihrer politischbürgerlichen Geltung beraubt.

4. Manches verstehe ich nicht oder finde ich widersprüchlich (wie konnten die Frauen durch ihre Beschränkung auf die Familie bewirken, daß die Männer »nicht allein wegen ihrer Leistungen und Erfolge in der konkurrenzorientierten Außenwelt, sondern auch als ›Menschen‹ geliebt und akzeptiert« werden?, S. 139); manches mißbillige ich, zum Beispiel die Insinuation, die aus den bloßen Wörtern »ihre (der bürgerlichen Gesellschaft) räsonierenden Vordenker« und »ihre pragmatischen Macher« (S. 135) spricht (die diese Gesellschaft als ein »rein männliches Projekt« konzipieren, S. 136, als handle es sich um eine Mischung aus Architektenbüro und Verschwörung); vieles fehlt mir einfach (zum Beispiel die Frage nach den Ursachen für das Fallen der Hürden zu Anfang unseres Jahrhunderts – parallel zu der Frage nach den Ursachen für die asymmetrische Entwicklung des Fortschritts; oder die Erwähnung auch nur eines einzigen ernstzunehmenden Einwands gegen die eigene Position – nur wenn man auch *diese* besteht, hat man gewonnen, die leichten Siege sind nicht dauerhaft; also geschenkt, daß die erotische Spannung keine Hierarchie braucht, aber sie braucht Ungleichheit – irgendeine, die man in der *physis*, im *nomos*, in der *idea* angelegt finden kann). Darüber später mehr (siehe 9.).

5. Dieses alles scheint mir unwichtig angesichts des Oberthemas »Die Zukunft der Aufklärung«.

Ute Frevert bezieht sich zweimal darauf: Auf S. 136 prüft sie die »vergangene Zukunft der Aufklärung«, um daraus auf die zukünftige Zukunft zu schließen. Das Ergebnis stimmt sie skeptisch. Die Feststellung, es gehe ja voran, wenn auch langsam, vermag sie nicht zu trösten; im Gegenteil: sie sieht, wie sich die »Proportionen« weiter verzerren (S. 137). Die zweite Erwähnung der Zukunft der Aufklärung ist in ihrer Härte durch die unmittelbar folgende hübsche Metapher vom Gesellschafts-Orchester, in dem die Männer »an den zwar durchdringenden, aber monotonen Baßtönen festhalten« und die Frauen »alle Klaviaturen« der modernen Gesellschaft zu spielen bereit sein sollen, gemildert. Zunächst lautet sie lapidar: »Die Zukunft der Aufklärung liegt ... in der Radikalisierung des Gleichheitspostulats, in der androgynen Revolution, wie sie Elisabeth Badinter ... beschreibt« (S. 144).

6. Um meinen Gegensatz zu Frau Frevert deutlich zu machen, muß ich eine begriffliche Unterscheidung treffen. Sie ist, weiß Gott, nicht neu, muß aber immer wieder neu bewußtgemacht werden:

Das Wort »Aufklärung« benutzen wir in zwei Bedeutungen. Das Wort bezeichnet einerseits eine normative Idee, andererseits einen – wohl nie abschließbaren – Prozeß. Die *normative Idee* der Aufklärung (A) ist das Ergebnis des Denkens von Menschen im 18. Jahrhundert, die sich selbstbewußt in den *Prozeß* der Aufklärung (B) begeben hatten: sich Vorstellungen davon machten, wie Menschen sich und ihre Verhältnisse einrichten sollten oder würden, wenn sie nur der Vernunft folgten. Diese Vorstellungen waren um so kühner, radikaler, einfacher, je weniger Erfahrung man mit ihrer Verwirklichung hatte, je weniger man von ihren Folgen wußte, je ausschließlicher man auf ihre Widerspruchslosigkeit angewiesen war.

Das Zeitalter der Aufklärung fasziniert durch die Fülle der Gedanken-Spiele, in denen man die Realisierung der Aufklärung antizipierte. Sie liefen darauf hinaus, alles historisch Gewordene am Menschen abzustreifen – bis auf einen unveränderlichen (»von Natur aus« bestehenden) Kern, für den dann die Vernunft ihre Anordnungen zu treffen haben würde.

Die Vernunft – das Subjekt dieses Prozesses – hatte zwei gleich schwierige Aufgaben: in den geschichtlichen Formen der Kultur ihre eigenen, immer schon vorhandenen Wirkungen einerseits und die unveränderbare Natur andererseits auszumachen – die Natur von Menschen, nicht von Tieren, Göttern oder Automaten. In dem Prozeß der Entdeckung dieser »Natur«, deren Verhältnisse dann »vernünftig« zu regeln wären, zeigt sich die Notwendigkeit eines Ideals, oder anders gesprochen: Die Vernunft entdeckt selbst, daß sie instrumentell ist. Sie kann nicht »gut« machen, sie kann es nur »vernünftig einrichten«, vernünftig nämlich zur Erfüllung eines gegebenen Zweckes – es sei denn, die Möglichkeit allseitiger Vernünftigkeit sei selber das Ideal. Die »natürlichen« Menschen in den anthropologischen Gedankenexperimenten eines Marivaux sind narzißtisch, faul, herrschsüchtig, verspielt, nicht ohne Mitleid – und dies alles unverstellt; sie sind vor allem ehrlich. Der *contrat social,* durch den der Mensch aus dem gedachten *état naturel* in den *état civil* eintritt, besteht nicht in einer Verpflichtung, gut zu sein, sondern in der Verpflichtung, den Egoismus der anderen mitzubedenken. Es ist ein Vertrag zur Sicherung der persönlichen Eigenart und der komplementären Anerkennung der Eigenart der anderen. Ich könnte auch formulieren: Es ist ein Vertrag, der die Ehrlichkeit des natürlichen Egoismus gerade nicht der Heuchelei des Gemeinwohls opfert, sondern die Grenzen des einen am anderen definiert. Das Gemeinwohl ist m. a. W. der Zustand der Wahrhaftigkeit ohne Gewalt. Die Vernunft, die dieses Verhältnis regelt, richtet sich gleichermaßen an der Ungleichheit der Menschen wie an der Gleichheit der Bürger aus, ja, das letztere hat das erstere zur Voraussetzung.

Die Wiederentdeckung einer »substantiellen Vernunft« war erst möglich, als man sich der Geschichtlichkeit der Vernunft bewußt wurde.

7. Ute Frevert hat recht, an die normative Axiomatik der Aufklärung zu erinnern, der Aufklärung als Idee (A). Aber wer dies tut, muß sich zugleich dem in dieser Idee mitenthaltenen Prozeß (B) unterwerfen. Auch die Vorstellungen der Aufklärung im ersten Sinn bedürfen der Prüfung im Lichte der seither gemachten Erfahrungen. Wenn Ute Frevert ihre Überlegungen mit der Folgerung schließt, die Zukunft der Aufklärung liege in einer Radikalisierung des Gleichheitspostulats, und die hier gemeinte Gleichheit der Geschlechter mit dem Wort »androgyn« bezeichnet (S. 144), dann begeht sie m. E. zwei Fehler:
– Sie hat, was bei den frühen Aufklärern verständlich und verzeihlich war, ein Instrument der Aufklärung (die Gleichheit) zu einem Maß der Aufklärung gemacht.
– Sie hat die anderen Denkfiguren der Aufklärung des 18. Jahrhunderts unbeachtet gelassen (was ihr unbenommen sei), ohne dies zu begründen (was hier gefordert wäre).

Sie muß und wird, wenn man mit ihr darüber spricht, das rationalistische, gemüts- und gefühlsfeindliche Moment, den Hang zum Mechanismus (gipfelnd in L'homme machine von La Mettrie), den Materialismus mit dem korrespondierenden Positivismus, die Ausschaltung und Ächtung des Abnormen, Regelwidrigen, Zufälligen (dessen sich die Natur mit Erfolg und heute gut erkennbaren Gründen bedient) und vielem anderen, das sich aus der gleichen rationalen Grundstimmung nährt, eingestehen, um sie hoffentlich abzulehnen.

Auch die Gleichheit läßt sich vor der Vernunft unserer Erfahrung nur erhalten, wenn man sie streng auf die bürgerliche Rolle des

Menschen beschränkt. Ob diese von den anderen Rollen zu trennen ist, muß man bezweifeln. Schon darum kann das Ideal »Gleichheit« die heilende Funktion kaum haben, die Ute Frevert ihr zuschreibt. Ich bin dagegen der Meinung, diese müsse im Prozeß der Aufklärung gesucht werden – einem Prozeß, der, wie wir gesehen haben, auf ein Ziel nicht verzichten kann, wenn seine Steuerung durch die Vernunft uns bekömmlich sein soll.

Der Prozeß der Aufklärung hat nie angefangen und hört nie auf, er setzt immer neu ein. Er setzt ein, immer wenn Menschen zur Selbstverantwortung erwachen. Die Anlässe sind nicht immer angenehm – so wenig wie die Formen des Erwachens. Jedem Schüler sind die vier großen Aufklärungszeiten bewußt: das 4. vorchristliche Jahrhundert mit den Sophisten, Sokrates und Platon; die Renaissance mit Pico della Mirandola, Macchiavelli, Bacon; das 18. Jahrhundert (Rousseau, die französischen Enzyklopädisten, Kant); und die Radikalisierung des wissenschaftlichen Denkens im 19. Jahrhundert (Marx, Darwin, Freud). An allen läßt sich der jeweils notwendige Versuch ablesen, sich den Mächten, vorgegebenen Zwängen und Täuschungen zu entziehen. Ja, die aufgeklärten Vorstellungen der je voraufgehenden Aufklärer können sich als die Täuschung der je späteren Menschen erweisen.

8. Man kann gewiß aus diesem Prozeß austreten, zurückkehren »zu den Müttern« (im Faustschen Sinn). Aber dies wird immer um den Preis der Selbstverantwortung geschehen. Eine begründete Umkehr des Platonischen Modells, demzufolge der *nous logon echōn,* der verständig denkende Geist, herrscht, und zwar in der einzelnen Person wie in der Gesellschaft wie in den Dingen, ist selbst nur mit Hilfe des verständig denkenden Geistes möglich, setzt ihn also wieder zum Herrscher ein. Indem Sigmund Freud zeigt, wie die Triebe *(epithymiai)* unbewußt das Bewußtsein bestimmen, versetzt er dieses in die Lage, mit jener Bedingung zu rechnen, ihrer Wirksamkeit mit anderen Mitteln zu begegnen oder sie vernünftig zu heißen.

Diesen reinigenden Vorgang müssen wir auch gegenüber dem Zauber des normativen Aufklärertums des 18. Jahrhunderts anwenden.

Peter von Oertzen hat den Gedanken vertreten, die Wunden, die eine »noch nicht aufgeklärte Vernunft« der Welt geschlagen habe, könnten nur durch »aufgeklärte Vernunft« geheilt werden. Darunter versteht er eine, die nicht nur die vernünftigen Elemente der menschlichen Existenz mit umgreift, also auch Gefühl und Sinnlichkeit, Glück und Furcht, Liebe und Vergänglichkeit. Das ist mir noch zu literarisch. Die Aufklärung als Prozeß muß für die Folgen der bisherigen Aufklärung aufkommen, ebenso wie für deren Versäumnisse. Zu den Folgen gehört, daß wir uns die Natur fast vollständig unterworfen haben und in dem Maß, in dem wir in ihr keinen Widerstand mehr haben, unsere eigene Existenzgrundlage zerstören. Zu den Versäumnissen der Aufklärung gehört ihre Beschränkung auf rationale Mittel zur Verfolgung ihrer vernünftigen Zwecke. Aber Streicheln kann wichtiger sein als Logik, ein Lied singen heilsamer als Sozialkunde, die Bejahung einer historischen Ungleichheit aufgeklärter als ihre Eliminierung durch das Gesetz.

9. Die Gegenüberstellung von Aufklärung als Ideal und Aufklärung als Wahrheitsprozeß ist so einfach nicht, wie ich sie hier dargestellt habe. Das Ideal verführt zu Rigidität, der Wahrheitsprozeß zu Zynismus, beide zu Menschenfeindlichkeit – wenn der Vernunft nicht Natur und Geschichte hemmend wie helfend zur Seite stehen.

Ute Frevert verwirft das Maß »Natur«. Sie tut es nicht ausdrücklich, zeigt aber, bei wie falschen Vorstellungen diejenigen herauskommen, die sich darauf berufen (S. 140). In der Tat: Was wäre des Menschen *Natur*? Die Spiele der Aufklärung sind ausgespielt. Die Befunde der Anthropologen widersprechen sich. Die Tierwelt, soweit sie für einen solchen Vergleich in Frage kommt, zeigt eine ungeheure Fülle der buntesten Möglichkeiten. Die Evolution stellt sich, wenn man so fragt, als die rückwärtig in unvorstellbar große Zeiträume verlängerte *Geschichte* der Gattung dar. Das Geschlechterproblem beginnt, genau genommen, als ein Erkenntnisproblem.

Nimmt man die Unterschiede der biologischen Ausstattung und hält man sich streng daran, dann bleibt nur, was Platon in seiner *Politeia* feststellt: Der Mann zeugt, die Frau gebiert und stillt – und ist während der Schwangerschaft und für eine Zeit nach der Geburt des Kindes an der Jagd, an schwerer Arbeit auf dem Felde, am Kriegsdienst verhindert. In allem anderen sind Frauen und Männer für die Gesellschaft »gleich«, die es will – sie können es jedenfalls sein, wenn diese Gesellschaft die Bedingungen dafür schafft. Möglicherweise lassen sich auch die Gefühle oder die sogenannten Instinkte zu solcher Gleichheit trainieren, die der Männer zu erotischer Unterwerfung und Mütterlichkeit, die der Frauen zu erotischer Bemächtigung und Väterlichkeit, was immer das jeweils heißen mag. Die physische und psychische Konstitution der Männer und Frauen wird sich nach den Erwartungen und den tatsächlichen Rollen richten – in Grenzen gewiß, aber sehr weiten!

10. Was folgt daraus? Viele werden sagen: Gerade das wollen wir nicht! Und es sind längst nicht mehr nur Männer, die solche androgyne Gleichheit fürchten, weil sie die Ungleichheit zur Aufrechterhaltung ihrer Dominanz brauchen. Andere werden sagen: Just diese Ablehnung oder Befürchtung ist Ausdruck eines durch Jahrtausende alte Gewohnheiten und Institutionen eingeengten Bewußtseins; man würde die Gleichheit wollen, wenn man sie hätte – so wie man die Ungleichheit will, weil man sie hat.

Diese letztere Denkfigur bildet sich paradoxerweise hinter dem Argument von Ute Frevert aus, daß wir das Gleichheitspostulat radikalisieren müßten (S. 144). Wir würden, wenn wir die *gleichen* Aufgaben wahrnehmen, über diese die gleichen Freuden und Leiden empfinden; wir würden das verborgene Motiv der bisherigen Ungleichheit erkennen und abstoßen. Gleichheit sei Voraussetzung für diese Befreiung. Die »wahre« Mündigkeit zeige sich in der Bejahung dieser Voraussetzung.

Ich bin umgekehrt der Meinung, daß die Mündigkeit jeder solchen herstellbaren und dann hergestellten Gleichheit voraufzugehen habe. Nur das Mündigwerden – dieser mühsame, endlose, in der Geschichte nicht vollendbare Aufklärungs- und Selbstbestimmungsprozeß – wird zu einer Gleichheit führen, die zugleich bekömmlich *und* erträglich ist. Ja, eine nur geforderte, nicht auch verstandene Gleichheit wird die Menschen die einmal erlebte Ungleichheit hartnäckig wieder aufsuchen lassen. Die Russische Revolution, die mit der Radikalisierung der Gleichheit auch der Geschlechter begann, ist in einer Gerusie geendet – in der Herrschaft alter Männer. Daß in der Sowjetunion die Frauen einige Männerberufe total erobert haben (z. B. den Arztberuf), bestätigt nur die waltende und gewollte Ungleichheit. Die russische Frau Doktor unterscheidet sich im Prinzip nicht von unserer immer nur weiblichen Kindergärtnerin.

11. »Die Zukunft der Aufklärung« als Prozeß scheint mir in dieser Frage – des Verhältnisses der Geschlechter – sowohl eindeutig als auch hoffnungsvoll, hoffnungsvoll, wenn man sich auf die Eindeutigkeit einläßt.

Die Eindeutigkeit: Aufklärung als Prozeß überrollt die Normen der Aufklärung. Seine Mittel sind systematische Erkenntnis, und das heißt Wissenschaft und Philosophie. Diese richten sich auf alle Gegenstände, sind allen Menschen zugänglich, müssen immer im gleichen Maß, in dem sie Sachaufklärung treiben, die Selbstaufklärung des Menschen treiben; sie sind das Mittel zur Aufdeckung der Selbsttäuschung und der wirksamen Überzeugung anderer, mithin das eigentliche Mittel zur Feststellung falscher Unterschiede und damit zur Herstellung der richtigen Gleichheit. Ob diese prinzipielle aufgeklärte Gleichheit real gesichert ist und wie die unterschiedlichen Interessen der Personen in der Zeit des sich noch vollziehenden Ausgleichs organisiert sind, ist eine Sache der Politik, deutlicher: der Macht. Eine Untersuchung, was Aufklärung dazu leisten kann, *Macht*positionen aufzubrechen, müßte sich hier anschließen. Ute Frevert kann dazu in der Begrenzung der Zeit und des Themas nicht viel leisten. Immerhin: Man sieht, wie weit die gedankliche Aufklärung der politischen Verwirklichung voraus ist.

12. Aufklärung als Prozeß kann jedoch auch fehlgehen und dann fehlleiten. In einem Text, der die Einrichtung eines neuen Studiengangs »Frauenstudien« am Oberstufen-Kolleg begründet*, fordern die Autorinnen eine »weibliche Wissenschaft«. Solange das heißt: Diese solle sich um vernachlässigte, die Frauen betreffende Themen kümmern und darum tunlich von und für Frauen durchgeführt werden, ist das in Ordnung. Wenn dieser Wissenschaft jedoch ein spezifischer »weiblicher Blick« zugedacht und ihrem Vorgehen und ihren Antworten »Parteilichkeit« zugestanden wird (Effe-Stumpf et al., S. 276 und S. 280), dann verdirbt diese Wissenschaft das Mittel der Wissenschaft überhaupt. Nach einem magnetisierten Kompaß ist kein Schiff zu steuern. Ute Frevert hat davon in ihrem Referat nicht gesprochen. Sie hätte zu dieser verbreiteten Tendenz Stellung nehmen müssen.

Die Chance: Aufklärung als Prozeß kann einem inneren Gesetz zufolge eigentlich gar nicht aufhören. Solange das Erkenntnisverfahren darin besteht, die eigenen Voraussetzungen, Methoden und Ergebnisse zu prüfen, damit man sich auf sie verlassen kann, solange also Wissenschaft mit Philosophie gepaart ist, wird man sich

---

* Gertrud Effe-Stumpf et al., *Frauen mit Pfiff*, in: Burkhard Hoffmann (Hg.), *Allgemeinbildung / Erprobungen, Entwicklungen, Erfahrungen*, Reihe AMBOS 22, Bielefeld 1987, S. 240–320.

nicht mit der Feststellung begnügen: Wir wissen das Richtige, aber wir leben nun einmal nicht danach. Denn dann wird man wissen wollen, warum man nicht danach lebt. Wie gesagt, Aufklärung muß auch die Grenzen, Schwächen, Festlegungen unseres Denkens und Wollens einbeziehen. »Fortschritt« kann nur heißen: die *condition humaine* besser verstehen, um mit ihr besser zu Rande zu kommen.

Aufklärung bedeutet darum nicht: Optimismus für den Lauf der Welt; Aufklärung bedeutet: Optimismus, daß wir unsere Lage prinzipiell erkennen können. *Wann* können wir vernünftig handeln?

Die Zukunft der Aufklärung hängt davon ab, ob sie den Wandel von der Idee zum Prozeß, oder im Bilde gesprochen: von der Morgenröte zum Fackelträger, annimmt.

Reinhard Rürup
Geschlecht und Geschichte
Ein Kommentar

Mit den Ausführungen Ute Freverts – den historischen Beobachtungen und Befunden ebenso wie den zentralen Thesen – stimme ich in allen wesentlichen Punkten überein. Das ist keine bloße Höflichkeitsfloskel, mit der etwa vorhandene Meinungsverschiedenheiten und Abgrenzungsversuche getarnt werden sollen. Ich brauche keinen grundsätzlichen Widerspruch einzulegen und kann mich darauf beschränken, einige mit den Thesen des Referats verbundene Fragen aufzunehmen und zu diskutieren.

Wichtig scheint mir zunächst die Feststellung, daß die Einsichten in die Bedeutung des Geschlechterverhältnisses in der Geschichte – und natürlich nicht weniger in unserer heutigen Gesellschaft – für die allermeisten von uns sehr jungen Datums sind und daß wir diese Einsichten in erster Linie dem oft unbequemen Drängen der Frauen und der Frauenbewegung verdanken. Bis vor wenigen Jahren hat die männlich geprägte Wissenschaft hier überhaupt kein Problem gesehen. Unser Erkenntnisfortschritt ist daher durchaus nicht innerwissenschaftlichen Ursprungs, sondern er ist uns – den Männern, aber auch vielen Frauen – durch die feministische Bewegung aufgenötigt worden. Nur deshalb weil Frauen ein Interesse daran hatten und haben, ihre eigene Geschichte als Frauen zu entdecken und die Geschlechterbeziehungen in Vergangenheit und Gegenwart bewußt zu machen, hat sich unser Blick verändert, haben sich unsere Fragestellungen erweitert, beginnen wir uns allmählich an den Gedanken zu gewöhnen, daß die Geschichte unter diesem Gesichtspunkt tatsächlich neu zu interpretieren ist. Diese Neuinterpretation ist allerdings – darüber sollte man sich keinen Illusionen hingeben – nicht leicht zu verwirklichen. Sie bedarf beträchtlicher Anstrengungen, wird auch vor Irrwegen nicht gefeit sein – aber sie ist offensichtlich notwendig.

Es mag daher nützlich sein, an dieser Stelle einige ergänzende Bestimmungen der Kategorie »Geschlecht« als eines neuen Zentralbegriffs historischer Analyse vorzunehmen. Dabei bedarf es vermutlich keiner besonderen Begründung mehr, daß hier nicht von »Natur« die Rede ist, daß »Geschlecht« keine biologische, sondern eine sozialkulturelle Kategorie ist. Es dürfte unbestreitbar sein, daß es in den verschiedenen Gesellschaften »geschlechterbestimmte Bereiche, Verhaltensweisen und Tätigkeiten« gibt, daß die Gesellschaften stets auch eine »geschlechterbestimmte Differenzierung« aufweisen: Die soziale Realität ist – unter anderem – durch Geschlechterbeziehungen bestimmt. »Geschlecht« ist für den Historiker eine Beziehungskategorie, die auf das Verhältnis zwischen Männern und Frauen angewandt wird, aber auch die Beziehungen innerhalb der Geschlechtergruppen einschließt. Gisela Bock, deren richtungsweisende Überlegungen zum Thema »Geschichte, Frauengeschichte, Geschlechtergeschichte« (European University Institute, Florenz, Working Paper 1987) ich hier teilweise aufnehme, hat diesen beziehungsgeschichtlichen Charakter von »Geschlecht« als historischer Kategorie besonders nachdrücklich betont. Gegen die traditionelle »Geschlechterblindheit« der Historiker (und natürlich nicht nur der Historiker) hat sie mit Nachdruck und Überzeugungskraft darauf bestanden, »Geschlecht« zu einer zentralen Kategorie der Geschichtswissenschaft zu machen. Sie hat allerdings gleichzeitig davor gewarnt, »Geschlecht« nun als ein »Universalprinzip« in der Weise mißzuverstehen, daß damit ein exklusiver Zugang zur historischen Wahrheit gewönnen würde. »Geschlecht« sei vielmehr eine »kontextspezifische und kontextabhängige« Kategorie. Andere, uns bislang vertrautere Kategorien – der sozialen Schichtung oder der kulturellen Prägung – behalten daneben ihren Sinn und ihre Bedeutung, müssen mit der geschlechtsspezifischen Sicht- und Forschungsweise kombiniert werden. Das besondere Gewicht der einzelnen Kategorien ist jeweils neu und gegenstandsspezifisch zu bestimmen. Es läßt sich in einer Gesellschaft zweifellos nicht alles auf Geschlechterbeziehungen reduzieren – aber ebenso sicher ist es, daß die soziale Realität verfehlt wird, wenn die Frage nach dem »Geschlecht« und den Geschlechterbeziehungen nicht gestellt wird. Für eine lange Übergangszeit wird es erforderlich sein, daß gerade diese Frage immer wieder mit besonderem Nachdruck aufgeworfen wird, weil sie noch immer keineswegs selbstverständlich ist, und weil sie – aufgrund der kulturellen Überlieferung, aber auch aufgrund der traditionellen Prägung unseres wissenschaftlichen Arbeitens – so schwer zu beantworten ist. Die Einbeziehung dieser Kategorie bedeutet zweifellos eine Veränderung unserer Denk- und Arbeitsweisen – und gerade deshalb werden wir auch auf lange Sicht noch des hartnäckigen Drängens und Insistierens »von außen«, d. h. von den ihre Rechte formulierenden und einfordernden Frauen, bedürfen. Wir sollten uns nichts vormachen: Das hier geforderte Umdenken ist nicht einfach, und die alltägliche Praxis entspricht keineswegs immer den theoretischen Einsichten.

Ute Frevert hat in ihrem Vortrag meines Erachtens zurecht davor gewarnt, in erster Linie »vorbürgerliche Sündenböcke« für die Tatsache zu suchen, daß die Emanzipation der Frau in der modernen, bürgerlichen Gesellschaft nur sehr spät – und sehr zögernd – in Angriff genommen worden ist. Die Emanzipationsdefizite der bürgerlichen Gesellschaft lassen sich gerade in dieser Hinsicht in der Tat nicht den Relikten ständisch-vorbürgerlicher Strukturen und Machtverhältnisse zuschreiben (obschon von denen natürlich erst recht keine Förderung der Frauenemanzipation zu erwarten war). Die entstehende bürgerliche Gesellschaft hat in Deutschland im Übergang vom 18. zum 19. Jahrhundert, wie in dem Referat bereits angedeutet worden ist, die Rolle der Frau neu definiert. Sie hat das soziale Normensystem produziert, durch das die unterschiedlichen gesellschaftlichen Rollen und Machtpositionen von Männern und Frauen in der neuen Gesellschaft als »natürlich« festgeschrieben wurden. Vor allem die Trennung von Erwerbs- und Familienleben, von Öffentlichem und Privatem führte zu einer »Polarisierung der Geschlechtscharaktere«, die von Karin Hausen eindrucksvoll herausgearbeitet worden ist. Indem die Frauen auf eine ganz bestimmte, den Männern nach- und untergeordnete soziale Rolle – vermittelt über die Definition der Familie – festgelegt wurden, machten sie die bürgerliche Gesellschaft in ihrem Normensystem und ihrer sozialen Praxis überhaupt erst möglich. Es war alles andere als ein Zufall, daß die liberalen Theoretiker im Laufe des Vormärz damit begannen, zwischen »wahrer« und »falscher« Emanzipation zu unterscheiden, wobei das Wesen der »falschen« (oder »übertriebenen«) Emanzipation darin gesehen wurde, daß sie der »Natur der Sache« zuwiderlaufe. Da die gesellschaftliche Position der Frau inzwischen unwidersprochen als »naturgegeben« betrachtet wurde, mußten sich solche Unterscheidungen in besonderem Maße gegen jede Emanzipationsbestrebung der Frauen richten.

Daß die Ausgrenzung der Frauen aus einem umfassenden Emanzipationsprogramm nicht zufällig war, liegt auf der Hand. Damit ist aber noch nicht die Frage beantwortet, ob diese Entwicklung eine Konsequenz der aufklärerischen Grundgedanken war, ob sie in dem Konzept der Aufklärung von vornherein angelegt war, oder ob es sich um eine der vielen – auch in anderen gesellschaftlichen Bereichen zu beobachtenden – Deformationen der Theorie durch die Praxis, um eine Verengung und Verfälschung der Aufklärung durch die tiefverwurzelten, nur teilweise bewußten Interessen der Männer handelte. Ich neige zu der letzteren Auffassung, sehe zumindest für die entgegengesetzte Position bisher keine überzeugenden Belege. Immerhin hat es in der Aufklärungsbewegung – in Deutschland ebenso wenig wie in Westeuropa – nicht an Zukunftsentwürfen gefehlt, in denen die Emanzipation der Frau (die »bürgerliche Verbesserung der Weiber«) einen integralen Bestandteil bildete. In dieser Tradition wurde beispielsweise noch um 1830 in Frankreich die Emanzipation der Frau mit dem Ziel gefordert, »daß das soziale Individuum, das bis auf den heutigen Tag der Mann allein gewesen, künftighin der Mann und die Frau werde«. Man sollte daran festhalten, daß die Menschenrechte, die in der amerikanischen und der französischen Revolution proklamiert wurden, wirkliche Menschen- und nicht nur Männerrechte waren, wenngleich gar nicht zu bestreiten ist, daß die Frauen in der Praxis mit großer Selbstverständlichkeit von allen politischen – aber nicht nur diesen – Rechten ausgeschlossen wurden. Man sollte nicht vergessen, daß auch anderen sozialen Gruppen gegenüber – man denke nur an die Juden, aber auch an die sozialen Unterschichten, das entstehende Proletariat – lange Zeiten hindurch nicht die notwendigen Konsequenzen aus den Menschen- und Bürgerrechten gezogen wurden. Dennoch blieben diese Grundrechte der neuen, bürgerlichen Gesellschaft nicht ohne praktische Wirkung, trugen sie wesentlich dazu bei, die bestehenden Widerstände zu überwinden und in einem langsamen, fast immer mühsamen Prozeß die Emanzipation der unterdrückten Sozialgruppen schließlich doch zu ermöglichen. Ich sehe nicht, warum das bei den Frauen – oder allgemeiner gesprochen: bei der Beziehung der Geschlechter zueinander – grundsätzlich anders sein sollte.

Angesichts der ungeheuren Katastrophen und Bedrohungen, denen wir heute ausgesetzt sind und die zweifellos ein Resultat der Moderne sind, wird sich heute kaum jemand noch naiv auf die

Aufklärung und ihr Vermächtnis berufen wollen – die »Dialektik der Aufklärung« ist auch auf unserem Kongreß bereits deutlich genug herausgearbeitet worden. Es bieten sich gewiß viele Gründe dafür an, das Projekt der Aufklärung für gescheitert zu erklären, nach Alternativen für Zukunftsentwürfe zu suchen – und der Blick auf die Geschichte der Frauen, auf die langanhaltende, strukturelle Unfähigkeit der bürgerlichen Gesellschaft, Aufklärung auch in dieser Hinsicht Wirklichkeit werden zu lassen, kann solchen Überlegungen zusätzliches Gewicht verleihen. Skepsis ist heute zweifellos am Platze; für einen Fortschrittsoptimismus, wie er in der Aufklärung entwickelt wurde, ist kein Raum mehr. Es gibt viele Fehlentwicklungen, Zerrbilder aufklärerischen Denkens, die der Korrektur bedürfen. Aber es ist weder ein Zurückfallen hinter die Positionen der Aufklärung möglich, noch sind überzeugende Alternativen erkennbar. Die Zukunft der Aufklärung kann und muß sich von ihrer Geschichte unterscheiden – die Grundgedanken der Aufklärung können jedoch noch immer als Herausforderung begriffen werden, auch und gerade im Hinblick auf die nicht eingelösten Forderungen und die aus den aufklärerischen Prämissen abgeleiteten Fehlentwicklungen. Von einer solchen kritischen Position aus scheint es mir weiterhin sinnvoll und notwendig, immer wieder – geduldig und ungeduldig zugleich – an die Positionen der Aufklärung anzuknüpfen, um Zukunft zu gewinnen.

Zu zwei großen Themenkomplexen, die von Ute Frevert angesprochen worden sind, möchte ich abschließend wenigstens noch jeweils eine kurze Anmerkung machen: Ute Frevert hat die Notwendigkeit einer »Radikalisierung des Gleichheitspostulats« im Sinne einer »androgynen Revolution« betont. An dieser Perspektive scheint mir besonders wichtig, daß nicht nur die Männer oder die Frauen sich ändern sollen, sondern daß es hier um den Entwurf einer allen gemeinsamen neuen Gesellschaft geht. Grundlegende Änderungen können nicht isoliert erfolgen, bedürfen eines übergreifenden utopischen Entwurfs. Dieser Entwurf aber muß genauer ausgearbeitet werden, die Konturen einer solchen Gesellschaft müssen sichtbar werden, wenn es sich bei der Forderung um mehr als eine bloße Negation unbefriedigender Zustände handeln soll.

Angesichts der gegenwärtigen Bedrohungen des menschlichen Lebens und Überlebens, an deren Entstehung die Frauen nicht verantwortlich beteiligt waren, liegt es nahe, zu sagen, daß die

Zukunft der Aufklärung nur bei den Frauen liegen könne oder, schärfer noch: daß die Frauen an die Stelle der Aufklärung treten müßten, wenn Zukunft möglich sein sollte. Daß ich die zweite, zugespitzte These nicht für richtig halte, habe ich bereits in anderem Zusammenhang deutlich gemacht. Daß die Frauen dagegen einen entscheidenden Beitrag zur Zukunft der Aufklärung zu leisten vermögen, halte ich für durchaus denkbar. Bislang ist allerdings über die Feststellung hinaus, daß es eben die Männer sind, die die Fehlentwicklungen der Moderne zu verantworten haben, für mich nicht erkennbar, worauf sich der besondere Optimismus hinsichtlich der Frauen konkret gründet. Es scheint mir, daß die inhaltliche Begründung dieser Position – über einige Aperçus hinaus – noch zu leisten ist. Bis dahin werden Zweifel erlaubt sein.

III. Staat

Spiros Simitis
Selbstbestimmung: Illusorisches Projekt oder reale Chance?

1.

Vorweg drei Hinweise. Sie sollen den Hintergrund beleuchten, vor dem im folgenden von der Aufklärung die Rede sein wird. Zunächst auf die *Enzyklopädie*. Alle Menschen sind, so heißt es dort, von Natur aus frei. Die Vernunft kann deshalb nur eine Abhängigkeit gelten lassen, die vom Glück des einzelnen. Sodann auf die im Juni 1791 von der Französischen Nationalversammlung verabschiedete Loi le Chapelier. Es gibt, so stellt der Bericht dazu lapidar fest, nur noch die Interessen des einzelnen und die der Allgemeinheit. Korporationen dürfen weder aufrechterhalten noch neu gegründet werden. Niemandem ist es daher erlaubt, dem einzelnen nahezulegen, sich nach irgendwelchen intermediären Interessen zu richten. Schließlich auf die einleitenden Bemerkungen des Tribunen Cambacérès zu dem im Frühsommer 1795 dem Rate der Fünfhundert vorgelegten Entwurf eines Zivilgesetzbuches. Es genügt, so sagte er, keinesfalls, die Autorität des Gesetzes mit Hilfe der Justiz zu sichern. Gesetze müssen vielmehr von sich aus in der Lage sein, Klarheit zu schaffen, wo Zweifel bestehen, und jeglichem Streit über mögliche Ausnahmen von der eigenen Regelung zuvorzukommen.

2.

2.1

Alle drei Hinweise lassen mit Sicherheit einen Schluß zu: Im Mittelpunkt sämtlicher Überlegungen steht der einzelne. Die Emanzipation des Individuums signalisiert den irreparablen Bruch mit der bisherigen und den Beginn einer neuen Gesellschaft. Ihr wichtigstes Merkmal ist die Verpflichtung, seine Erwartungen zu respektieren, weil einzig die unverfälschte Selbstbestimmung die Rationalität der momentanen ebenso wie der künftigen sozialen

Strukturen gewährleiste. Die Entscheidungsprärogative des einzelnen ist, so gesehen, weit mehr als nur ein Mittel, um seine Vorstellungen in einer von ihm für richtig gehaltenen Weise zu verwirklichen. Mit jeder seiner Entscheidungen wird zugleich das gesamtgesellschaftliche Interesse an einer ebenso stabilen wie entwicklungsfähigen Gesellschaft gewahrt.

Individuelle und gesellschaftliche Rationalität sind mithin, hält man sich an die eingangs erwähnten Feststellungen, untrennbar miteinander verschränkt. Die Gesellschaft kann lediglich so lange und ausschließlich in dem Maße Rationalität für sich in Anspruch nehmen, wie die gesellschaftliche Realität von einer permanent aktualisierten individuellen Handlungskompetenz geprägt und gestaltet wird. Die Selbstbestimmung erscheint so als Mittel und Ziel in einem. Ohne sie läßt sich der Schritt aus der Objekt- in die Subjektstellung nicht vollziehen, und nur wenn sie sich entfalten kann, schlägt die individuelle in gesellschaftliche Vernunft um. Das Individuum sieht sich demzufolge einem einzigen Zwang ausgesetzt: die eigenen Erwartungen selbst zu definieren und sie dann wiederum selbst nach außen hin zu vertreten und zu begründen.

Eine Gesellschaft aber, die sich strikt an der Selbstbestimmung des einzelnen orientiert, begibt sich jeder Möglichkeit, sich durch die Verweisung auf wie immer vorgegebene externe Handlungsmaximen zu legitimieren. Die Rechtfertigung kann nirgendwo anders als in der eigenen Fähigkeit gefunden werden, die individuelle Entscheidungsfreiheit in einem fortwährenden, die jeweils auftretenden Schwierigkeiten produktiv verarbeitenden Lernprozeß zu bestätigen und auszubauen. Postuliert wird damit ein in der Tat streng lineares, die Irreversibilität der einmal zugunsten des Individuums und seiner Selbstbestimmung gefällten Entscheidung voraussetzendes Gesellschaftsmodell.

2.2

Die Konstitution einer am Individuum ausgerichteten sowie von ihm beherrschten Gesellschaft ist ferner, folgt man den vor allem in der Loi de Chapelier festgehaltenen Überlegungen, mit jedem Versuch unvereinbar, intermediären Gewalten Einflußmöglichkeiten einzuräumen, die, offen oder verdeckt, die Regelungskompetenz des einzelnen in Frage stellen. Der einzelne verwirklicht sich eben nicht, indem er sich als Teil eines höheren Ganzen begreift, sondern indem er zu sich selbst zurückfindet und die Ordnungsmacht sozialer oder ökonomischer Einheiten als Relikt einer überwundenen, nicht mehr wiederholbaren Vergangenheit erkennt. Jeder Rückfall in eine organisatorisch und institutionell abgesicherte Entscheidungshierarchie verbietet sich daher. Das Individuum teilt nicht die Herrschaft über die Gesellschaft mit welcher intermediären Gewalt auch immer, sondern nimmt sie ausschließlich für sich in Anspruch.

Beides, die radikale Absage an eine korporative Gesellschaftsstruktur und der unmißverständliche Vorrang individueller Entscheidungen, deutet auf eine nicht minder dezidierte Einstellung zu den staatlichen Aufgaben. Individuum und Staat stehen sich weder gleichgültig gegenüber, noch ist ihre Beziehung von der staatlichen Allmacht und vom Gehorsam des einzelnen geprägt. Die Souveränität des Individuums entkleidet vielmehr den Staat aller metaphysischen Eigenschaften und holt ihn in die Gesellschaft zurück. Konsequenterweise schrumpft sein Aufgabenbereich zusammen. Die Politeia der freien, sich selbst bestimmenden einzelnen verträgt sich mit keiner »Polizey«. Sie verlangt nach einem Staat, der die Entscheidungen des einzelnen hinnimmt, ihre Durchsetzung sichert und ihre Ergebnisse vor Verfremdungen oder Verfälschungen bewahrt. An die Stelle des omniszienten und omnipotenten Präzeptors tritt der bloße Wächter. Die Autorität der Vernunft und nicht der staatliche Herrschaftsanspruch determiniert fortan Inhalt und Ziele individueller Aktivität.

2.3

Die Selbstbestimmung des einzelnen setzt schließlich, wie sich an den Bemerkungen von Cambacérès zu den Aufgaben und zum Selbstverständnis der Gesetzgebung zeigt, die Kalkulierbarkeit seiner Handlungsbedingungen voraus. Die Willkür des Richters muß deshalb der Verbindlichkeit des Gesetzes weichen. Salomonische Weisheit, »natürliches« oder professionell geschärftes Judiz begründen ebenso wie Vorbildung, Sonderstellung und Erfahrung bestenfalls Hoffnungen, verschaffen jedoch keine Gewißheit über die Regeln, nach denen der einzelne beurteilt wird, und damit auch über die Folgen, die er zu gewärtigen hat. Nur das Gesetz vermag Schranken aufzurichten, die, weil sie für alle erkennbar sind, dem einzelnen ermöglichen, die Konsequenzen seiner Handlungen abzuschätzen und die Reaktion des Richters zu kontrollieren. Die Kodifikation ist, so gesehen, zweifache Rationalitätsgarantie. Sie produziert, um Benthams Formulierung leicht zu variieren, ein jedermann jederzeit zugängliches Nachschlagewerk und domestiziert zugleich alle potentiellen Interpreten.

Der Lärm der Außenwelt mag mithin noch so unüberhörbar, ja störend sein, Ordnung sichert allein der Gesetzestext. Inhaltlich ergänzt und stützt er die Selbstbestimmung, formal ist er das Ergebnis fester, stets von neuem zu beachtender, Zufälligkeiten und Willkür ausschließender Verfahrensregeln. Konsequenterweise versperren genau die Erwartungen, die auch den Vorrang des Gesetzes begründen, jeden anderen Interpretationsweg als den einer streng szientistisch-logizistischen Auslegung. Kodifikation und legalistische Exegese verfolgen also ein und dasselbe Ziel: den einzelnen vor dem Risiko unkalkulierbarer Auswirkungen seiner Tätigkeit so weit wie nur irgend möglich zu bewahren und damit das Gleichgewicht einer auf der Selbstbestimmung aller Individuen gegründeten Gesellschaft zu stabilisieren.

3.

Längst besteht kein Zweifel mehr an der Diskrepanz, ja dem tiefen Widerspruch zwischen dem, was Le Chapelier und Cambacérès noch als greifbare Realität erschien, und der seither eingetretenen Entwicklung. Anstatt wie einst das Gesellschaftsmodell als Vorstufe einer sich bereits abzeichnenden, lediglich zu vollendenden neuen gesellschaftlichen Ordnung zu betrachten, ist mittlerweile nur noch von einem Projekt die Rede. Die Formel verrät die Skepsis, aber auch den Wechsel der Reflexionsebene. Debattiert wird eben nicht mehr über die Anwendungsmodalitäten, die Aufmerksamkeit richtet sich auf den intellektuellen Entwurf. Dessen Legitimation und damit die Berechtigung, sich trotz aller Erfahrung und Kritik nach wie vor an ihm zu orientieren, sind der eigentliche Gegenstand der Auseinandersetzung. Die Gründe dafür sind oft und ausführlich geschildert worden. Auf drei Gesichtspunkte kommt es besonders an:

3.1

Die Selbstbestimmung hat, zunächst, dort versagt, wo sie sich vor allem bewähren sollte, am Markt. Ihr Mittel war der Vertrag, ihr Fundament das Eigentum. Der in den Beratungen der Nationalversammlung bereits klar formulierte, von der Cour de Cassation später immer wieder bestätigte Grundsatz, nichts anderes als die von den einzelnen jeweils geschlossenen Verträge dürfe das Gesetz ihres Handelns sein, schreibt in seiner radikalen Konsequenz und Simplizität die Prämisse aller rechtlichen Regelung der ökonomischen Beziehungen unmißverständlich fest: Was den Erwartungen des einzelnen entspricht und wie seine Interessen am zweckmäßigsten zu wahren sind, kann niemand besser als er selbst angeben. Ihm muß es daher freistehen, die aus seiner Perspektive notwendigen Vorkehrungen zu treffen, und zwar in einer von ihm angeregten und gestalteten Vereinbarung. Der Vertrag ist, so gesehen, in der Tat das Ur-Gesetz einer Gesellschaft, in der sich die volonté générale erst über die volonté individuelle konstituiert und sich deshalb auch nur durch sie legitimiert.

Weder Cambacérès noch insbesondere Portalis waren allerdings dabei stehengeblieben. Der frei kontrahierende einzelne war für sie immer und zugleich das frei über sein Eigentum verfügende Individuum. Nur über die Verschränkung von Eigentum und Vertrag gewinnt die zunächst abstrakt garantierte Selbstbestimmung ihre konkrete Bedeutung als Regulativ und Promotor des Marktes. Die Konsequenz drängt sich von selbst auf: Unterschiedliche Eigentumsverhältnisse müssen auch unterschiedliche Selbstbestimmungschancen zur Folge haben. Anders ausgedrückt: Die Asymmetrie der Eigentumsverteilung gefährdet zwangsläufig das angestrebte, sich auf den mit Hilfe der kontraktuellen Regelung ständig aktualisierten Interessenausgleich gründende gesellschaftliche Gleichgewicht. Just diese Überlegung haben die Verfasser des Code civil ebenso wie die Nationalversammlung gezielt verdrängt. Wo dennoch Zweifel auftauchten, wurden sie mit dem Hinweis auf die Wohltaten der entfesselten Selbstbestimmung beiseitegeschoben. Der unsichtbaren Hand blieb es so überlassen, die sichtbaren sozialen und ökonomischen Diskrepanzen zu korrigieren.

Der damit gleichsam zum ersten Mal »deregulierte« Markt hat freilich nicht so sehr die emanzipatorische Funktion der Vertragsfreiheit bestätigt, sondern vielmehr deren Dialektik offenbart. Der Minimalismus des traditionellen Vertragsrechts hat zwar die Chancen einer autonomen Regelung ohne Zweifel gestärkt und gefördert, nicht jedoch den intendierten Interessenausgleich garantiert, im Gegenteil. Statt sich als Vehikel einer endgültigen Auflösung von Statusbeziehungen zu erweisen, geriet der Vertrag zunehmend zum Mittel, diese lediglich den veränderten ökonomischen Bedingungen anzupassen. Mehr als der Erinnerung an die lange und mühevolle Auseinandersetzung mit den kunstvollen Produkten der Kautelarjurisprudenz bedarf es wohl kaum, um die Wandlung des Vertrages vom Ausgleichs- zum Herrschaftsinstrument zu demonstrieren. Je schärfer sich allerdings die Dialektik der Vertragsfreiheit abzeichnete, desto deutlicher wich die abstrakte Verweisung auf die Vertragspartner den sich immer konkreter herausschälenden Konturen der Adressaten kontraktueller Verhaltensimperative. »Arbeitnehmer«, »Mieter« und »Konsument«, um die gängigsten Beispiele aufzugreifen, sind genaugenommen längst nicht mehr Bezeichnungen ganz bestimmter Vertragspartner, sondern Statusumschreibungen.

Wo jedoch der Status zum Bezugspunkt wird, verdrängt die Korporation alsbald den einzelnen. Das »Netzwerk der Organisation« etabliert sich als Alternative zur einst für unaustauschbar gehaltenen atomistisch-individualistischen Gesellschaftsstruktur. Der einzelne geht in der Korporation auf. Sie allein scheint in der Lage zu sein, über hinreichend Gegengewicht zu verfügen, um soziale Beziehungen auszubalancieren, also just die Funktion wahrzunehmen, die dem Diskurs der rational agierenden Individuen vorbehalten war. Das korporatistische Arrangement spiegelt so das Dilemma der ihres sozialen Substrats beraubten individuellen Selbstbestimmung wider.

3.2

Die Selbstbestimmungsdefizite beenden, zweitens, die Entstaatlichung des Marktes und der Gesellschaft. Beides wird repolitisiert, und zwar in einem ganz bestimmten Sinn: Weder nimmt der »activist state« vorgefundene Strukturen hin, noch gibt er sich mit marginalen Korrekturen ab. Er beansprucht vielmehr unmittelbar die politische, rechtliche und administrative Kompetenz, die soziale und ökonomische Ordnung selbst zu definieren. Auch wenn die staatliche Intervention zunächst durchaus das Ziel verfolgt haben mag, sichtbar gewordene gesellschaftliche Risiken punktuell aufzufangen, entwickelt sie sich zu einem tendenziell durchweg langfristig angelegten, letztlich keinen einzigen Aspekt der individuellen Existenz aussparenden Eingriff. Staatliche Agenturen präformieren gleichermaßen die Arbeitsmodalitäten wie das Familienverhalten. Konstitution und Expansion der Arbeits- und Jugendämter sind beispielhaft für ein sich ständig verdichtendes rechtliches Regelwerk, die fortschreitende Veröffentlichung individuellen Verhaltens sowie die zunehmende Bürokratisierung und Professionalisierung staatlicher Aktivität.

Doch ist die institutionalisierte staatliche Intervention keineswegs lediglich Zwischenstation auf dem Weg zur Rekonstitution der individuellen Selbstbestimmung. Der »activist state« arbeitet also nicht mit jeder seiner Interventionen an seiner Selbstaufhebung, er festigt und perpetuiert im Gegenteil die Fremdbestimmung. Weder der einzelne noch die Gesellschaft durchlaufen daher einen vom Staat eingerichteten und kontrollierten Reparaturprozeß, an dessen Ende eine voll funktionsfähige, ihre individuelle und gesellschaftliche Ordnungsaufgabe uneingeschränkt wahrnehmende Selbstbestimmung steht. Der Schritt in Richtung auf eine nachgeholte Emanzipation erweist sich vielmehr in einer immer größeren Anzahl von Lebensbereichen als Rückschritt in eine allerdings anders strukturierte, weil durch das staatliche Steuerungspotential begründete und aufrechterhaltene Abhängigkeit.

Wohl nirgends ist die Ambivalenz der Intervention so augenfällig wie im Familienrecht. Was der »Législative« noch weitgehend für selbstverständlich erschien, die Gleichberechtigung von Mann und Frau in der Familie, war dem Code civil schon fremd. Der Individualisierungsprozeß konzentrierte und reduzierte sich zugleich auf eine einzige Person, den Ehemann und Vater. Nur ihm wird die Fähigkeit zugestanden, vernünftig und verbindlich zu entscheiden. Nur er vermag deshalb zu bestimmen, wie sich seine Familie zu verhalten hat. Ihm bleibt es also vorbehalten festzustellen, wer zur Familie gehört, und er allein schreibt vor, wie sich das Leben aller übrigen Familienmitglieder abzuspielen hat. Demgegenüber erscheint die postkodifikatorische, zunächst außerhalb des Familienrechts ansetzende und sich dann in das Familienrecht hinein fortsetzende staatliche Intervention als der gezielte Versuch einer Rekonstruktion der verleugneten Individualität der Frau, aber auch der Kinder. Stichworte wie Gleichberechtigung und Kindeswohl kennzeichnen die Reorientierung der legislativen Aktivität.

Der Verzicht auf eine eindeutig monozentrische Regelung steigert freilich die Komplexität der rechtlichen Vorschriften, externalisiert die Konflikte, um die postulierte Gleichwertigkeit aller Interessen zu wahren, und institutionalisiert professionalisierte Konfliktlösungsinstanzen, wie beispielsweise das Jugendamt oder das Familiengericht, die über ihr staatlich garantiertes Definitionsmonopol etwa des Kindeswohls auch das einzig richtige und deshalb zugleich rechtlich allein akzeptable Verhalten der Familienmitglieder festlegen. Die Selbstbestimmung bewahrheitet sich, so gesehen, in der Fähigkeit, sich der justiziell oder administrativ dekretierten Verhaltensnorm anzupassen. Das Individuum bewährt sich, solange es die an die Familie gerichteten Erwartungen erfüllt, und versagt, sobald es sie ignoriert oder sich ihnen widersetzt.

Der Anpassungsdruck verstärkt sich in dem Maße, in dem das traditionelle Familienrecht eine administrative Infrastruktur erhält, mit deren Hilfe innerfamiliale Konflikte behoben oder zumindest abgemildert werden sollen. Vorschriften, die eine staatliche Unterstützung vorsehen, um eine Trennung des Kindes von seinen Eltern möglichst zu vermeiden, und zwar auch und gerade in den Fällen, in denen es, wegen der Schärfe der Konflikte, lange Zeit schlicht selbstverständlich erschien, das Kind aus der Familie herauszunehmen, sind symptomatisch dafür. Sobald aber das Familienrecht den klassischen privatrechtlichen Regelungsrahmen sprengt und sich mehr und mehr in einen Teil eines immer umfassenderen Sozialrechts verwandelt, sehen sich die einzelnen Familienmitglieder gezwungen, ihre Lebenswelt nach genau den Grundsätzen einzurichten, die auch ansonsten das Verhalten der Empfänger staatlicher Leistungen bestimmen. Sie spiegeln durchweg eine Erfahrung wider: Die durch die Unterstützung bewirkte Verminderung der materiellen Sorgen bedeutet noch lange nicht Verbesserung der Selbstbestimmungschancen. Schon deshalb nicht, weil die öffentliche Verwaltung die wirtschaftlichen Folgen eines mittlerweile zum tragenden Element staatlicher Sozialpolitik gewordenen Leistungssystems nicht übergehen kann. Weder eine reibungslose Administration noch eine langfristig gesicherte Finanzierung lassen sich ohne zunehmend schematisierte und optimierte Verhaltensanforderungen erreichen. Eine Leistungserwartung erscheint unter diesen Umständen nur dann und nur so lange möglich und berechtigt, wie der Leistungsempfänger bereit ist, sich einem vorgegebenen, auf störungsfreien Ablauf wie auf Minimierung der Kosten des Leistungssystems bedachten Lebensplan zu fügen. Jeder Schritt auf ein solches System zu signalisiert daher auch den Beginn einer sich proportional zur Expansion des Systems verschärfenden Kontrolle der Leistungsempfänger.

 Längst steht zudem fest, daß just die Leistungen, mit deren Hilfe die ökonomische und soziale Abhängigkeit des einzelnen reduziert werden soll, neue Erwartungen wecken. Das einmal etablierte Leistungssystem generiert sich insofern selbst. Sein Angebot ist Korrektur und Anreiz zugleich. In dem Maße, in dem bestimmte Risiken aufgefangen werden, verändern sich auch die Ansprüche, nicht jedoch die Vorstellungen darüber, wie sie zu erfüllen sind. Ihre Realisierung wird genauso selbstverständlich als Aufgabe des von der öffentlichen Verwaltung administrierten und finanzierten Leistungssystems wahrgenommen wie die bisherigen Leistungen. Erst recht läßt sich daher das Verhalten des einzelnen ohne die stete Berücksichtigung der Auswirkungen dieses Leistungssystems weder beschreiben noch verstehen. Der Preis ist freilich eine verschärfte Abhängigkeit. Die postacquisitive Gesellschaft ebnet, so gesehen, den Weg für eine Dauerokkupation der individuellen Lebenswelt.

 Tocquevilles bittere Bemerkung, gerade die Gesellschaft, die den Einfluß des Staates so gering wie nur möglich halten wollte, habe alle Voraussetzungen geschaffen, um die Herrschaft seines Apparates so konsequent wie nie zuvor auszubauen, scheint damit vollauf bestätigt. Wo »happiness« nicht das Ergebnis einer individuellen, eben durch individuelle Entscheidungen geleiteten Aktivität ist, sondern Ausdruck der höchstmöglichen Koinzidenz der Lebenswelt des einzelnen mit dem von der Administration festgelegten Lebensplan, droht das »Gehäuse« in der Tat zur Anstalt zu werden.

3.3

Das juristische Begleitinstrumentarium der Intervention läßt, drittens, einen systematischen Verzicht auf Berechenbarkeit erkennen. Weil der staatliche Eingriff aktuelle Gleichgewichtsstörungen ebenso beseitigen wie potentielle Gefährdungen verhindern soll, bedarf es rechtlicher Mittel, die den Eingriffsrahmen weit spannen und damit die Variabilität und Flexibilität der Intervention sichern. Nicht von ungefähr gründet sich das restrukturierte Kindschaftsrecht auf die Verpflichtung, das »Kindeswohl« zu wahren. Mehr als das Handlungsziel vermag man einer solchen Formel nicht zu entnehmen. Was genau darunter zu verstehen ist und welcher Weg konkret beschritten werden muß, bleibt mithin unbeantwortet. Konsequenterweise erschöpft sich die gesetzliche Regelung weitgehend darin, einzelne Konfliktbereiche hervorzuheben und Verfahrensregeln für die Konfliktlösung vorzuschreiben. Nur so kann es in der Tat gelingen, ein offenes Interventionsprogramm zu entwickeln, das sich über die Kombination richterlicher und administrativer Eingriffe konstant fortschreiben läßt. Dem einzelnen wird allerdings so just die Sicherheit genommen, die ihm die Kodifikation garantieren sollte. Er handelt nicht in Kenntnis bestimmter, jederzeit nachvollziehbarer, ihn ebenso wie jeden anderen bindenden Erwartungen, sondern unter dem Vorbehalt einer in ihren Inhalten und Konsequenzen prinzipiell offenen, richterlichen und administrativen Instanzen vorbehaltenen Korrektur.

Was jedoch im Familien- oder Sozialrecht als Ausdruck einer gezielt praktizierten Regelungsstrategie erscheint, läßt sich dort nicht vermeiden, wo es um die Domestizierung der die Struktur, ja die Existenz der Gesellschaft gefährdenden Technologien geht. Der Gesetzgeber steht gar nicht erst vor der Alternative, sich einer Regelungstechnik zu bedienen, die den Akzent eindeutig auf exakte inhaltliche Anforderungen und ebenso präzise berechenbare Konsequenzen legt, oder bewußt allgemein gehaltenen und damit überaus interpretationsfähigen Formeln den Vorzug zu geben. Ganz gleich, ob man die Implikationen der Informations- und Kommunikationstechnologie für die Stellung des einzelnen in der Gesellschaft oder die Auswirkungen etwa der Nukleartechnologie auf die Umwelt nimmt, die traditionellen Regelungsformen helfen schon deshalb nicht weiter, weil sich der Regelungsansatz, also die jeweilige Technologie, weitgehend einer verläßlichen Beschreibung entzieht. Nicht nur im Hinblick darauf, daß sich die legislative Reaktion, wie sich am Beispiel der automatischen Datenverarbeitung zeigt, zumeist unter dem Eindruck eines bestimmten, sehr schnell überholten Entwicklungsstadiums der jeweiligen Technologie vollzieht. Nicht minder nachteilig wirkt sich die Notwendigkeit aus, sich mit Konsequenzen auseinanderzusetzen, die sich zwar spekulativ angeben, keineswegs jedoch präzise umschreiben lassen. Unter diesen Umständen kann vom Gesetzgeber weder eine in ihren Voraussetzungen, Inhalten und Folgen genau einschätzbare Regelung noch die ansonsten für selbstverständlich gehaltene prognostische Luzidität erwartet werden. Kurzum, je diffuser die Risiken sind, desto weniger resonanzfähig ist ein Rechtssystem, das sich seiner ganzen Konzeption und Konstruktion nach als unmittelbarer Ausdruck jener »Garantien der Kalkulierbarkeit« versteht, die eine auf dem Selbstbestimmungsanspruch des einzelnen gegründete Gesellschaft erst möglich erscheinen lassen.

Die Folge: Die Prämissen rechtlicher Regelung wandeln sich von Grund auf. Wo immer sich technologiebedingte ökologische oder kommunikative Risiken abzeichnen, genügt im Prinzip schon die bloße Ungewißheit über die weitere Entwicklung, um einen legislativen Eingriff auszulösen. Der Gesetzgeber ist mit anderen Worten nicht bereit, eine Konkretisierung der jeweiligen Gefahren abzuwarten. Der Zusammenhang zwischen der jeweiligen Technologie und ganz bestimmten Risiken reicht als Legitimation für die Intervention aus. In dem Maße jedoch, in dem die Ungewißheit zum Handlungsansatz wird, verwischen sich die Konturen der rechtlichen Regelung. Die Risikovorsorge läßt sich, wenn überhaupt, nur über Regelungsformeln erreichen, die dank ihrer Unbestimmtheit den Interventionsspielraum maximieren. Jede dieser Formulierungen verschiebt damit zwangsläufig den Eingriffsschwerpunkt vom Gesetz auf die administrative und richterliche Intervention. Das Gesetz erscheint, so gesehen, nur noch als formale Vorstufe eines Eingriffs, der sich in Wirklichkeit auf einer ganz anderen Ebene und mit völlig anderen Mitteln vollzieht. Der Gesetzgeber entscheidet sich also für eine Regelung, die seiner Aussage nahezu jede Präzision nimmt, um sich über andere, inhaltlich freilich ebenso offene Interventionswege der Prävention möglicher Risiken besser zu nähern.

4.

4.1

Reflexionen über die Selbstbestimmung scheinen unter diesen Umständen wenig Sinn zu haben, es sei denn im Rahmen einer historischen Analyse eines längst Geschichte gewordenen Projekts. Daran ändern auch alle Appelle nichts, nun endlich auf die interventionistischen Exzesse und den damit unweigerlich verbundenen wohlfahrtsstaatlichen Hedonismus zu verzichten, ganz gleich im übrigen, ob sie von der Aufforderung begleitet werden, zu den Grundwerten jeder menschlichen Gesellschaft, wie etwa Familien- und Gemeinsinn, Disziplin und Selbstbeschränkung zurückzukehren, oder an die Erwartung geknüpft sind, sich in Zukunft allein von einer auch und gerade auf die Autonomie des einzelnen bedachten »ökonomischen Analyse« jeder Regelung leiten zu lassen.

Man mag Vorschriften, die den Eltern ausdrücklich aufgeben, ihre Entscheidungen mit dem Kind zu besprechen und, soweit es nötig erscheint, Dritte, beispielsweise Lehrer, zu Rate zu ziehen, für Zeichen eines inakzeptablen Zerstörungsprozesses der Familie halten. Aber ein Familienmodell, das sich weitgehend in einer vorbehaltlosen Sanktionierung der elterlichen Meinung erschöpft, ist unter den Bedingungen einer Gesellschaft, in der sich der Anteil der Familie an der Sozialisation des Kindes immer weiter, und zwar irreversibel, reduziert hat, genauso irreal wie die Annahme, die prinzipielle Gleichwertigkeit aller Interessen in der Familie, also auch der Belange des Kindes, lasse sich konfliktlos und deshalb ohne eine die Lebenswelt der Betroffenen restrukturierende Intervention außerfamilialer Instanzen realisieren.

Ähnlich irreführend ist der Rekurs auf einen rekonstruierten, sich selbst überlassenen Markt. Der homo noumenon könne sich, so meint man, erst richtig entfalten, wenn dem homo oeconomicus jene Aktionsfreiheit zurückgegeben würde, die er durch die interventionistische Denaturierung des Marktes verloren habe. Nur über eine wirklich konsequente Deregulierung sei es deshalb möglich, die Spontaneität des Marktes wiederzugewinnen und damit seine originäre politische Funktion wiederherzustellen. Wenn also der Staat eine Aufgabe habe, so die, den Markt vom Ballast staatlicher Eingriffe möglichst schnell zu »entsorgen« und sich im übrigen darauf zu beschränken, eine unverfälschte Konkurrenz normativ abzusichern.

Die Stringenz jeder solchen Argumentation beruht auf einer radikalen Vereinfachung: Die Verweisung auf »den« Markt sowie dessen Besonderheiten und Gesetzlichkeiten bündelt gezielt alle Überlegungen und unterbindet so jede partikularistische, die Eigenart einzelner Märkte betonende und damit zur Reflexion über die Fragwürdigkeit genereller Aussagen zwingende Sicht. Ob also Konsumgüter verkauft, Versorgungsleistungen angeboten, Arbeitnehmer eingestellt, personenbezogene Daten vermarktet oder Adoptionen vermittelt werden sollen, ist von sekundärer Bedeutung. Zunächst und vor allem kommt es durchweg darauf an, die für einen funktionsfähigen Markt entscheidenden Bedingungen sicherzustellen, in erster Linie mithin die Transaktionskosten zu minimieren, also die Zuteilung der jeweiligen Güter und Leistungen einer wirklich individuellen, von störenden administrativen Eingriffen sowie zwingenden gesetzlichen Vorgaben befreiten Vereinbarung zu überlassen.

Weder die historischen Erfahrungen mit der Autonomie noch die je spezifischen Handlungsbedingungen der einzelnen Akteure können beliebig ausgeblendet werden, zumindest so lange nicht, wie sich die Kritik an der staatlichen Intervention zuvörderst als Anleitung versteht, das verfehlte Ziel doch noch zu erreichen. Die Intervention war kein Willkür- oder Zufallsprodukt und läßt sich deshalb nicht ohne weiteres rückgängig machen. Wo daher die Interventionsursachen genauso unbeachtet bleiben wie die Auswirkungen psychischer Faktoren auf die individuellen Aktions- und Kommunikationsmöglichkeiten, werden strukturelle Defizite zwangsläufig verleugnet. »Deregulierung« und »ökonomische Analyse« mögen mithin durchaus den Blick für manche Fehlentwicklung schärfen, ja kurzfristig die eine oder andere Funktionsstörung beheben. Die Korrektur dringt aber nicht unter die Oberfläche. Dem Rekonstruktionsversuch haften just die Mängel an, die auch die Krise des originären Modells ausgelöst haben.

4.2

Was bleibt, ist, so möchte man meinen, Resignation. Nirgends manifestiert sie sich so deutlich wie in der verbissenen Ironie strukturalistischer Wortspielereien. Der »wiederentdeckte« Text wird zum Exerzierfeld der Fähigkeit, Begründungen virtuos auseinanderzunehmen sowie beliebig auszuwechseln. Weil aber alles konstruiert und dekonstruiert werden kann, solange man nur das Sprachspiel genügend beherrscht, scheint es sich nicht mehr zu lohnen, sich auf vermeintlich sinnlos gewordene inhaltliche Auseinandersetzungen einzulassen. Enttäuschung und Ratlosigkeit werden so durch die sorgsam gepflegte, ja zum Prinzip erhobene »Leichtigkeit« verdrängt. Wo sich die gesellschaftliche Wirklichkeit offenkundig wieder und wieder allen Steuerungsversuchen entzieht und sich die Dialektik der Vernunft in ihrer ganzen Häßlichkeit offenbart, liegt wohl nichts näher, als sich von dieser unangenehmen, an die Grenzen der eigenen Einflußmöglichkeiten unentwegt erinnernden Realität zu verabschieden. »Leichtigkeit« und Sprachspiel mögen mithin äußerlich kritische Distanz sowohl gegenüber dem traditionellen als auch gegenüber dem spezifisch interventionistischen rechtlichen Instrumentarium dokumentieren, sie signalisieren in Wirklichkeit einen wachsenden Realitätsverlust. Kurzum, das »emanzipatorische Gelächter« ist einem bitteren Lachen über den Emanzipationsprozeß selbst gewichen, gepaart mit dem Rückzug in eine von den eigenen Kommunikations- und Argumentationsstrukturen bestimmte Welt.

4.3

Weitaus folgerichtiger erscheint es freilich demgegenüber, die Kritik bis zu ihrer letzten und entscheidenden Konsequenz voranzutreiben und etwa die »Gesellschaft der Individuen« für beendet zu erklären. In diese Richtung weist schon die Tendenz, die Herrschaft der Sachverständigen als die »Essenz moderner Staatlichkeit« auszugeben. Die mit den Risiken der industriellen und technologischen Entwicklung belastete Gesellschaft kann sich, so heißt es immer wieder, nicht auch noch das Risiko der Naivität parlamentarischer und administrativer Entscheidungsinstanzen leisten. Der an der steigenden Abstraktion der gesetzlichen Vorschriften und der offenkundigen Abhängigkeit der Gerichte von den jeweiligen Sachverständigen deutlich abzulesende Entwertungsprozeß traditioneller Rechtsstrukturen zwinge einfach dazu, eine am einzelnen sowie dessen Interessen orientierte normative Ordnung durch ein »entpersonalisiertes«, an die Adresse »gesellschaftlicher Organisationen von Risikoproduzenten, Risikogruppen von Betroffenen, Klassen gefährdeter Arten und Ökosysteme« gerichtetes, sich in erster Linie auf den natur- und ingenieurwissenschaftlichen Sachverstand gründendes Recht abzulösen.

Der Experte schickt sich damit an, offen und endgültig die Aktionsebene zu wechseln. Statt sich auf die Konsultation zu beschränken, beansprucht er die volle Entscheidungskompetenz. Von den lästigen, verfassungsrechtlich fixierten, den Handlungsspielraum der Administration gezielt einschränkenden Anforderungen befreit, etabliert sich mithin der freigesetzte Sachverstand als Sanierer der »Risikogesellschaft«. Vom einzelnen wird nur noch erwartet, sich so zu verhalten, wie es der in die Administration integrierte und von ihr voll genutzte Sachverstand verlangt.

Erst recht ist der Abschied vom Individuum dort nicht zu übersehen, wo die Gesellschaft als »Netzwerk von Organisationen« definiert wird. Die gesellschaftliche Wirklichkeit erscheint dann als Produkt einer konstanten Interaktion der verschiedenen Organisationen. Wie sie sich also konkret gestaltet und in welche Richtung sie sich weiterentwickelt, hängt von der Kompatibilisierung der von den Organisationen selbst generierten Vorstellungen ab. Konsequenterweise bleibt es den Organisationen überlassen, auch Inhalt und Tragweite der jeweiligen rechtlichen Regelung festzulegen, allerdings nicht mit Hilfe starrer Vorgaben, sondern durch reflexive Verarbeitung der den Anwendungsprozeß begleitenden und beeinflussenden Schwankungen. Jeder Versuch einer Fremdsteuerung muß unter diesen Umständen desintegrierend wirken, im übrigen ohne Rücksicht darauf, ob er sich auf legislative Anforderungen, richterliche Entscheidungen oder administrative Eingriffe stützt. Eine »Regulierung durch Selbstregulierung« verträgt sich eben nur mit Interventionen, die zu keinem Zeitpunkt die autopoietische Struktur gefährden, sich mithin gezielt darauf beschränken, das Netzwerk zu sichern, indem sie vor allem für Verhandlungssysteme sorgen, die es erlauben, Anreize auszutauschen und daneben, aber auch äußerstenfalls, Optionen als Ansatzpunkte für die Selbstreferenz zu formulieren.

Die Sprache mag sich verändert haben, ja zuweilen völlig neu und ungewohnt klingen, sie weckt dennoch sehr präzise Erinnerungen. So galt der kompromißlose Rekurs auf den Sachverstand schon früher als das einzig akzeptable Korrektiv der Schwierigkeiten parlamentarisch-legislativer Entscheidungsmechanismen, auf eine zunehmend komplexe gesellschaftliche Wirklichkeit zu reagieren. Die Abdikation der Dilettanten sowie ihre Verdrängung durch die Spezialisten erschienen als das beste denkbare Mittel, die verlorengegangene Objektivität der rechtlichen Regelung wiederzugewinnen und ihre Akzeptanz sicherzustellen. Die Parallelität zur »Revolution der Manager« drängt sich auf. Im einen wie im anderen Fall werden Legitimations- und Handlungsfähigkeit der jeweiligen Organisation an den ungestörten Ablauf technokratisch gesteuerter Entscheidungsprozesse geknüpft. In beiden Fällen verselbständigt sich zugleich die einzelne Organisation und legt ihrer Aktivität Verhaltensmaximen zugrunde, die von den Administratoren unter Berufung auf ihre spezifischen Kenntnisse der Organisationsstruktur konzipiert und formuliert werden.

Wo immer sich freilich die Tendenz zu einer Verwaltung »an sich« abgezeichnet hat, war damit, offen oder verdeckt, die Bereitschaft verknüpft, eine strukturelle Änderung der Gesellschaft in Kauf zu nehmen. Die Advokaten einer im Namen des Sachverstandes geforderten Verselbständigung der Verwaltung waren stets auch die Befürworter einer autoritären Gesellschaftsstruktur. Solange der von den Experten monopolisierte Sachverstand als der alleinige Garant einer vernünftigen, weil wirklich objektiven Lösung der sozialen Probleme erscheint, kann und darf es auch keinerlei Debatte über den jeweils vorgeschlagenen Weg geben. Er erscheint als der einzig gangbare Weg. Ob es wie früher um die Konsequenzen einer expandierenden Leistungsverwaltung geht oder wie neuerdings um die Abwendung technologiebedingter Risiken, die »totale Verwaltung« bleibt die Kehrseite einer Herrschaft der Experten.

Reflexionen, die sich dergestalt mehr oder weniger auf die Forderung einer Revision der politischen und administrativen Entscheidungsprozesse zugunsten einer offen akzeptierten, ja rechtlich abgesicherten Prädominanz des »Sachverstandes« beschränken, verkürzen die Diskussion und lenken vom eigentlichen Problem ab. Keine Verwaltung kann, will sie sich nicht dem Vorwurf der Willkür aussetzen und sich so selbst diskreditieren, darauf verzichten, internen wie externen Sachverstand zu mobilisieren, erst recht wenn die Komplexität der zu behandelnden Fragen zunimmt. Der Rekurs auf den Sachverstand war und bleibt insofern essentielle Legitimationsvoraussetzung administrativer Tätigkeit. Um so bedeutsamer ist es daher auch unter diesen Umständen, die Notwendigkeit nicht aus den Augen zu verlieren, in Kenntnis der wachsenden Abhängigkeit vom Urteil der Experten Entscheidungsabläufe sicherzustellen, die Transparenz und Kontrollierbarkeit gewährleisten und so den einzelnen als handelndes Subjekt und nicht nur als Steuerungsobjekt behandeln. Die »Risikogesellschaft« mag just dieses Problem um ein Vielfaches verschärft haben, ohne allerdings auch nur das Geringste an seiner Substanz zu ändern. Emphatische Hinweise auf die unstreitig gestiegene Bedeutung der Experten rechtfertigen ein fatalistisches Abgleiten in eine autoritäre Gesellschaft mitnichten.

Nicht viel anders verhält es sich mit jenem Regelungskonzept, in dessen Mittelpunkt die Vernetzung der Organisationen steht. Statt von Organisationen war früher zunächst von Institutionen und später von konkreten Ordnungen die Rede. Als beider wichtigstes Merkmal wurde die Eigengesetzlichkeit angesehen, beide wurden deshalb auch als selbständige Systeme betrachtet, deren Anspruch, die für ihren Bereich maßgeblichen Regeln zu setzen, es anzuerkennen und zu schützen galt. Nun mag selektives Vergessen zur postmodernen Argumentationstechnik zählen, also auch die Verdrängung von Hauriou und Renard ebenso wie von Carl Schmitt. Doch ist die Ähnlichkeit der Konzepte viel zu auffällig, als daß sie übersehen werden könnte. Durchweg produziert eine interne, ausschließlich durch die Besonderheit der jeweiligen Einheit legitimierte Ordnung die auch rechtlich relevanten Handlungsmaßstäbe, und überall wird zugleich die Autonomie des einzelnen zugunsten einer Instrumentalisierung seiner Aktivität preisgegeben. Was letztlich allein zählt, ist seine Systemfunktionalität und nicht etwa eine prinzipiell ihm vorbehaltene Bestimmung und Verwirklichung seiner Interessen.

Ein deutlicher Unterschied sollte freilich nicht übersehen werden. Überlegungen zu den einzelnen Institutionen oder konkreten Ordnungen erschöpfen sich keineswegs in rein formalen Aussagen. Sie sind im Gegenteil stets mit eindeutig materialen Bemerkungen verknüpft. Gleichviel, ob man die Familie, das Unternehmen oder den Betrieb betrachtet, um nur einige Beispiele aufzugreifen, die Forderung, sich fortan an der Eigengesetzlichkeit jeder dieser Einheiten zu orientieren, wird durchweg mit der Erwartung verbunden, gerade auf diesem Weg ganz bestimmten vernachlässigten, ja bedrohten Werten, wie etwa Autorität, Treue,

Disziplin und Gemeinsinn, erneut zur Geltung zu verhelfen. Reflexionen über selbstreferentielle Systeme vermeiden demgegenüber inhaltliche Festlegungen; denn mit der Selbstreferenz wird, genaugenommen, lediglich ein für die Handlungs- und Adaptionsfähigkeit der Organisation notwendiges Verfahren beschrieben, nicht jedoch ein Mittel, um einzelne bereits vorgegebene und für die Organisation ebenso charakteristische wie verbindliche inhaltlich definierte Ziele zu erreichen. Nur läßt sich die Frage nach der »konkreten Ordnung« des jeweiligen selbstreferentiellen Systems weder beliebig ausklammern noch auf Dauer durch ebenso abstrakte wie nichtssagende Hinweise auf die einzelnen Organisationen beantworten. Keine noch so eingehende Überlegung über Selbstreferenz und Vernetzung bewahrt letztlich vor der Notwendigkeit, sich mit Zielen und Inhalten der verschiedenen Organisationen auseinanderzusetzen. Solange nicht darauf eingegangen wird, und zwar mit der bislang den formalen Aspekten vorbehaltenen Präzision, bleiben die selbstreferentiellen Systeme potentielle Legitimationshülsen autoritärer, den einzelnen funktionalisierender Regelungen.

5.

Der Preis für die Abkehr von der Selbstbestimmung verändert sich nicht, wie immer die Begründung auch lauten mag: der Verzicht auf eine demokratisch konstituierte und sich demokratisch entwickelnde Gesellschaft. Das Individuum ist nur noch mittelbar existent, als Teil einer Institution oder Organisation, die seinen Handlungsspielraum sowie seine Handlungsziele definiert, als Adressat einer Administration, die sein Verhalten verbindlich und exakt vorprogrammiert. Wer diesen Weg nicht gehen will, hat keine Alternative. Er muß nach Regelungen suchen, die der individuellen Entscheidung den Vorrang einräumen und sich deshalb zuvörderst an der jeweiligen Situation des einzelnen sowie dessen Interessen orientieren. Gewiß, die Naivität einer vorbehaltlosen Anknüpfung an die individuellen Erwartungen ist endgültig dahin. Der Glaube an die Rationalität des einzelnen läßt sich ebensowenig aufrechterhalten wie die Vorstellung eines sich aus der ungehinderten individuellen Aktivität zwangsläufig ergebenden Interessenausgleichs. Nicht die Utopie des seiner Belange stets bewußten, sie präzise formulierenden und sorgfältig ausbalancierenden, kurzum uneingeschränkt rational agierenden Individuums darf deshalb der Ansatzpunkt aller rechtlichen Regelung sein, sondern einzig die Einsicht in die Komplexität seiner psychischen Struktur, in die Fragilität seiner sozialen Existenz, in die Manipulierbarkeit seines Verhaltens, also in die Verletzlichkeit und Unvollkommenheit seiner Person.

Die Forderung, an der individuellen Selbstbestimmung festzuhalten und in ihr das wichtigste Regulativ zu sehen, kommt daher keineswegs einer Kanonisierung der Aufklärung gleich. Jeder Versuch, der Selbstbestimmung Rechnung zu tragen, setzt im Gegenteil die Bereitschaft voraus, die Dialektik der Aufklärung zur Kenntnis zu nehmen sowie sich immer von neuem mit ihr auseinanderzusetzen. Das Ziel kann also nicht eine ständig verfeinerte Sozialtherapie sein. Vielmehr gilt es, so schwierig dies auch erscheinen mag, Mittel und Wege zu finden, die dem einzelnen die Chance geben, sein Leben selbst zu gestalten. Mit jeder neuen rechtlichen Regelung aktualisiert sich, so gesehen, der Konflikt zwischen der jeweils notwendigen Unterstützung des einzelnen bei der Wahrnehmung seiner Selbstbestimmungschancen und der Bevormundung seiner Aktivität. Die Distanz zwischen beiden ist denkbar gering. Die Rechtsordnung muß daher entschiedener denn je den Anspruch auf Individualität bekräftigen, die Unterschiede zwischen den einzelnen verteidigen und Hilfe zur Selbsthilfe gewähren.

6.

Die Folgen lassen sich an vier Forderungen festmachen. Sie beziehen sich auf die Handlungskompetenz des Individuums und gleichermaßen auf die Funktion und das Verständnis der gesetzlichen Regelung.

6.1

Formal hängt die Handlungskompetenz des einzelnen entscheidend von der Bereitschaft des Gesetzgebers ab, den eigenen Regelungsanspruch zurückzunehmen. Dazu kann es freilich so lange schwerlich kommen, wie der absolute Geltungsanspruch der gesetzlichen Regelung mit der Absolutheit der in ihr enthaltenen materialen Aussagen verwechselt wird. Dem Gesetzgeber, letztlich aber auch jeder anderen regelungsbefugten Instanz, wird damit das Privileg zugestanden, das jeweils Richtige und Gute verläßlich und verbindlich diagnostizieren zu können. Just diese Dichotomie von Richtig und Unrichtig, Gut und Böse ist jedoch der Ansatzpunkt jener Regelungsdialektik, die schließlich zum verwalteten einzelnen führt. Soll sie deshalb nicht weiter hingenommen werden, dann gilt es, in der Entscheidung des Gesetzgebers grundsätzlich nicht mehr zu sehen als einen Versuch, sich der Lösung bestimmter Probleme zu nähern. Wie immer daher die Regelung ausfällt, sie bleibt im Prinzip eine Option für eine unter mehreren möglichen Antworten. An ihrer Geltung ändert sich dadurch nichts, wohl aber am Umgang mit dem einzelnen.

Um noch einmal das Beispiel des Familienrechts aufzugreifen: Aus der Anerkennung der Individualität aller Familienmitglieder sowie der Eigenständigkeit ihrer Interessen folgt keineswegs die Notwendigkeit, ein detailliertes, auf die Verwirklichung präziser Erziehungsvorstellungen bedachtes und in diesem Sinne ständig weiter auszugestaltendes Interventionssystem zu entwickeln. Noch so scharfe Konflikte sind keine Rechtfertigung dafür, die Familienmitglieder zu konditionieren, die Gegensätze also für einen Eingriff zu nutzen, dessen wichtigstes Ziel es ist, ganz bestimmte Verhaltens- und Erziehungsvorstellungen durchzusetzen. Jede rechtliche Regelung muß sich vielmehr an der Bedeutung orientieren, die der Interaktion in der Familie für die Entwicklung ihrer Mitglieder zukommt, in der Familiendynamik also ihren eigentlichen Ansatzpunkt sehen. Daraus ergeben sich zwei, sich gegenseitig ergänzende Regelungsrichtlinien: der Abschied von der Vorstellung, daß die Familie eine harmonische Einheit sei, die sich nur in pathologischen Fällen in Konflikte verstricke, und die Einsicht in die Tatsache, daß Konflikte gerade ein Merkmal der Selbständigkeit der Familienmitglieder sein können, begründen keineswegs zwangsläufig die Kompetenz familienfremder Instanzen, inhaltliche Entscheidungen zu treffen. Ihre Intervention darf zunächst nichts an der Berechtigung und Verpflichtung der Familienmitglieder ändern, selbst darüber zu befinden, wie sich ihr Verhältnis zueinander gestalten muß. Eine Interventionsautomatik, die an die für den Konfliktfall vorgesehene formale Zuständigkeit eine materiale Entscheidungsprärogative knüpft, darf es,

entgegen den bislang praktizierten und für selbstverständlich hingenommenen Regelungsstrategien, nicht geben. Die Einschaltung einer außerfamilialen Instanz mag unvermeidlich erscheinen, sie ist grundsätzlich nicht mehr als ein Mittel, das den Familienmitgliedern helfen soll, ihr Gespräch wiederaufzunehmen und selbst einen Ausweg zu finden. Gleichviel, ob es sich um eine richterliche oder eine administrative Instanz handelt, der Konflikt ist für sie kein legitimer Anlaß, um die von ihr für richtig gehaltene Entscheidung der Familie aufzuoktroyieren. So schwer es auch zuweilen fällt, sich mit den Reaktionen der Familienmitglieder abzufinden, so offen sie den Vorstellungen widersprechen mögen, die das Gericht oder das Jugendamt von einer »normalen« Familie haben mag, die primäre Aufgabe ist nicht die Usurpation, sondern die Unterstützung der Entscheidungskompetenz der Betroffenen.
So gesehen, kommt es darauf an, mögliche staatliche Hilfeleistungen zu nutzen, um Konfliktanlässe zu minimieren, mit anderen Worten, Hindernisse zu beseitigen, die eine Verständigung zwischen den Familienmitgliedern erschweren. Die Intervention hat dann eine Doppelfunktion. Sie dient einerseits dazu, die Friktionspunkte auszumachen, mithin einer mit den Betroffenen gemeinsam vorzunehmenden Analyse ihrer spezifischen Lebensverhältnisse, und muß andererseits vor dem Hintergrund dieser Analyse Entlastungsmaßnahmen anbieten. Wenn also die Familienmitglieder wirklich in die Lage versetzt werden sollen, selbst über ihre Beziehungen nachzudenken und von sich aus Kommunikationsstörungen zu beheben, dann gilt es, auch danach zu fragen, wie sich etwa ihre Wohnungs- und Arbeitssituation auf ihren Alltag und damit auf ihr Verhältnis zueinander auswirken. Die Intervention spielt sich in jedem dieser Fälle gleichsam im Vorhof der Entscheidungsfindung ab, unterstützt die Kompetenz der Familienmitglieder, anstatt sie zu ersetzen, allerdings nur so lange, wie Wohnungs-, Sozial- oder Arbeitsämter nicht die den Gerichten und den Jugendämtern abgesprochene materiale Entscheidungskompetenz für sich in Anspruch nehmen. Der Versuch, die Betroffenen um ihrer Selbstbestimmung willen vor Belastungen zu bewahren, die eine Kommunikation gefährden, wenn nicht unmöglich machen, darf nicht dazu führen, sie noch mehr Steuerungseinflüssen als bisher auszuliefern oder auch nur die Steuerungsinstanzen auszuwechseln. Die Minimierung und nicht die Variierung der Intervention ist das Ziel. Ansätze für

eine so konzipierte Unterstüzung gibt es durchaus. Nur sind sie nach wie vor Teile eines Regelungssystems, das immer noch von der materialen Entscheidungskompetenz der bisherigen Konfliktlösungsinstanzen dominiert wird und zudem keine wirklich wirksamen Barrieren gegen die Kolonialisierungstendenzen der Leistungspflichtigen enthält. Kurzum, wenn die Familienmitglieder wirklich eine Chance haben sollen, ihre Beziehungen zueinander und damit ihre persönliche Entwicklung selbst zu bestimmen, kann diese nur dann gewährleistet sein, sofern die Abkehr von der Utopie eines jederzeit rational handelnden einzelnen verbunden ist mit dem Abschied von der Utopie der vermeintlich überlegenen Fähigkeit außerfamilialer Instanzen, die »richtige« Sozialisation zu definieren.

An der rechtlichen Regelung der Familienbeziehungen zeigt sich, wo der Schwerpunkt einer die Selbstbestimmung respektierenden Intervention liegen muß. Die auf materiale Änderungen bedachten Vorschriften müssen prozeduralen Bestimmungen weichen. Ihre Aufgabe besteht lediglich darin, Verfahren vorzusehen, die es den Betroffenen ermöglichen sollen, ihren Konflikt zu artikulieren und auszutragen, ohne der Gefahr ausgesetzt zu sein, mit der Externalisierung des Konflikts auch vorgeschrieben zu bekommen, wie sie sich zu verhalten haben. Die Prozeduralisierung ist insofern kein Rückzug in Verfahrensvorschriften, um materialen Aussagen aus dem Weg zu gehen, sondern, im Gegenteil, eine durchaus material begründete Kompetenzverteilung. Um dem einzelnen die Chance einer eigenen Entscheidung zu geben, werden die mit der Intervention tendenziell verbundenen materialen Eingriffsmöglichkeiten ausgeschlossen. Die Prozeduralisierung restituiert mithin die formale Handlungskompetenz des einzelnen. Mit ihr setzt sich eine Regelungstechnik durch, die, ohne die Notwendigkeit interventionistischer Maßnahmen in Frage zu stellen, sie von vornherein so zu strukturieren sucht, daß der Handlungs- und Entscheidungsspielraum des einzelnen soweit wie irgend möglich erhalten bleibt.

6.2

Alle Anstrengungen, die formale Handlungskompetenz zurückzugewinnen, nützen freilich wenig, wenn nicht zugleich die materiale Handlungskompetenz ähnlich dezidiert ausgebaut wird.

Genau dieses Ziel hat die Diskussion über die Aufgaben des Sozialstaates mit geprägt, wie sich seine Existenz gerade aus der Forderung legitimiert, die ökonomischen und sozialen Korrekturen vorzunehmen, die es jedem einzelnen gestatten würden, sich eine Meinung über die politische und gesellschaftliche Entwicklung zu bilden und sich auch an ihrer Gestaltung zu beteiligen. So gesehen, war es durchaus konsequent und verständlich, sozialstaatliche Politik als langfristig angelegte, weitgehend mit einer minutiösen Planung verbundene Strategie gesellschaftlicher Steuerung zu verstehen. Dann jedoch erscheint es ebenfalls folgerichtig, den einzelnen nicht nur als steuer-, sondern ebenso als »informationspflichtig« zu betrachten. Ein Staat, der sich der gesellschaftlichen Entwicklung gegenüber nicht gleichgültig verhalten darf, vielmehr in sie eingreifen muß, kann, so will es scheinen, seinen Aufgaben nur nachkommen, wenn er jederzeit über alle dafür erforderlichen Informationen verfügt. Je mehr sich jedoch diese Aufgaben gerade in Leistungen konkretisieren, die dem einzelnen zugute kommen, desto selbstverständlicher wird es, ihn als verpflichtet anzusehen, alle für die staatlichen Instanzen wichtigen Daten zu seiner Person sowie zu seinen Aktivitäten mitzuteilen.

Kurzum, der in der staatlichen Planung aktualisierte Anspruch auf Globalrationalität schlägt in einen an die Adresse des einzelnen gerichteten Anspruch auf Globalinformation um. Er konkretisiert sich in der energisch verfochtenen, ja für unverzichtbar erklärten Auskunftspflicht bei statistischen Erhebungen, in den immer wiederkehrenden Plänen, maschinenlesbare Gesundheitsausweise auszustellen oder besondere »Leistungskonten« mit sämtlichen Angaben über die verschiedenen medizinischen Behandlungen einzurichten, aber auch in den fortwährenden Versuchen einer möglichst breit angelegten Verarbeitung der jeweils erhobenen Daten innerhalb der Arbeits-, Finanz- und Sozialverwaltung. Durchweg Zeichen einer in der Tat auf langfristige Reaktionen bedachten staatlichen Politik, durchweg jedoch zugleich Beispiele für eine sich endlos weiterdrehende Informationsspirale. Der zum »Informationsschuldner« gewordene einzelne geht ein Dauerschuldverhältnis mit offenem Inhalt ein. Von der kommunalen Bauplanung über die Neukonzeption der Sozialversicherung bis hin zu Bekämpfung der Schwarzarbeit bieten sich ständig neue Gelegenheiten, um den einzelnen an seine Verpflichtung zu erinnern, die gewünschten Informationen beizusteuern.

Wenn aber materiale Handlungskompetenz auch und vor allem als kommunikative Kompetenz verstanden werden muß, dann kann es nicht gleichgültig sein, welche Informationen, unter welchen Umständen, mit welchen Zielen und mit welchen Folgen verlangt werden. Die »Informationsschuld« wirkt sich unmittelbar auf die Kommunikationsfähigkeit des einzelnen aus. Sie nimmt in dem Maße ab, in dem sich die zu seiner Person gesammelte und verarbeitete Information ausweitet und präzisiert. Mit der Transparenz und Rekonstruierbarkeit seines Verhaltens steigt auch die Manipulierbarkeit des einzelnen.

Die Störanfälligkeit der Interventionsmechanismen mag sich damit deutlich verringern. Die »optimale« Reaktion geht aber auf Kosten der Selbstbestimmung. Solange sie deshalb das Ziel bleibt, muß nicht eine tendenzielle Vollständigkeit, verbunden mit der Möglichkeit einer möglichst breiten Verarbeitung, sondern kalkuliertes Nichtwissen das Regulativ der Verarbeitung personenbezogener Daten sein. Der Zugriff auf Informationen, die den einzelnen und sein Verhalten zum Gegenstand haben, darf also nicht als selbstverständliches Element administrativer Regelungsstrategien gesehen und behandelt werden. Vielmehr gilt es, die Verwendung personenbezogener Angaben als eine auf wenige, genau erkennbare und an exakt definierte Bedingungen gebundene Ausnahme aufzufassen. Deshalb geht es weder an, die Administration als Einheit auszugeben, innerhalb derer die einmal erhobenen Daten frei zirkulieren können, noch ist es erlaubt, die Chancen einer ständig weiter perfektionierten Informationstechnologie zu nutzen, um den Informationswert der gespeicherten Angaben durch eine multifunktionale Verarbeitung zu maximieren. Zulässig ist lediglich eine grundsätzlich immer in Kenntnis des Betroffenen und unter seiner Mitwirkung sich vollziehende, zudem strikt zweckgebundene Verarbeitung.

Der Widerstand ist freilich beträchtlich. Schon deshalb, weil längst für selbstverständlich gehaltene Grundsätze, etwa im Rahmen statistischer Erhebungen, in Frage gestellt werden. Die Auskunftspflicht muß der freiwilligen Beteiligung weichen, der Zwang also durch die Kooperation ersetzt werden. Statt mithin im Befragten nur den »Informationsschuldner« zu sehen, der eigentlich nichts anderes zu tun hat, als sich auf seine Pflicht zu besinnen, gilt es, Erhebungskonzepte zu formulieren, die es den jeweils Angesprochenen erlauben, sowohl das Ziel als auch die Folgen der

Erhebung nachzuvollziehen und sich vor diesem Hintergrund zu entscheiden, ob sie sich beteiligen wollen. Je deutlicher sich zudem die Forderung nach einem kalkulierten Nichtwissen durchsetzt und je mehr der Informationsprozeß die Beteiligung des Betroffenen voraussetzt, desto fragwürdiger erweist sich der Anspruch auf Globalrationalität, ganz gleich im übrigen, ob er von der staatlichen Administration oder den vernetzten Organisationen geltend gemacht wird. In dem Maße, in dem sich die Erwartung, alle nur gewünschte Information bekommen und verarbeiten zu können, nicht mehr aufrechterhalten läßt, zerfällt auch die Fiktion, jederzeit in der Lage zu sein, rasch und genau anzugeben, was den Interessen des einzelnen wirklich entspricht, und dementsprechend langfristig wirkende Verhaltensstrategien zu formulieren. Wo rechtlich garantierter Informationsverzicht vorherrscht und die Partizipation des Betroffenen den Informationsprozeß bestimmt, vermag nur der politische und soziale Diskurs, nicht jedoch eine monopolisierte Globalrationalität gesellschaftspolitische Strategien zu legitimieren. Der Entscheidungsablauf wird dadurch sicherlich komplizierter, zudem entfällt jene Zuversicht, die eine ungebrochene Planungseuphorie vermittelt; der Ausgleich, die Chance einer verstärkten materialen Handlungskompetenz, ist aber mehr als angemessen.

6.3

Über die Schwächen einer strikt nomozentrierten Regulierung läßt sich kaum noch streiten. Die gesetzliche Regelung bleibt dennoch dort jedenfalls der einzig gangbare Weg, wo elementare, die Selbstbestimmungschancen des einzelnen garantierende Vorkehrungen festgeschrieben werden sollen. Gemeint ist damit der konsequente Ausbau jener unmittelbar an den Grundrechten orientierten Primärschicht an Normen, die einer Instrumentalisierung des einzelnen genauso entgegenwirken, wie sie eingefahrene Unterordnungsmechanismen in Frage stellen.

So genügt es beispielsweise nicht, die Voraussetzungen einer Verarbeitung personenbezogener Daten festzulegen, und zwar möglichst im Hinblick auf die verschiedenen Verarbeitungsbereiche. Mindestens ebenso wichtig ist es, keinen Zweifel an der unbedingten Priorität der gesetzlichen Regelung zu lassen. Die gesetzlichen Vorschriften sind, mit anderen Worten, kein austauschbarer Regelungsmechanismus. Sie formulieren vielmehr zwingende, bei jeder Verarbeitung uneingeschränkt zu beachtende Anforderungen. Eine Bestimmung, die etwa Bewertungen von Arbeitnehmern oder sie betreffende medizinische und psychologische Befunde ausdrücklich von einer automatischen Verarbeitung ausnimmt, ist kein bloßer Anreiz, sich mit den Konsequenzen einer Automatisierung gerade in diesen Fällen intensiv auseinanderzusetzen. Weder den Tarifvertragsparteien noch den Betriebsräten steht es insofern frei, sich doch noch dafür zu entscheiden. Ihre Einschätzung spielt ebensowenig eine Rolle wie die Überzeugung, die Zustimmung zur Automatisierung mit einer Reihe aus ihrer Sicht besonders wichtiger Vorteile für die Arbeitnehmer ausgeglichen zu haben. Die beiden unstreitig zustehende Normsetzungsprärogative findet dort ihre Grenze, wo, wie bei der Verarbeitung von Arbeitnehmerdaten, die materiale Handlungskompetenz des einzelnen auf dem Spiel steht. Kurzum, Garantien der Selbstbestimmung mögen durchaus zu den Zielen tariflicher oder innerbetrieblicher Regelung zählen. Die Vertragsparteien sind allerdings lediglich dazu befugt, die gesetzlichen Vorkehrungen auszubauen, den Weg also konsequent weiterzugehen, den der Gesetzgeber bereits eingeschlagen hat. Genauso wie die Grundrechte ist mithin jede der die Selbstbestimmungschance des einzelnen gewährleistenden gesetzlichen Vorschriften aktualisierte Freiheits- und Widerstandsmöglichkeit, die den einzelnen gegen alle, von wem auch immer ausgehenden Versuche einer Fremdsteuerung abschirmen soll und deshalb der Disposition, wessen auch immer, entzogen bleiben muß.

Ein zweites, ebenso signifikantes Beispiel ist die Gleichberechtigung. Das Grundgesetz schreibt nicht das Ende einer Entwicklung fest, sondern formuliert eine Verpflichtung an die Adresse des Gesetzgebers, den längst nicht vollendeten Gleichberechtigungsprozeß durch gezielte Vorgaben voranzutreiben. Strukturelle Diskriminierungen sind deshalb keine schicksalhaften und daher widerstandslos hinzunehmenden Erscheinungen. Dem Gesetzgeber obliegt es vielmehr, seine Möglichkeiten zu nutzen, um die Diskriminierungen abzubauen. Mit dem Hinweis auf die Vielzahl der bereits existenten, unzweifelhaft auf die Gleichberechtigung zielenden Regelungen ist es nicht getan. Jede von ihnen hat zwar zu Korrekturen geführt, zugleich jedoch Umfang und Tragweite der Diskriminierung noch deutlicher werden lassen. So hat sich bei der Familienrechtsreform, spätestens bei der Novellierung des Scheidungsrechts, gezeigt, wie fiktiv eine Gleichberechtigung in der Familie letztlich bleibt, wenn nicht zugleich die Ausbildungsbedingungen, die beruflichen Chancen sowie die Alterssicherung der Frauen bedacht werden. Erst im Laufe der Auseinandersetzung um die Lohngleichheit hat sich zudem erwiesen, daß sich dieses Ziel nicht erreichen läßt, ohne auf die mittelbare Diskriminierung einzugehen. Der Gesetzgeber ist insofern noch weit davon entfernt, die Mindestanforderungen an jene für die Selbstbestimmung der Frauen unerläßliche Primärschicht an Normen erfüllt zu haben. Auch hier kann und darf er sich nicht auf wie immer näher definierte selbstreferentielle Systeme oder autopoietische Regelproduktionen verlassen. Keine jener Organisationen, deren Selbstreferenz hervorgehoben oder auf deren Netzwerk verwiesen zu werden pflegt, hat in der Vergangenheit der Diskriminierung wirklich entgegengewirkt. Sie haben, im Gegenteil, die strukturellen Diskriminierungen nicht nur hingenommen, sondern ihre Regelungsbefugnis genutzt, um die Benachteiligung zu festigen. Der Verweis auf die Selbstreferenz bewirkt deshalb bestenfalls eine Perpetuierung des Status quo. Genau diesen Immobilismus muß der Gesetzgeber durchbrechen. Es ist seine Aufgabe, alle Vorkehrungen dafür zu treffen, damit der Schritt aus der Rhetorik der Gleichberechtigung in der Realität der Gleichstellung vollzogen werden kann. Zielvorgaben und Quotenfestlegungen rechnen zu den Regelungsmechanismen, die es einzusetzen gilt. Beides stellt ohne Zweifel soziale Besitzstände in Frage. Diskriminierungen haben sich jedoch niemals beseitigen lassen, ohne Privilegierungen zu gefährden. Wo deshalb von »reverse discrimination« die Rede ist, werden in Wirklichkeit die bestehenden Privilegien verteidigt, ja jeder Kritik und Änderung entzogen. Soll aber die Selbstbestimmung nicht als exklusives Vorrecht welcher gesellschaftlichen Gruppe auch immer verstanden werden, sondern als eine jedem einzelnen zustehende Chance, dann hat der Gesetzgeber keine Wahl; er muß sich für eine Regelung entscheiden, die um der materialen Handlungskompetenz strukturell Diskriminierter willen Privilegien verwirft.

6.4

Je deutlicher gesetzliche Regelungen als tentative und nicht definitive Antworten auf die jeweils anstehenden Probleme wahrgenommen werden, desto nachdrücklicher zeichnet sich die Notwendigkeit ab, den Gesetzgebungsprozeß als ein ebenso offenes wie reflexives Verfahren anzusehen. Die jeweils verabschiedeten Vorschriften signalisieren infolgedessen nicht mehr als die vorläufige Unterbrechung einer Auseinandersetzung, die sich keineswegs nur in der Judikatur und den durch sie ausgelösten interpretatorischen Kontroversen fortsetzen darf, sondern auch vom Gesetzgeber selbst weiterverfolgt werden muß. Gerade dort, wo sich, wie bei der interventionistischen Gesetzgebung, die Regelung aus der angestrebten Änderung der sozialen oder ökonomischen Situation legitimiert, kann sich der Gesetzgeber nicht für die Auswirkungen seiner Entscheidung desinteressieren. Die Reflexion über die Interventionsfolgen ist, so gesehen, Teil ein und desselben Entscheidungsprozesses, der mit den Überlegungen zu den Interventionsanlässen beginnt.

Von keinem Gesetz kann daher wie selbstverständlich behauptet werden, daß es gleichsam am Anfang einer linearen Entwicklung stehe, die, einmal eingeleitet, unverändert fortgeführt werden müsse. Selbst wenn das unstreitige Ziel der Regelung eine die materiale Handlungskompetenz verbessernde Absicherung gegen bestimmte ökonomische Risiken gewesen sein soll, ist damit noch kein verbindliches Handlungsschema für alle späteren Interventionen des Gesetzgebers festgelegt. Nur solange der Gesetzgebungsprozeß nicht als Exekution von Präzedenzfällen verstanden wird, kann es auch gelingen, die Dialektik der Aufklärung zu durchbrechen. Was deshalb zu den Schutzvorschriften für weibliche Arbeitnehmer gesagt worden ist, gilt für alle Arbeitnehmerschutzbestimmungen. Der ursprünglich intendierte und auch gewährte Schutz kann durchaus in eine Benachteiligung umschlagen. Ob daher die bestehenden Regelungen weiter ausgebaut oder revidiert werden müssen, ist keine Frage, die sich allein aus der einmal getroffenen und seither möglicherweise wiederholt bekräftigten Entscheidung des Gesetzgebers für ein Schutzmodell beantworten läßt. Vielmehr kommt es vor allem anderen darauf an, sich zu vergewissern, wie sich die jeweiligen Vorschriften sowohl individuell als auch strukturell ausgewirkt haben.

Diskussionen über den Kündigungsschutz dürfen daher nicht ausschließlich als Debatten über eine weitere Einschränkung der Kündigungsmöglichkeiten oder zumindest eine Präzisierung der gesetzlich akzeptierten Anlässe geführt werden. Sie müssen genauso auf den Zusammenhang zwischen einer relativen Stabilisierung des Arbeitsverhältnisses und der Segmentierung des Arbeitsmarktes sowie der immer stärkeren Entwicklung von Binnenmärkten eingehen. Je mehr dieser zweite Aspekt vernachlässigt wird, desto deutlicher benachteiligt der Kündigungsschutz einzelne Arbeitnehmergruppen, nicht zuletzt indem er ihre ohnehin schlechten Beschäftigungschancen weiter verringert. Sobald sich freilich die gesetzlichen Schutzvorkehrungen als Diskriminierungsvehikel erweisen, büßen sie auch ihre Legitimation ein. Die Intervention ist mithin, jedenfalls in ihrer bisherigen Form, nur so lange gerechtfertigt, wie sie nicht die Asymmetrie der Beschäftigungsmöglichkeiten festschreibt, ja verstärkt. Eben deshalb darf der Gesetzgeber den Legitimationsverlust nicht ignorieren, sondern muß ihn von Anfang an einkalkulieren, die Entscheidung für bestimmte Schutzvorkehrungen also stets auch als Verpflichtung zur Korrektur oder gar zur Aufhebung der jeweiligen Regelung verstehen. Mit der simplistischen und allzu durchsichtigen Gegenüberstellung von »Arbeitsplatzbesitzern« und Arbeitslosen hat diese Feststellung genausowenig zu tun, wie mit den beliebig wechselnden Anpreisungen von »job-ownership« und Mobilität. Sie ist vielmehr die zwangsläufige Folge der Einsicht in die Ambivalenz interventionistischer Maßnahmen. Wenn sie nicht zu einem radikalen Rückzug des Gesetzgebers führen soll, dann reicht es keineswegs aus, Interventionsziele zu definieren. Mindestens ebenso wichtig ist es, den kritischen Punkt auszumachen, von dem an der mögliche Gewinn an materialer Handlungskompetenz in eine erneute Abhängigkeit umschlägt, bestehe sie auch »nur« in der Diskriminierung einzelner Personengruppen. Das »Ende des Sozialstaates« droht mitnichten nur bei einem gezielten Verzicht auf jegliche Intervention, es zeichnet sich genauso deutlich dort ab, wo die Dialektik der Intervention verleugnet wird.

Es kann freilich Situationen geben, in denen die ansonsten implizite Bedingung eines reflexiven Gesetzgebungsprozesses, die Erfahrungen mit der jeweiligen Regelung fortwährend zu verarbeiten, explizit festgehalten werden muß. Das beste Beispiel dafür ist die Regulierung der Technologiefolgen. Um noch einmal auf den

Datenschutz zurückzukommen: Alle bislang formulierten Vorschriften sind vor dem Hintergrund eines bestimmten Entwicklungsstandes der Informationstechnologie konzipiert worden. Jede von ihnen kann infolgedessen nur so lange steuernd in die Verarbeitung personenbezogener Daten eingreifen, wie es bei dem ihr zugrundeliegenden Technologiestand bleibt. Wohl nirgends haben sich aber selbst kurz- und mittelfristige Prognosen so schnell als unzutreffend erwiesen wie bei der Informationstechnologie. Während noch vor wenigen Jahren die Zentralisierung der Verarbeitung in immer größeren Datenbanken als unausweichlich galt, hat sich inzwischen eine dezentrale, eindeutig arbeitsplatzorientierte Verarbeitung durchgesetzt. Weder die bisherigen Vorschriften zum Ablauf des Verarbeitungsprozesses und vor allem zu seiner Transparenz noch die bestehenden Kontrollvorkehrungen lassen sich unter diesen Umständen ohne weitreichende Veränderungen aufrechterhalten. Bedingt durch die zunehmende Verwendung der Chipkarten sowie den steigenden Einfluß der künstlichen Intelligenz zeichnen sich mittlerweile erneut Modifikationen der Informationstechnologie ab, mit mindestens ebenso gravierenden Folgen. Wenn deshalb die Verarbeitungsregelung nicht jeden Sinn verlieren soll, dann müssen die gesetzlichen Vorschriften an einen Revisionsmechanismus gekoppelt werden, der den Gesetzgeber verpflichtet, die eigene Entscheidung zu einem bestimmten, verbindlich festgelegten Zeitpunkt zu überprüfen. Die Befristung zwingt nicht nur zu einer konstanten Auseinandersetzung mit der Technologieentwicklung, sie verkürzt auch den Reaktionszeitraum und bewahrt schließlich vor einer Delegation der Entscheidung an administrative Instanzen. Die Verantwortung bleibt uneingeschränkt beim Gesetzgeber, der sich deshalb auch unmittelbar den mit der Technologieentwicklung verbundenen sozialen und politischen Fragen stellen muß.

Jede der vier zuletzt skizzierten Forderungen kann dazu beitragen, die Chance einer Selbstbestimmung des einzelnen aufrechtzuerhalten, eine Garantie dafür bietet freilich keine von ihnen. Der Weg zur »civil society« bleibt unendlich mühsam. Nur Skepsis und offener Diskurs können daher letztlich dafür sorgen, daß sich Selbstbestimmung als reale Chance und nicht als illusorisches Projekt erweist.

Winfried Hassemer
Menschenrechte im Strafprozeß

I. Der strafprozessuale Zwang

Der Strafprozeß ist diejenige Veranstaltung in Gesellschaft und Staat, in welcher die Menschenrechte wie nirgendwo sonst auf dem Spiel stehen.

Diese Veranstaltung wird begonnen und betrieben durch den Verdacht gegenüber einem Menschen, er habe etwas Strafbares getan. Wenn dieser Verdacht sich bestätigt (§ 261 Strafprozeßordnung, StPO), so endet das Verfahren regelmäßig mit einem Spruch, der den Verurteilten öffentlich (§ 173 Gerichtsverfassungsgesetz, GVG) in seiner Ehre, in seinem Vermögen oder auch in seiner Freiheit verletzt.

Auch wenn dieser Verdacht sich am Ende nicht bestätigt, so gab das Strafverfahren doch zuvor mannigfach Gelegenheit zu Verletzungen. Wir nennen sie »strafprozessuale Zwangsmaßnahmen« und rechtfertigen sie mit der Überlegung, daß man dem Verdacht einer Straftat nachgehen muß – auch gegen den Willen des Verdächtigen, der Zeugen oder gar des Opfers. Der Strafprozeß ist eine Veranstaltung im »öffentlichen Interesse«, welche nach den persönlichen Interessen der Beteiligten in der Regel nicht fragt.

Also beginnen die behördlichen Ermittlungen, sobald »zureichende tatsächliche Anhaltspunkte« (§§ 152 II, 160 I StPO) den Verdacht nahelegen. Diese Ermittlungen dürfen auf den Körper des Verdächtigen und sogar unverdächtiger Personen zugreifen (§§ 81 a ff., 102 StPO), dürfen schneiden, fotografieren, rasieren und vermessen. Man darf den Beschuldigten vorläufig festnehmen (§ 127 StPO), ihn gewaltsam vorführen (§§ 134, 230 II StPO), ihn in ein öffentliches psychiatrisches Krankenhaus verbringen und ihn dort wochenlang beobachten (§ 81 StPO). Und man darf ihn – der doch bis zum rechtskräftigen Urteil als unschuldig zu gelten hat (Art. 6 II der Konvention zum Schutze der Menschenrechte und Grundfreiheiten, MRK) – in Untersuchungshaft nehmen, und man tut das nicht selten jahrelang (§§ 112 ff. StPO). Man darf gewaltsam in fremde Wohnungen eindringen und dort alles durchsuchen (§§ 102 ff. StPO). Man darf einzelne Gegenstände (§§ 94 II, 111 b StPO) oder gar das gesamte Vermögen (§§ 290, 443

StPO) beschlagnahmen, darf fremde Post abfangen und öffnen (§§ 99 f. StPO), darf Telefongespräche heimlich abhören und aufzeichnen (§§ 100 a ff. StPO). Selbst gänzlich unverdächtige Zeugen haben zu gewärtigen, daß man ihnen Geld abnimmt oder sie in Haft setzt, um zu erzwingen, daß sie erscheinen und aussagen (§§ 51 I, 70 II StPO). Wer bei Ermittlungen oder in der Hauptverhandlung beharrlich stört, riskiert gleichfalls den Verlust von Geld und Freiheit (§§ 164 StPO, 177 ff. GVG).

Ein wahres Schreckenskabinett – und doch, genauer betrachtet, nur eine Sammlung von Instrumenten, ohne die ein Tatverdacht sich nicht ernsthaft, nicht unter allen Umständen und nicht bis zur hinreichenden Abklärung prüfen ließe. Wer diese Prüfung will, muß ein geordnetes Verfahren wollen. Wer ein geordnetes Verfahren will, muß den Zwang in Kauf nehmen.

II. Das Erbe der Aufklärung

Wer aber den Zwang erlaubt, muß gegen Mißbrauch Vorkehrungen treffen und über deren Wirksamkeit Rechnung legen. Dies ist das große Thema der Strafjuristen, die, im Licht der politischen Philosophie der Aufklärung, die Grundlagen unseres rechtsstaatlichen Strafverfahrensrechts ausgearbeitet haben.

1. Die Sicherung des Freiheitsverzichts

Die politische Philosophie der Aufklärung mußte für den Strafprozeß und die in ihm zugefügten Verletzungen besonders sensibel sein. Sie blickte auf eine Zeit, in der Hexenprozesse, Folter und Inquisitionsverfahren gegen ohnmächtige Beschuldigte nur die besonders spektakulären Erhebungen in einer Landschaft allgemeiner Rechtlosigkeit waren. Sie nahm diese Zeit wahr mit dem geschärften Blick der Erkenntniskritik, welcher die naturrechtliche Legitimation von Rechtsverletzungen verdächtig geworden war.[1] Sie mußte den Strafprozeß verstehen als die Veranstaltung, in der mit besonderer Prominenz über die Bedingungen verhandelt wird, »unter denen die Willkür des einen mit der Willkür des anderen nach einem allgemeinen Gesetz der Freiheit zusammen vereinigt werden kann«.[2] Im Strafprozeß mußte sich entscheiden, ob der wechselseitige Verzicht auf Freiheit, den sich die Bürger im

Sozialvertrag zugesagt hatten, auch für den Ernstfall krimineller Überhebung des einen über den anderen noch kontinuierlich und gleichmäßig, eben: rechtsförmig, garantiert werden konnte, ob die Gesellschaft, »die die größte Freiheit... und doch die genaueste Bestimmung und Sicherung der Grenzen dieser Freiheit hat«, die »vollkommen gerechte bürgerliche Verfassung«[3] einrichtet oder ein staatliches Schreckensregiment, welches die Freiheit neuerlich verletzt, statt sie zu schützen. Kurz: Im Strafprozeß stand die Verwirklichung sozialvertraglicher Rechtsbegründung auf dem Spiel; hier wurde augenfällig, wie der Staat mit den Zwangsmitteln umging, die ihm zur Sicherung der Menschenrechte übertragen worden waren.

2. Der reformierte Strafprozeß

Es hat lange gedauert, und es hat politischer Erschütterungen bedurft, bis diese Ideen die Wirklichkeit des Strafverfahrens erreicht hatten. Etappen waren die französische Erklärung der Menschen- und Bürgerrechte 1789, die napoleonische Gesetzgebung in den besetzten Rheinlanden (Code d'instruction criminelle von 1808) und die Frankfurter Reichsverfassung von 1849. Ergebnis war der »reformierte deutsche Strafprozeß«, welcher unsere Strafprozeßordnung von 1877 geprägt hat mit den folgenden Grundsätzen: Unabhängigkeit der Richter und ihre Bindung nur an das Gesetz; Beteiligung von Laien; Trennung von Anklage und gerichtlichem Erkenntnisverfahren; Öffentlichkeit, Mündlichkeit, Unmittelbarkeit des Verfahrens und freie Beweiswürdigung; Differenzierung der erstinstanzlichen Gerichte nach der Schwere des Anklagevorwurfs; gesetzlich geregelte Gleichmäßigkeit der Strafverfolgung; Unschuldsvermutung; Vermeidung unnötiger Härte; Subjektstellung des Beschuldigten im Verfahren.[4]

Auf eine Formel gebracht, bedeutet, was wir das »Erbe der Aufklärung« im Strafprozeß nennen, die Formalisierung, die strenge Justizförmigkeit des Verfahrens im Interesse des Rechtsschutzes aller Beteiligten. Diese Tradition begegnet dem strafenden Staat mit Mißtrauen und assoziiert mit »Rechtsstaat« nicht Promptheit und Effizienz, sondern Zurückhaltung und Prinzipientreue. Für sie sind Straf- und Strafverfahrensrecht nicht der verlängerte Arm der Kriminalpolitik, sondern deren »unübersteigbare

Schranke«[5], sind die strafverfahrensrechtlichen Instrumente nicht Kampfmittel gegen das Verbrechen, sondern »schützende Formen«.[6]

Das Strafprozeßrecht ist ein empfindlicher Indikator für den Zustand nicht nur der rechtlichen, sondern auch der politischen Kultur; denn es regelt ein Verfahren, in dem unter Einsatz staatlicher Drohung und staatlichen Zwangs gegen einen verdächtigen Menschen ermittelt und verhandelt wird, der bis zum Verfahrensende nicht als schuldig behandelt werden darf; es zieht auch dritte Personen in Mitleidenschaft, und es tut dies oft unter den interessierten Augen der Öffentlichkeit. Es agiert an der prekären Grenze zwischen Verbrechensbekämpfung und Schutz der Menschenrechte.

III. Das Interesse an Effektivität

Seit gut einem Jahrzehnt ändert sich das Strafverfahrensrecht derart, daß man es als Indikator unserer rechtlichen und politischen Kultur nicht mehr gerne akzeptieren würde. Es wird mehr und mehr zu einem Kampfinstrument gegen das Verbrechen und verliert dabei tendenziell das Ethos des Freiheitsschutzes. Nicht Formalisierung und Justizförmigkeit des Verfahrens ist das Panier, sondern Effektivität der Strafverfolgung. Und »Effektivität« heißt heute im wesentlichen dreierlei: Ökonomie; Abwehr von Störungen; Entformalisierung.[7]

1. Ökonomie

Ein formalisiertes Strafverfahren ist teuer, es kostet Zeit und Geld. Der Beschuldigte kann den Prozeß mit Rechtsmitteln gegen Beschwer und Verurteilung in die Länge ziehen; kann das Gericht mit seinem Beweisantragsrecht zur Wahrheitserforschung in ferne Länder schicken oder das Verfahren aufhalten, wenn ein wichtiger Zeuge sich nicht ermitteln läßt; kann die Fehlbesetzung des Gerichts oder die Befangenheit des Richters rügen und damit den Prozeß zu einem »da capo« zwingen; kann langatmige Prozeßerklärungen abgeben, seinerseits Zeugen und Sachverständige präsentieren usw.: Je mehr Rechte man ihm zugesteht, desto mehr wachsen die Chancen der Behörden, rechtserhebliche Fehler zu machen, und die des Beschuldigten, Kosten zu verursachen.

Also hat der kostenbewußte Gesetzgeber, um nur einiges zu nennen,
– die Erklärungsrechte in der Hauptverhandlung beschnitten;
– das Recht, die Befangenheit des Richters zu rügen, eingeschränkt;
– die Vernehmung geladener und präsentierter Zeugen in eine Erheblichkeitsprüfung des Gerichts gestellt;
– das Schlußgehör des Beschuldigten abgeschafft;
– das Rechtsmittelrecht verkürzt;
– die Möglichkeiten erweitert, das Verfahren zu unterbrechen (statt es abzubrechen und zu wiederholen);
– die Protokollierung richterlicher Untersuchungshandlungen vereinfacht.

2. *Abwehr von Störungen*

Betrachtet man das Strafverfahren unter dem Gesichtspunkt der Effektivität, und betrachtet man es aus der Sicht der Behörden, die es betreiben und zu einem Abschluß bringen müssen, so können taktisches Verhalten sowie die konsequente Wahrnehmung von Verfahrensrechten leicht als Störung des Verfahrens erscheinen: Der Beschuldigte weigert sich beharrlich, am Prozeß teilzunehmen, obwohl ohne ihn nicht verhandelt werden darf; er lehnt jede Verteidigung ab, obwohl das Gesetz eine Verteidigung zwingend vorschreibt; er hält das Verfahren dadurch auf, daß er seine Rechte, Beweise zu beantragen oder die Befangenheit der Richter zu rügen, umfänglich und iterativ ausübt; die Verteidiger verstehen sich weniger als »Organ der Rechtspflege« (§ 1 der Bundesrechtsanwaltsordnung, BRAO) denn als streng einseitiger Beistand des Beschuldigten und handeln entsprechend usw.

Solcherlei »Störungen«, aus Verfahren mit konsequenter und professioneller Strafverteidigung längst und wohl bekannt, haben den Gesetzgeber erst im Rahmen der Terrorismusbekämpfung etwa zu den folgenden Abwehrmaßnahmen bewogen:
– Beschränkung der Anzahl wählbarer Verteidiger auf drei;
– Regelung und Erweiterung der Möglichkeit, einen Verteidiger auszuschließen;
– Ausbau der staatlich organisierten Pflichtverteidigung;

– Verhandlung in Abwesenheit des Angeklagten, wenn dieser seine Verhandlungsunfähigkeit selber herbeiführt oder sich ordnungswidrig benimmt;
– Beschränkung des schriftlichen, Überwachung des mündlichen Verkehrs zwischen Verteidiger und inhaftiertem Mandanten bei Terrorismusverdacht;
– »Kontaktsperre« bei terroristischer Gefahr.

3. Entformalisierung

Die Strafjuristen waren und sind noch gewohnt, die Förmlichkeit des Verfahrens als Gegenpol zu dessen Effektivität anzusehen.[8] Förmlichkeit meint strenge Bindung an Gesetze und Prinzipien, Stetigkeit und Kontrollierbarkeit behördlichen Handelns, meint Distanz gegenüber kriminalpolitisch interessierter Intervention. Alle rechtsstaatlichen Errungenschaften, wie sie im Gefolge der politischen Philosophie der Aufklärung unser Strafverfahrensrecht geprägt und gerechtfertigt haben, sind solche Förmlichkeiten: Absicherung von Rechtspositionen gegen den mächtigen staatlichen Zwang. Die Formalisierung des Strafverfahrens ist deshalb ein Dorn im Auge effektivitätsorientierter Kriminalpolitik. Hier zeigen sich denn auch die gewaltsamsten Eingriffe in die rechtsstaatliche Tradition des Strafverfahrens.

Die Entformalisierung des Prozeßrechts tritt in zwei Formen auf: als informelle Erledigung von Strafsachen und als Abbau von Rechtsprinzipien zugunsten der behördlichen Ermittlungs- und Verfolgungsinteressen. Beide Formen sind vom Gesetzgeber vorgefertigt; die Rechtsprechung freilich hat die Angebote dankbar angenommen und ausgebaut.

a. Informelle Erledigung

»Informelle Erledigung« bedeutet die Verletzung des Legalitätsprinzips, des Grundsatzes also, wonach die Strafverfolgung nicht nach opportunistischem Interesse, sondern streng nach den Geboten und Verboten des materiellen Strafrechts zu betreiben ist. Man kann leicht sehen, daß dieses Prinzip zum Kernbestand rechtsstaatlicher Förmlichkeit in einem kodifizierten Strafrecht gehört und teilhat am Ethos der Bindung des Richters an das Gesetz. Das Legalitätsprinzip leidet seit geraumer Zeit an Auszehrung; es steht billigen, schnellen und irgendwie konsensualen

Erledigungsformen im Weg. Anstatt den Tatverdacht in der umständlichen Hauptverhandlung bedächtig bis zum Ende zu prüfen, bieten die Ermittlungsbehörden dem Beschuldigten (vor allem über § 153a StPO) einen Handel an: vorzeitige Einstellung des Verfahrens gegen Erfüllung, zumeist geldlicher, Auflagen und Weisungen.[9] Die Vorteile liegen auf der Hand. Die Nachteile aber auch: Die Strafrechtspflege wird kommerzialisiert, da nur handeln kann, wer auch etwas zu bieten hat; nicht der Richter, sondern der Staatsanwalt entscheidet die Einzelheiten, und zwar unter einem äußerst vagen Entscheidungsprogramm und hinter verschlossenen Türen; der Beschuldigte weicht dem Druck der sonst drohenden Hauptverhandlung, und der Tatverdacht bleibt in der Schwebe.

b. Abbau von Rechtsprinzipien

Ungleich gewichtiger sind die Entformalisierungen, welche im Interesse störungsfreier und effektiver Strafverfolgung Rechtsprinzipien zur Disposition stellen, an welchen wir die Kultur unseres Strafverfahrens glauben erkennen zu können.

Das beginnt mit der Verlagerung von Zuständigkeiten von »oben« nach »unten«, von distanzierter Unbeweglichkeit zu reaktionsschneller »Sachnähe«: vom Richter auf den Staatsanwalt und von diesem auf die Polizei. Das setzt sich fort in der Bereitschaft der Strafgerichte, sogenannte »V-Leute« als verdeckte Zeugen zu akzeptieren[10], intime Tagebuchaufzeichnungen nur im Normalfall für tabu zu halten, bei schwerer Kriminalität aber auszuforschen[11], oder Beweise zu verwerten, welche die Polizei mittelbar durch eine hinterlistige Täuschung des Beschuldigten erschlichen hat.[12] Das kulminiert, vorläufig, in dem Plan[13], Fahndungsprobleme mit Hilfe des »Kronzeugen« zu lösen, einer Figur, welche sich unter dem Verdacht schwerster Straftaten durch den Verrat der Tatgenossen nicht nur Straflosigkeit, sondern auch die sichere Erwartung erkauft, daß die zuständigen Strafgerichte sie nie zu Gesicht bekommen.

IV. Die Zukunft des Strafverfahrens

Dies ist, und dies wäre nicht mehr das Strafverfahren, in dem der Staat mit Formenstrenge und Prinzipientreue den Tatverdacht prüft und seine Zwangsmittel gleichmäßig und zurückhaltend einsetzt, das Strafverfahren, in dem der Staat nicht nur zu den Verteidigungs-, sondern auch zu den Verfolgungsinteressen Distanz hält und so seine Souveränität und Glaubwürdigkeit bewahrt. Der ermittelnde und strafende Staat, der gegenüber Verletzungen der Menschenwürde ein Auge zudrückt, indem er die Verurteilung dann auf Einsichten stützt, die aus dieser Verletzung stammen; der sich seinen Ermittlungs- und Strafanspruch ausgerechnet bei Terrorismusverdacht gegen einen kriminalistischen Vorteil abhandeln läßt – ein solcher Staat erweckt den Eindruck, als stünde er gegenüber der Kriminalität mit dem Rücken an der Wand, als könne er sich Handlungsfähigkeit nur noch dadurch bewahren, daß er lästige Prinzipien über Bord wirft: »Not kennt kein Gebot«.

1. »Funktionstüchtigkeit der Strafrechtspflege«

Dieser Eindruck bestätigt sich an der rechtlichen Theorie, welche die Entformalisierung des Strafprozeßrechts begleitet. Es ist die – vor allem vom Zweiten Senat des Bundesverfassungsgerichts geprägte – Lehre von der »Funktionstüchtigkeit der Strafrechtspflege«.[14] An ihr ist zweierlei bemerkenswert. Zum einen dient sie als Rechtfertigung einer Einschränkung von Verfahrensrechten, welche einer effizienten Strafrechtspflege im Wege stehen könnten; zum andern formuliert sie sich nicht als Theorie der Effizienz (die sie ist!) und als Gegenpol zu einer Theorie der Justizförmigkeit, sondern versucht, die Ziele der Gerechtigkeit und Wahrheit in sich zu integrieren. So wird die funktionstüchtige Strafrechtspflege unversehens zum Hauptziel des Strafverfahrens, verschwindet der fruchtbare und notwendige Gegensatz von Effektivität und Rechtsschutz in einem harmonistischen Konzept, minimiert sich im Strafprozeß die Chance der Freiheitsinteressen, gegenüber den Effizienzinteressen streitbar und gleichberechtigt aufzutreten.

2. Strafrecht als »ultima ratio«

Die Gründe für diese Entwicklung sind vielfältig und liegen tief. Sicherlich spielt die verbreitete und strategisch verbreitete Furcht vor Kriminalität und Terrorismus eine Rolle, die immer ein Anlaß (und auch ein politisches Instrument) für die Einschränkung von Freiheitsrechten im Strafprozeß war.[15] Wichtiger noch ist die Verbreitung des Glaubens, man könne gesellschaftliche Probleme mit den Mitteln des Strafrechts lösen. Die an der Aufklärung orientierte rechtstheoretische Tradition hat das Strafrecht immer als »ultima ratio« betrachtet, als letztes und gleichsam verzweifeltes Mittel, wenn mildere Interventionen nicht taugen. Der heutigen Innenpolitik dient das Strafrecht vielfach als »prima« oder gar »sola ratio« – nicht nur im Bereich von zivilem Ungehorsam und Demonstrationen, sondern auch im Bereich von Drogen, Wirtschaft und Umwelt. Wenn das Strafrecht ein Passepartout für die Lösung gesellschaftlicher Konflikte wird, lassen sich die exquisiten Förmlichkeiten des Strafverfahrensrechts nicht mehr plausibel machen.

3. Abwägung und Unverfügbarkeit

In meinen Augen ist es letztlich das Konzept der Funktionalisierung und Folgenbewirkung, der wir die Entformalisierung des Strafverfahrensrechts verdanken. Die in der Aufklärung neu begründete Idee von der Unverfügbarkeit der Menschenrechte[16] ist uns abhanden gekommen, und an ihre Stelle ist eine »Abwägungsdogmatik« getreten, welche jedes rechtliche Prinzip aufzugeben bereit ist, wenn nur die Not groß genug ist. Abgewogen wird das Recht des Beschuldigten auf freien Verkehr mit seinem Verteidiger (§ 148 StPO) gegen das bedrohte Leben einer Geisel[17], abgewogen wird gar das Folterverbot (§ 136a StPO) vor der Erwartung eines »namenlosen« Verbrechens.[18] »Abgewogen« heißt dann natürlich: »beseitigt«, denn auf solchen Waagschalen wiegen die Rechtsprinzipien in der Stunde der Not immer leichter – jedenfalls dann, wenn es gelingt, die Not öffentlich zu dramatisieren. Das Problem für uns alle liegt darin, daß es abwägungsfeste Rechtsprinzipien nicht mehr geben wird; sie stehen alle zur Disposition, und ihre jeweilige Geltung hängt ab vom jeweiligen Zustand der Innenpolitik und der öffentlichen Meinung. Nur abwägungsfeste, unverfügbare Rechtsprinzipien aber können eine Rechtskultur ausmachen; das Prinzip der Abwägung ist leer. Wie die zukünftige Kultur unseres Strafverfahrens aussehen wird, entscheidet sich an unserer Entschlossenheit, die Menschenrechte im Strafprozeß auch in der Stunde der Not unverfügbar gelten zu lassen.

Anmerkungen

1 Ausführlicher meine Arbeit *Theorie und Soziologie des Verbrechens,* 1973/1980, S. 29 ff.
2 Kant, *Einleitung in die Metaphysik der Sitten.* Einleitung in die Rechtslehre, § B. Was ist Recht?
3 Kant, *Idee zu einer allgemeinen Geschichte in weltbürgerlicher Absicht,* Fünfter Satz.
4 Einzelheiten bei Karl Peters, *Strafprozeß. Ein Lehrbuch,* 4. Aufl. (1985), § 11 IV, V; Roxin, *Strafverfahrensrecht. Ein Studienbuch,* 20. Aufl. (1987), § 70, beide mit weiteren Nachweisen.
5 Zu diesem Wort von Franz v. Liszt und seiner Bedeutung in einem Konzept formalisierter Strafrechtspflege mein Buch *Einführung in die Grundlagen des Strafrechts,* 1981, S. 182 f., 220 ff., 295 ff., 297 ff.
6 H. A. Zachariae, *Handbuch des deutschen Strafprozesses,* 1. Band 1860, S. 144–147; dazu meine Einführung, § 16 III 1, S. 126 ff.
7 Zu Einzelheiten und Nachweisen dieser Entwicklung v. Winterfeld, *Entwicklungslinien des Strafrechts und des Strafprozeßrechts in den Jahren 1947 bis 1987,* in: Neue Juristische Wochenschrift (NJW) 1987, 2631 ff., 2633 ff. (freilich mit dem problematischen und glücklicherweise nicht verwirklichten Vorschlag eines »Zeitgesetzes« »Zum Schutz des inneren Friedens«, 2633 f.); Grünwald, *Menschenrechte im Strafprozeß,* in: Strafverteidiger 1987, 453 ff.
8 Klassisch Eb. Schmidt, *Lehrkommentar zur StPO und zum GVG,* Teil I, 2. Aufl. (1964), Rdnrn. 20–23.
9 Material zum Umfang und den Gründen solcher Entscheidungen bei Kunz, *Die Einstellung wegen Geringfügigkeit durch die Staatsanwaltschaft,* 1980, bes. S. 69 ff.
10 Umfangreiche Dokumentation bei Lüderssen (Hg.), *V-Leute. Die Falle im Rechtsstaat,* 1985.
11 Zuletzt BGH, in: *Strafverteidiger* 1987, 421.
12 Zuletzt BGH, in: *NJW* 1987, 2525 = *Strafverteidiger* 1987, 283.
13 Art. 3 des Entwurfs eines Gesetzes zur Bekämpfung des Terrorismus, BT-Dr. 10/6286; dazu Dencker, *Kronzeuge, terroristische Vereinigung und rechtsstaatliche Strafgesetzgebung,* in: Kritische Justiz 1987, 36, 41 ff.; W. Hassemer, *Kronzeugenregelung bei terroristischen Straftaten,* in: Strafverteidiger 1986, 551; *Protokoll der öffentlichen Anhörung in der 101. Sitzung des Rechtsausschusses des Deutschen Bundestags* vom 14. 11. 1986.
14 Analyse und Nachweise in meiner Arbeit *Die »Funktionstüchtigkeit der Strafrechtspflege« – ein neuer Rechtsbegriff?,* in: Strafverteidiger 1982, 275.
15 Reiches Material bei Arzt, *Der Ruf nach Recht und Ordnung. Ursa-*

chen und Folgen der Kriminalitätsfurcht in den USA und in Deutschland, 1976, bes. S. 75 ff.
16 Ausführlich dazu und zum Folgenden jetzt W. Hassemer, *Unverfügbares im Strafprozeß*, in: *Festschrift für Werner Maihofer*, 1988.
17 BGH, in: *NJW* 1977, 2173; BVerfG, in: *NJW* 1977, 2157; §§ 31 ff. EGGVG.
18 Ernst Albrecht, *Der Staat – Idee und Wirklichkeit. Grundzüge einer Staatsphilosophie*, 1976, S. 174.

Jürgen Seifert
Vom autoritären Verwaltungsstaat zurück zum demokratischen Verfassungsstaat

In Deutschland war der Staat der Neuzeit – anders als in Nordamerika und Frankreich – kein Instrument der Aufklärung. Bei uns wurde die demokratische Republik nicht durchgesetzt als Manifestation eines Befreiungsaktes, sondern als Tribut der Niederlagen.

Die Menschen- und Bürgerrechte, von der Paulskirche als Grundrechte formuliert, sind in Deutschland zu keiner Macht des Geistes geworden, die der Exekutivgewalt Schranken setzt. Von wenigen Ausnahmen abgesehen war die Mystifizierung »Staat« bei uns ein Instrument der Gegenaufklärung, der Gegenrevolution oder der Gegenreform. Deshalb werden Gesetze hierzulande heute vielfach nicht mehr als »Entwicklung des Freiheitsbegriffs« (Hegel) verstanden, sondern als Werkzeug einer dem Bürger gegenüberstehenden Exekutivgewalt.

Hier soll der Begriff Staat mit der Zukunft der Aufklärung in einen Zusammenhang gerückt werden. Ich kann das nicht tun, ohne daran zu erinnern, daß die Staatsfixierung der Sozialdemokratie wesentlich dazu beigetragen hat, den heute verbreiteten antistaatlichen Affekt zu produzieren. Die SPD ist zwar ihrem Selbstverständnis nach eine an Demokratie und Grundrechten orientierte Partei; in ihrer Regierungspraxis hat sie jedoch immer wieder die Macht der Exekutivgewalt gegenüber demokratischer Mitwirkung und gegenüber den Freiheitssphären des Bürgers gestärkt. Ich erinnere an die Handhabung von Artikel 48 Weimarer Reichsverfassung durch Reichspräsident Friedrich Ebert, an das Ermächtigungsgesetz von 1923, das zur Reichsexekution gegen verfassungsgemäße Regierungen in Sachsen und Thüringen führte, und an die Berufung auf den »rechtfertigenden Notstand« des Strafgesetzbuches als Eingriffsermächtigung für staatliches Handeln in der sozial-liberalen Koalition in Bonn.

Weder die positiv noch negativ auf den Nationalstaat projizierten Allmachtserwartungen stehen in einem realen Verhältnis zum tatsächlichen Vermögen der Staatsgewalt. Gegenüber aalglatten Politikern, die sich gern in der Pose des Retters sehen oder darstellen, und gegenüber flotten Autoren der Postmoderne, die uns einzureden versuchen, alles ist möglich, anything goes, die solche Aussagen aber nicht mehr an der Realität messen, halte ich es für notwendig, zunächst an die Grenzen zu erinnern, die sowohl den Nationalstaaten als auch der menschlichen Gesellschaft insgesamt gegenwärtig gesetzt sind:

Erstens: Die Menschheit ist auf der Grundlage der gegenwärtigen Produktionsweise nicht in der Lage, der Anhäufung des Reichtums auf der einen Seite und der Erzeugung von Not, Armut und ökologischer Verwüstung auf der anderen Seite zu steuern. Es gibt auf der Erde keine Instanz, die auch nur korrigierend eingreift. Die neuen Technologien lassen diese Kluft noch größer werden.

Zweitens: Auf nationalstaatlicher Ebene sind zwar Methoden der sogenannten Krisenbekämpfung entwickelt worden, doch diese Instrumente versagen gegenüber dem Weltmarkt und internationalen Wirtschaftskrisen. Internationale Krisenbekämpfung – wie sie Helmut Schmidt auf der Ebene des Weltwirtschaftsgipfels anstrebte – hat sich als unzulänglich erwiesen gegenüber der Macht multinationaler Konzerne und nationaler Kapitalfraktionen.

Drittens: Der Nationalstaat kann die Schutzfunktion gegenüber ökologischen, chemischen, medizinischen oder atomaren Katastrophen mit internationalen Auswirkungen nur bedingt und nur in langwierigen Prozessen durch Absprache und Verträge erreichen. Es geht dabei dem Nationalstaat wie dem Hasen beim Wettlauf mit dem Igel: Der Staat mit seinem Schutz kommt immer zu spät.

Viertens: Man preist noch immer die friedenssichernde Funktion der Strategie der atomaren Abschreckung; doch diese Politik setzt rationales Verhalten der Gegenseite voraus. Was aber geschieht, wenn sich die Gegenseite nicht – wie die Sowjetunion jahrzehntelang – rational verhält? Dann würde sich zeigen, daß die Politik der Abschreckung auf einer instrumentellen Teilvernunft beruht und in eine Irrationalität des Ganzen eingebunden ist.

Wir verdrängen allzugern solche Fragen, weil wir den Weg zu einer Lösung nicht sehen. Es bedarf weltweit gewaltiger gesellschaftlicher Veränderungen, um das zu realisieren, was die Aufklärung anstrebte.

Wenn wir uns dem Bereich zuwenden, in dem wir handeln können, müssen wir zunächst zur Kenntnis nehmen, daß der Staat der

Bundesrepublik gegenwärtig keine solide Bastion der Aufklärung ist. Elemente der Gegenaufklärung gewinnen in unserem Land zunehmend an Bedeutung. Aus dem Bereich Staat, Verfassung und Gesetz will ich einige nennen, zunächst konservative Positionen, dann aus dem Spektrum, das man der Linken zurechnet.

Nicht jeder Konservative vertritt Positionen der Gegenaufklärung (und nicht jeder Linke steht im Lager der Aufklärung); aber es gibt spezifisch konservative Auffassungen (die alle auch in der Sozialdemokratie zu finden sind), die zumindest punktuell etwas mit der Gegenaufklärung zu tun haben. Soweit es um Verfassung und Gesetz geht, dienen sie in dieser oder jener Form dazu – das ist meine erste These im Rahmen der Bestandsaufnahme –, die Schranken zu beseitigen oder anzutasten, die der Exekutivgewalt Grenzen setzen. Ich nenne fünf Beispiele. Ich verzichte darauf, hier auch die Gegentendenzen darzustellen.

Eine solche Position der Gegenaufklärung sehe ich *erstens* in der Konstruktion eines sogenannten übergesetzlichen oder rechtfertigenden Notstandes als Versuch der Legitimation für gesetzlich nicht zulässige Eingriffe der Exekutivgewalt in die Rechte des Bürgers. Daß dabei rationales Verhalten durchbrochen wird, zeigt die Tatsache, daß diejenigen, die 1968 die Notstandsgesetzgebung mit dem Argument verteidigten, dadurch würde die Berufung auf übergesetzliche Notstände ausgeschlossen, sich später auf den rechtfertigenden Notstand als Eingriffsermächtigung für staatliches Handeln beriefen.

Positionen der Gegenaufklärung finden wir *zweitens* auch im Bemühen der Exekutivgewalt, ihre Kompetenz auszuweiten auf den Bereich der Prävention, der Gefahrenverhütung und der Informationsvorsorge. Spiros Simitis spricht in seinem Beitrag vom »Bürger als Informationsschuldner«. Die Einschränkung polizeilichen Handelns auf das, was Juristen im Begriff der Gefahrenabwehr zusammenfassen, ist so etwas wie geronnene Vernunft. Deshalb bedeutet Aufweichung des Begriffes Gefahrenabwehr ein Zurück zum Polizei- und Obrigkeitsstaat.

Positionen der Gegenaufklärung finden wir *drittens* in der Uminterpretation der normativen Verfassungssätze des Grundgesetzes zu einer Wertordnung. Das Grundgesetz ist keine Ordnung des politischen Relativismus, sondern setzt substantielle Grenzmarken, die den Rahmen abstecken für den Kampf politischer und gesellschaftlicher Kräfte um die Ordnung des Gemeinwesens (Perels). Das Wertedenken dagegen macht – auch wenn es rational erscheint – aus der Ordnung des Grundgesetzes eine Werte-Kirche, die von den Interpreten in diese oder jene Richtung auf-, ab- oder umgewertet werden kann.

Die Position der Gegenaufklärung finden wir *viertens* auch darin, daß in zunehmendem Umfang Maßnahmen der Exekutivgewalt nicht mehr nach Recht und Gesetz erfolgen, sondern in einem Geflecht zwischen Kapital und Arbeit, politischer, gesellschaftlicher und ökonomischer Positionen zwischen herausgehobenen Personen ausgehandelt werden. Hier kommen Momente einer Refeudalisierung zum Zuge, durch die das generelle und abstrakte Gesetz zurückgedrängt und ersetzt wird durch Maßnahmen, Genehmigungen, Zusagen und Absprachen. Die Erfahrungen zeigen – das machen so unterschiedliche Beispiele wie Alkem und Buschhaus deutlich –, daß sich dabei die Kapitalseite der Exekutivgewalt überlegen erweist.

Die Positionen der Gegenaufklärung finden wir *fünftens* auch in einer spezifischen Form einer Scheinvertatbestandlichung, die der Exekutivgewalt nicht Grenzen setzt, ihr vielmehr die Interpretationsmacht zuspricht.

Im Spektrum, das man der Linken zurechnet, begegnen wir ebenfalls antiaufklärerischen Blockierungen. Diese Blockierungen sind in meinen Augen – das ist meine zweite These im Rahmen der Bestandsaufnahme – das Produkt einer scheinrevolutionären Legitimität, die der Legalität des Grundgesetzes gegenübergestellt wird. Ich will das an zwei Beispielen behandeln; zum einen an der Negation von Gesetzen und Institutionen des Rechts überhaupt, zum anderen an der Romantik der Regelverletzung und Illegalität. Die Negation der Schutzfunktion des Rechts überhaupt hat in besonders krasser Form Michel Foucault in seiner ultra-linken Phase vertreten. Die sozialwissenschaftliche Kritik an der Justizorganisation hat ihn dazu verführt, die gewiß problematische, aber dennoch nicht zufällig so entstandene Form des Rechtswesens grundsätzlich zu negieren und die Forderung nach Volkstribunalen zu erheben. Wenn Foucault die Erfahrung mit solchen Volkstribunalen in gleicher Weise untersucht hätte, wie er das mit dem Gefängniswesen getan hat, hätte er erkennen können, daß eine solche Form der Volksjustiz der Willkür Tür und Tor öffnet.

In der Bundesrepublik gibt es vergleichbare Positionen nur in

Ansätzen; aber es gibt eine sehr verbreitete undifferenzierte Kritik an *Ver*rechtlichung. Das Schlagwort »Verrechtlichung« ist zu einem Knüppel gegen alles und jedes geworden. Die notwendige Differenzierung über die Form der Verrechtlichung fällt dabei weg. Das passiert, weil man die Legalität der Verrechtlichung mit Reformismus gleichsetzt und dabei vergißt, daß auch Karl Marx Gesetze anders bewertet hat. Die Zehnstundenbill feierte Marx sogar als »Sieg eines Prinzips«: Den Sieg der politischen Ökonomie der Arbeiterklasse über die politische Ökonomie der Mittelklasse.

Die Romantik der Regelverletzung und der Illegalität ist wie der antistaatliche Effekt nur die Kehrseite einer bekenntnishaften Staatstreue und einer von der Vernunft abgelösten bedingungslosen Unterwerfung unter jedes Gesetz. Die Faszination der Illegalität ist die bloße Negation der blinden Gesetzesfixierung. Sie kann wieder blind umschlagen. So wurde bei Horst Mahler aus dem Satz »Der Revolutionär ist notwendig kriminell« am Ende das indifferente »Bekenntnis zum Staat«, bei dem nicht zwischen Exekutivgewalt und Verfassung unterschieden wird.

Um nicht mißverstanden zu werden, folgende Anmerkung: Das klassische Widerstandsrecht und der öffentliche Ungehorsam der Citoyen haben nichts zu tun mit der Faszination der Illegalität und der Regelverletzung.

Gegenüber antiaufklärerischen Blockierungen kommt es – das ist meine These für die Rechtspolitik – nicht darauf an, neue Verfassungstheorien zu entwickeln (seien diese »marxistisch« oder ökologisch), sondern sich auf die aufklärerische Tradition des demokratischen Verfassungsstaates zu besinnen.

Es geht um Schutzvorkehrungen, um wichtige Grenzmarken im verfassungsrechtlichen Rahmen. Wir brauchen nicht das »Bekenntnis« zu neuen oder alten Grundwerten. Es kommt darauf an, Verfahrenssicherungen auszubauen, die aus dem Geist der Aufklärung stammen und die man als ein Stück geronnener Vernunft bezeichnen kann. Eine solche Verfahrenssicherung ist beispielsweise die Umkehr der Beweislast. Es ist nicht zufällig, daß man sich in Bonn schnell einig war, den Schutz der Natur als Staatszielbestimmung in das Grundgesetz aufzunehmen; dagegen ist bisher ein Gesetz gescheitert, das den Geschädigten nicht mehr zwingt, nachzuweisen, daß der Schaden von diesem Unternehmen verursacht worden ist, sondern das festlegt, daß das Unternehmen den

Nachweis führen muß, warum der Schaden nicht von ihm verursacht sein kann.

Die Bedeutung von Verfassungsverfahrensregelungen muß entdeckt werden. Solche Schutzvorkehrungen haben eine ebenso wichtige Bedeutung wie vor zweihundert Jahren. Das will ich an sechs Beispielen deutlich machen.

Erstens: Menschen- und Bürgerrechte sind nicht als Grundwerte entwickelt, sondern als Grenzmarken gegenüber der Exekutivgewalt. Sie garantieren dem Bürger personelle Freiheit, demokratische Mitwirkung und soziale Teilhabe dadurch, daß sie festlegen, daß in diese Grundrechte des Bürgers nicht oder nur unter Beachtung eines spezifischen Verfahrens (Gesetzesvorbehalt) eingegriffen werden darf.

Zweitens: Gesetze erfüllen im aufklärerischen Denken nur dann die ihnen zugedachte vernünftige Funktion, wenn der Umfang der Eingriffsermächtigung für die Bürger erkennbar ist und die Voraussetzungen, unter denen er erfolgen kann, so festgelegt werden, daß sie gerichtlich nachprüfbar sind. Das ist zum Beispiel nicht mehr der Fall, wenn im Verwaltungsverfahrensgesetz in Zukunft festgelegt werden soll, daß die strikte Zweckbindung für personenbezogene Informationen entfallen soll, wenn es »zur Abwehr erheblicher Nachteile für das Gemeinwohl oder einer sonst drohenden Gefahr für die öffentliche Sicherheit erforderlich ist«. Hier wird eine Generalklausel geschaffen, die ausschließt, daß Gerichte die Weitergabe von Daten unterbinden oder für rechtswidrig erklären können. Es handelt sich um eine nicht justitiable Verschleierungsnorm.

Drittens: Der personale Freiheitsraum des Bürgers wird im aufklärerischen Verfassungsdenken nur dann gesichert, wenn öffentlich erkennbar eine klare Grenze gezogen ist zwischen Normalbefugnissen der Exekutive und spezifischen Sonderbefugnissen. In der Verfassungstradition der Aufklärung wird dies sichergestellt durch besondere Feststellungsentscheidungen, die vom Richter (habeas corpus), vom Parlament (Kriegsfall) oder von der Exekutivgewalt (Belagerungszustand) getroffen werden. Eine zusätzliche Sicherung wird dadurch erreicht, daß diese Feststellungsentscheidungen – wie bei der Erklärung des Notstandes – öffentlich gemacht oder – wie bei der richterlichen Anordnung der Hausdurchsuchung – den Betroffenen bekanntgegeben werden müssen. Auf derartige Verfahrenssicherungen wird beispielsweise in den von der Innenministerkonferenz vorgelegten Entwürfen zur Neufassung der Polizeigesetze weitgehend verzichtet. Dort, wo die Einschaltung eines Richters vorgesehen ist, wird die Verfahrenssicherung durch den Zusatz ausgeschaltet: Ist »Gefahr im Verzug«, bedarf es einer solchen Feststellungsentscheidung nicht.

Viertens: Zu der im Zuge der Aufklärung durchgesetzten Verfassungstradition gehört das Recht des Bürgers auf Einsichtnahme in die von der Exekutivgewalt über ihn geführten Akten und die Möglichkeit zur Klage gegen jeden Eingriff in seine Freiheitssphäre. Diese Rechte sind im Grundgesetz besonders gesichert. Das Bundesverfassungsgericht hat auch die Datenspeicherung und -verarbeitung als Informationseingriff bezeichnet, der nur aufgrund eines Gesetzes vorgenommen werden darf. Daraus folgen – das hat das Bundesverfassungsgericht gefordert – Auskunfts-, Unterrichtungs-, Berichtigungs- und Klageansprüche des Betroffenen. Auch für die Polizei und Geheimdienste darf es grundsätzlich keine Ausnahmen geben, es sei denn, der Verdacht strafbarer Handlungen ist gegeben. Solche Rechte zeigen einen Weg, die Exekutive in ihre Schranken zu weisen. Ohne harte Verfassungskämpfe – das ist vorherzusehen – werden diese Rechte allerdings nicht durchgesetzt werden können.

Fünftens: Ein auf Vernunft gegründetes Gemeinwesen kann nicht darauf vertrauen, daß alle notwendigen Innovationen rechtzeitig von der Exekutivgewalt erkannt werden. Ein Gegengewicht gegenüber der Exekutivgewalt kann das Parlament, insbesondere die Opposition sein. Ein Mittel, sich selbst Informationen zu beschaffen, ist für das Parlament das Enqueterecht. Dieses Recht ist in der Bundesrepublik nur unzulänglich ausgebaut. Die Untersuchungsausschüsse sind auf die Mißstands-Enquete beschränkt. Die Sachstandsenquete kann nur durch Kommissionen ausgeübt werden, die niemand zur Aussage zwingen können. Aber gerade darauf kommt es an, wenn sich das Parlament beispielsweise in Umweltfragen sachkundig machen will.

Wir brauchen Untersuchungsausschüsse mit dem Recht zur Sachstandsenquete. In den Ausschüssen müssen die Rechte der Minderheit gestärkt werden; die fehlende Aussagegenehmigung muß – wie beim Bundesverfassungsgericht – durch einen Beschluß des Ausschusses ersetzt werden können. Nur dann werden Untersuchungsausschüsse so erfolgreich sein wie der Barschel-Ausschuß in Kiel, für dessen Erfolg auch die Tatsache wichtig war, daß hier ein Patt der politischen Kräfte besteht.

Sechstens: Neben diesen Gegengewichten und Verfahrenssicherungen gegenüber der Exekutivgewalt gibt es seit der Aufklärung die Institution verwaltungsinterner Sicherungen. Eine solche verwaltungsinterne Sicherung ist der Rechnungshof. Neuerdings sind neben die Rechnungshöfe die Datenschutzbeauftragten getreten. Die Erfahrungen mit beiden Institutionen sind positiv. Deshalb ist zu prüfen, ob die in Schweden bewährte Institution des Ombudsmannes nicht auch bei uns (zumindest für die für den Bürger unübersichtlichen Bereiche der »Sicherheitsapparate«) realisiert werden sollte.

Die Sicherungsfunktion formaler Verfahrensregeln und institutioneller Gegengewichte wird häufig verkannt. Das liegt in Deutschland vor allem daran, daß es bei uns keinen Kampf um ein Habeas-corpus-Recht gegeben hat. Vielen ist weder die Freiheit sichernde Funktion von Verfahrensregeln bewußt noch die Tatsache, daß sich in solchen Institutionen – trotz ihres formalen Charakters – häufig mehr aufklärerischer Geist niedergeschlagen hat als in der Proklamation von Werten. Die formalen Sicherungen sind kein bloßes Ritual; ihr materieller Bezugspunkt sind die Menschen- und Bürgerrechte. Das ist der Unterschied zu Niklas Luhmanns »Legitimation durch Verfahren«.

Diese von mir nur beispielhaft vorgenommene Rückbesinnung auf frühbürgerliches Denken der Aufklärung hat in meinen Augen nichts zu tun mit einer rückbezogenen Verfassungs-Nostalgie. Die damals entwickelten Verfassungsverfahrenssicherungen sind ein in die Zukunft weisendes Element des demokratischen Verfassungsstaates. Die Rückentwicklung der rechtsstaatlichen Demokratie in einen autoritären Verwaltungsstaat beruht wesentlich auf einer Außerkraftsetzung dieser institutionellen Sicherungen. Wir kommen gegenwärtig – wir können uns drehen und wenden – nicht am Nationalstaat vorbei, auch wenn dieser die ihm zugemessenen Aufgaben nicht oder nur unzulänglich zu erfüllen vermag. Deshalb wird es auch vom inneren Zustand nationaler Gemeinwesen abhängen, ob es der Menschheit gelingt, die globalen Aufgaben zu meistern, von denen ich eingangs gesprochen habe. Dennoch bleibt – wenn wir auf nationalstaatlicher Ebene den mühseligen Kampf um Verfahrensregeln nicht scheuen – unausgesprochen ein Ziel, das wir verdrängen, weil wir nicht wissen, wie wir es erreichen können: das Ziel einer solidarischen Welt, die in der Lage ist, Krieg zu bannen, Hunger und Armut zu beseitigen, der Vergiftung der Erde ein Ende zu bereiten und – ohne Konflikte zu verdrängen – allen Menschen personale Freiheit zu gewähren.

Dieser Schluß klingt pathetisch, doch er knüpft an den großen Aufklärer aus Königsberg an, der vor fast 200 Jahren über den »ewigen Frieden« schrieb und diesen nicht als einen »süßen Traum« verstanden wissen wollte.

Peter Glotz
Über die Vertreibung der Langeweile oder Aufklärung und Massenkultur

> »Es ist nicht Trost, es ist das Natürlichste von der Welt, was Epikur sagt: der Tod sei nicht, solange wir leben, und wenn er sei, lebten wir nicht mehr.«
>
> *Hans Blumenberg*

I.

Es gibt aufklärerische Massenkultur: zum Beispiel Reinhard Hauffs Film *Stammheim*, der für Hunderttausende von Menschen verständlich macht, wie aus schwäbischen Pfarrerstöchtern Terroristinnen werden konnten; Fernsehserien wie *Kir Royal* von Patrick Süskind und Helmut Dietl, die die kleinmünchnerische Scheingesellschaft mit Witz und Ironie so beleuchten, daß man erkennen kann – es sind die gleichen Leute, die Lion Feuchtwanger schon im *Erfolg* porträtiert hat – nur in anderen Kleidern; Theaterstücke wie die von Franz Xaver Kroetz über das Bauernlegen in Altbayern; Romane, die Hunderttausenden von Lesern ein Licht über das Geschäft der Geheimdienste aufstecken, beispielsweise von John le Carré oder Johannes Mario Simmel; und Lieder, die der »Aura der Entmutigung« (Jürgen Habermas) entgegenwirken. Ich rede beispielsweise von Klaus Lages *Monopoly*, das gegen die Arbeitslosigkeit gerichtet ist und trotzdem eine Million mal auf Platten und Bändern verkauft wurde; von Udo Lindenbergs *Asphaltcowboy*, von Heinz Rudolf Kunzes Nicaragua-Lied, dem Türkenlied der »Bots« oder Ulla Meineckes feministischen Songs. Und wir, mit unseren kleinen Auflagen, unseren vorgebildeten Lesern, unseren wichtigen, indirekt prägenden »klassischen Öffentlichkeiten« sollten uns immer klar machen, daß Peter Maffay viele tausend Jugendliche des Subproletariats erreicht; und eben nicht mit Schund, mit Lüge und billiger Anpassung an vorgeprägte Bedürfnisse, sondern mit kleinen, gradualistischen Provokationen.

II.

Das Gegenargument ist noch immer »der Zirkel von Manipulation und rückwirkendem Bedürfnis, in dem die Einheit des Systems immer dichter zusammenschießt«; oder auch »die böse Liebe des Volks zu dem, was man ihm antut« (Horkheimer/Adorno). Es ist die These von der Kulturindustrie, die die Menschen durch Zerstreuung und Entspannung so zurichtet, daß sie am nächsten Morgen wieder arbeitsfähig sind. »Falsche Klarheit«, »repressive Egalität« sind die Stichworte. Die Philosophen verdichten ihre These in der Geschichte von den Lotophagen, den Lotosessern. Ihnen geschieht nichts Böses; nur Vergessen droht ihnen und das Aufgeben des Willens. Solche Idylle, sagen Horkheimer und Adorno, die ans Glück der Rauschgifte mahne, könne die selbsterhaltende Vernunft nicht zugeben. Odysseus scheucht die »Faulen« auf und transportiert sie auf die Galeeren. »Aber ich führt an die Schiffe die Weinenden wieder mit Zwang hin / zog sie ins geräumige Schiff' und band sie unter den Bänken.« So ähnlich möchte ein wichtiger Teil der deutschen Linken seit Adornos Kritik des »Kulturbetriebs« mit den Konsumenten der Massenkultur verfahren; nur daß das mit dem Binden unter den Bänken schwieriger ist als zu Zeiten des Odysseus.

Richtig bleibt an der Kritik der »Kulturindustrie«, daß ein Teil der Massenkultur die freie Zeit der Menschen beschlagnahmen will und daß Massenkultur es oft unmöglich macht, daß diese freie Zeit als Orientierungszeit, als Emanzipationszeit erlebt wird. In einer Phase der Ökonomisierung, Internationalisierung und Privatisierung der Medien, in der die Konzerne mächtiger, die öffentlich-rechtlichen Rundfunkanstalten schwächer und die mittelständischen Produzenten an den Rand gedrückt werden, ist die Warnung vor wohlorganisierter, eben industrialisierter Affirmation berechtigt. »Klassische Öffentlichkeiten« werden erwürgt: Wo spielt man kritische deutsche Filme, wenn die Kinos amerikanischen Ketten gehören? Wer vertreibt kleine Zeitschriften, wenn viele Buchhandlungen zu Warenhäusern werden? Wer sendet neue Musik, wenn man den öffentlich-rechtlichen Sendern an den Gebühren knapst? Wer ernährt freie Schriftsteller, wenn ihre Features unverkäuflich geworden sind? Statt dessen exportiert eine »Media-Vision e.V.« die Predigten Jimmy Swaggarts nach Europa; synchronisiert tauft er die Massen mit dem Heiligen Geist, und »Hosianna« singt ein rattenzähniger Falsettsänger: »Blessed be the rock of my salvation«. Kulturindustrie: Die Zuschauer sehen Jimmys Publikum toben und rufen die Nummern an, die hilfreich eingeblendet werden. Pastor Swaggart nennt die Bekehrten die »Geistgetauften« – welch treffender Begriff.

Die Frage ist nur, ob *aufklärerische* Massenkultur somit unmöglich wird; ob Freiheit sich *nur* noch im authentischen, autonomen Kunstwerk bewahrt. Heißt Amüsement *»allemal«*: »nicht daran denken müssen, das Leiden vergessen, noch wo es gezeigt wird«? Ist Massenkultur notwendig »Verblendungszusammenhang«?

Wer diese Position für sich gelten lassen will, belastet sich mit zwei Hypotheken: Er setzt fest, daß nur der frei sein kann, der die Geheimschrift zu lesen versteht. Wer den Akt der Dechiffrierung nicht beherrscht, bleibt ausgeschlossen aus dem Reich der Autonomie. Gleichzeitig ist die Verfluchung des »Amüsements« (also zum Beispiel der Spannung in der Handlungsführung des bedeutenden Bestsellers *A perfect spy* von le Carré) ein Zirkel, aus dem die Kulturindustrie *nie* entkommen kann. Ob Simmel für den Pazifismus schreibt oder Konsalik für Hitlers anständige Soldaten; ob die *Schwarzwaldklinik* das von Sascha Hehn verkörperte infantile Männerbild propagiert oder *Kir Royal* die Baby-Schimmerlos-Moral der »Münchner Gschäftsleut« bekämpft; ob Karel Gott für das Abendland jault oder Klaus Lage sozialkritischen Rock singt – alles dasselbe, alles Kulturindustrie?

Gegen diese Verzweiflung bleibt Antonio Gramscis Forderung nach einer *national-populären Literatur* realistisch; und sie ist auf andere Kunstformen übertragbar. Ich weiß, Pasolini hat herausgeschrien, daß das Volk im Gramscischen Sinn nicht mehr existiert. Aber irgendein Volk existiert doch? Oder wäre es, frei nach Brecht, besser, die Linke löste das Volk auf und wählte sich ein neues?

Das Verdikt gegen Unterhaltung, Zerstreuung, leichte Kunst stammt aus religiösen Wurzeln. Zum Beispiel von Pascal: für den zerstörte »Zerstreuung« die Konzentration auf ein todesansichtiges Leben. – Den Metaphysikern, sagt Hans Blumenberg, sei die »Todesvermeidungstechnik des Lebens« tief verdächtig. »Aber aus der Einsicht, daß die Unvermeidlichkeit des Todes die Intensität des Lebens steigert, darf nicht geschlossen werden, es würde die ständige Todesansichtigkeit des Lebens diese erst zur Rücksichtslosigkeit gegenüber sich selbst, zur Vertiefung in seinen unverstellten Sinn führen.«

In säkularisierter Form lebt jenes metaphysische Urteil weiter – die aufgeklärte Aufklärung muß darüber hinaus. Aufklärung und Sinnlichkeit sind keine Widersprüche. Rationalismus muß nicht zu Phantasie- und Symbollosigkeit führen. Es ist eine Linke denkbar, die Bilder hat; die nicht nur über Sachen redet, sondern zu den Menschen. Das haben übrigens auch Horkheimer und Adorno gewußt: »Leichte Kunst als solche, Zerstreuung ist keine Verfallsform. Wer sie als Verrat am Ideal reinen Ausdrucks beklagt, hegt Illusionen über die Gesellschaft... Leichte Kunst hat die autonome als Schatten begleitet.« Ich beschwöre die Schatten: Heine, Börne und Glassbrenner, Kisch, Tucholsky, Feuchtwanger und Brecht, Erich Kästner, Hans Fallada und Erich-Maria Remarque. Und Albert Mangelsdorff und Mathias Koeppel und Gerhard Polt und Klaus Staeck und Margarethe von Trotta und...

III.

Statt von der theoretischen läßt sich die Frage auch von der praktischen Seite angehen. Dann lautet sie: Was langweilt und wen langweilt es? Diese beiden Aspekte der Massenkultur-Debatte hat Johannes R. Becher so expliziert: »Es spricht in vielen Fällen nicht für uns«, sagt er gegen die allzu schnellfertige Selbstrechtfertigung des Bequemen, des glatt Eingepaßten, »wenn wir sagen: Das ist ja nicht mehr zu lesen, das ödet mich an und ist mir zu langweilig – solch eine Ablehnung zeugt oft nur davon, daß wir nicht mehr imstande sind, uns ernsthaft auf eine schwierige Sache zu konzentrieren, oder daß unser Geschmack für die Aufnahme des Guten und Einfachen verdorben ist.« Becher deutet auf die Macht der Institutionen; ob Schulen oder Massenmedien: »Wir *wurden* an anderes gewöhnt.« Dann analysiert er die »falschen Gewohnheiten«: »Wir wurden an kurzatmige Sätze gewöhnt und an eine äußerliche, effektvoll sich darbietende Handlung, wir wurden der Ordnung und Schönheit entwöhnt, wie sie in einem ausgeführten Satzbau sich darstellen, und der innerlich sich vollziehenden Handlung, die auf drastische äußere Effekte verzichtet. Wir wurden daran gewöhnt, Gedanken als Fertig-Gedachtes und auch Gefühle als Standard-Ware und Fertig-Fabrikate vorgesetzt zu bekommen, und wir wurden der Schwierigkeit entwöhnt, selber langwierig nachdenken zu müssen oder unsere Gefühle anzustrengen. *Es wurde uns leicht gemacht.*«

»Ordnung und Schönheit« mögen in diesem Text allzu erratisch herumstehen; da spricht schon der kommunistische Klassizismus des Kultusministers der DDR. Auch über den Unterschied von »äußerlicher« und »innerlicher« Handlung läßt sich streiten. Aber die Warnung des gewieften Praktikers vor Eskapismus ist berechtigt: »Da das Lebens es uns überschwer macht, verlangen wir in unseren freien Stunden nach einer leichten Kost. So langweilt uns häufig das Schwere und Ernste, was aber nicht besagt, daß das Schwere und Ernste langweilig wäre, sondern was nur über unseren Zustand Auskunft gibt.«

Der einen Gefahr – Eskapismus – steht die andere gegenüber: die Verachtung der Sinnlichkeit. Da weiß der Alte, der vom Expressionisten zum Marxisten geworden ist, worüber er redet: »Auch das Langweilige ist nicht langweilig. Auch die Langeweile ist interessant, wenn man ihre tieferen Gründe aufspürt. Auch das Gähnen enthält ein Sehnen, auch der Mensch, der mit sich selbst nichts anzufangen weiß, ist ein interessantes Beispiel. Wofür? Daß die Menschen nichts miteinander anzufangen wissen und es sogar fertigbringen, aus der interessantesten Sache der Welt die langweiligste zu machen. Dieses erstaunliche Kunststück haben zum Beispiel die Marxisten fertiggebracht.«

Kein Widerspruch. Johannes R. Bechers *Kernsätze* gehören auf die erste Seite der Notizbücher aller Intellektuellen, immer wieder abgeschrieben und von einem Buch ins nächste transportiert. Sie lauten: »Man darf den Kampf gegen die Langeweile nicht der Vergnügungsindustrie überlassen. Die Vertreibung der Langeweile: auch das gehört mit zu einer guten Revolution.« Von der Generation der Majakowski und Eisenstein abgesehen, ist das wohl ein wenig in Vergessenheit geraten.

IV.

Ich will Dieter Schnebel nicht dazu bringen, ein Stück für »BAP« zu schreiben. Günter Grass soll nicht verpflichtet werden, für einen Roman über die Affäre Barschel nach Telgte oder sonst wohin in Klausur zu gehen; und niemand erwartet von Alexander Kluge die konstruktive Verarbeitung des Schicksals von »Sir« Albert Vietor. Die bescheidenen Wünsche, die ich äußere, sind: Die Linke möge sich nicht mit der Verurteilung von Silvio Berlusconi, Hans Beierlein und Leo Kirch begnügen; sie möge sich nicht mit einer Kulturkritik der *Schwarzwaldklinik* zufrieden geben; und sie möge nachdenken über die Frage, warum ihr – jedenfalls in der Bundesrepublik – seit Jahrzehnten keine linke Boulevard-Zeitung, nur selten ein gut gemachtes Gewerkschaftsmagazin und eine überzeugende Agitations- oder Nachdenk-Veranstaltung zum 1. Mai gelingt.

Ich schließe also, wie es sich für einen Politiker gehört, mit einem Plädoyer. Wir müssen junge Leute ausbilden, deren Traum es ist, in die Unterhaltungsabteilung des Zweiten Deutschen Fernsehens einzusteigen; und nicht ins Feuilleton der *Süddeutschen Zeitung*. Ich bin für junge »Schumpetersche« Unternehmer, die – in der Branche der Popmusik – das System der Top 65 und der Verkaufs-Charts kennen und sich dieses Systems zu bedienen wissen. Ich suche Autoren, die das Genre der Familienserien nicht einem gewissen Herrn Rademacher überlassen, und Filmer, die sich nicht zu schade sind, darum zu kämpfen, daß die Oligopole der Film-Theater-Branche aufgebrochen werden. Natürlich wünsche ich mir Gewerkschaften, die in gut gemachte Lokalradios investieren (und nicht in »entwortete« Dudelkisten) und die begreifen, daß solche Investitionen mindestens so wichtig sind wie ein noch so funktionaler und wertbeständiger Büropalast. Und wir sollten Kritiker ins Mediensystem schleusen, die wissen, daß zwischen Milva und Mireille Mathieu Welten klaffen.

Mag sein, daß solche Forderungen einem Kongreß über die »Zukunft der Aufklärung« zu einfach sind. »Konkretistisch« oder »kurzschlüssig« nennt man das, wenn man mit sterilem Besteck immunisieren will. Aber wir müssen über »verbissene Ironie« ebenso hinauskommen wie über fatalistisches Gesäusel. Den »subaltern Gehaltenen« (Gramsci) kann nur helfen, wer die subaltern Gehaltenen erreicht, und sei es indirekt, über die Bande. Die »Aura der Entmutigung« muß durchbrochen werden.

Hans Robert Jauß
Das kritische Potential ästhetischer Bildung

Dem Plädoyer des Politikers, die verpönte Massenkultur für das unvollendete Projekt der Aufklärung zu nutzen, kann ich als Ästhetiker im Grunde nur zustimmen. Mir bleibt übrig, die politische Argumentation historisch und ästhetisch zu vertiefen. Ruft man die Ästhetik nicht bloß als Theorie, sondern als gesellschaftliche Erfahrung vom Umgang mit den Künsten zu Hilfe, so zeigt es sich, daß Peter Glotz bei seiner noch sehr zögernden Kritik am ästhetischen Defizit der *Dialektik der Aufklärung* zu früh innegehalten hat. Das gilt zum ersten für seine Kritik an der Auffassung, daß Freiheit sich nur im autonomen Kunstwerk bewahre; zum zweiten für seine Infragestellung des Vorurteils, daß eine allmächtige Kulturindustrie nur dazu dienen könne, die Konsumenten dafür zuzurichten, am nächsten Morgen wieder arbeitsfähig zu sein; zum dritten für seine Mahnung, die Massenkultur nicht der Gegenaufklärung zu überlassen, sondern sie in eigener Regie zum ästhetischen Instrument politischer Kultur zu machen. Für sein Plädoyer lassen sich noch bessere Gründe beibringen, wenn es – nach Jürgen Habermas – darum gehen soll, in einer neuen Mobilisierung von Kultur verlorene Chancen für die Zukunft der Aufklärung wiederzugewinnen.

I.

Die Ära des selbstherrlichen Reichs der autonomen Kunst ist – blickt man auf die Geschichte der ästhetischen Erfahrung in der dreitausendjährigen europäischen Kultur – nur eine Episode, die gemeinhin etwa von 1750 bis 1850 datierte Gipfelepoche im Selbstverständnis der bürgerlichen Gesellschaft in Deutschland. Es ist eine folgenschwere, geschichtsblinde Selbstüberschätzung, aus der Ästhetik dieser Epoche – ihres Ideals von ästhetischer Autonomie – die Grundbestimmung aller Erfahrung von Kunst ableiten zu wollen, als ob ein Reich autonomer Kunst schon vor und auch nach ihrem idealistischen Gipfel allemal vom Reich der Politik, aber auch von aller Belehrung, Unterhaltung, Geselligkeit, kurzum: von der Kultur des Alltags, geschieden gewesen und geblieben wäre. Der Gegensatz von künstlerischer und alltäglicher Kultur ist in der Geschichte der ästhetischen Praxis späten Datums. Blickt man auf die ältere Kunst vor der Schwelle der ästhetischen Autonomie zurück, so läßt sich ständig und vielfach belegen, daß die Zeugnisse, die von ästhetischer Erfahrung sprechen, ganz selbstverständlich höhere und niedere, elitäre und populäre Funktionen der Kunst: Verstehen und Genießen, Erkenntnis und Unterhaltung, das Tragische und das Komische, das Erhabene und das Groteske, eingeschlossen und nicht selten zusammengeschlossen haben.

Ich brauche hier nur anzuführen, daß Klassiker wie Homer, Dante, Cervantes, Shakespeare zu ihrer Zeit und nach ihrer Intention den Normen des autonomen Kunstwerks, geschweige denn einer Scheidung von reiner und nützlicher, lebensabgewendeter und lebenszugewendeter Kunst, mitnichten entsprochen hätten. Dante hat im Spiegel seiner Jenseitsvision die geschichtliche Existenz von Hunderten von Personen namhaft, die irdisch-alltägliche Welt überhaupt darstellungswürdig gemacht. Sein kreatürlicher Realismus kehrt sich so wenig an die idealistischen Schranken der Trennung zwischen hohem und niederem Stil wie das Werk Shakespeares, das in seiner Sprache alle Register der Alltagskultur zu ziehen weiß, das Tragische mit dem Komischen durchmischt und uns auch erlaubt, aus dem Munde Hamlets die erhabensten Gedanken wie schockierende obszöne Reden zu vernehmen. Nicht erst das autonome Kunstwerk, das die gemeine Wirklichkeit negiert, bewahrt Freiheit: die Unbotmäßigkeit der Literatur zeigte sich stets auch schon in den Epochen ihrer ideologischen Dienstbarkeit an. Wie anders wäre das Mißtrauen staatlicher oder kirchlicher Autorität seit Plato und Augustin gegen die Wirkung der Künste zu erklären? Das Lachen zumal blieb stets – um die berühmte These von Michail Bachtin zu zitieren – eine freie Waffe in der Hand des Volkes: »Das Lachen befreit nicht nur von der äußeren Zensur, sondern vor allem vom großen inneren Zensor, von der in Jahrtausenden dem Menschen anerzogenen Furcht vor dem Geheiligten, dem autoritären Verbot, dem Vergangenen, vor der Macht.«

Der Purismus der *Ästhetischen Theorie* Adornos erklärt sich aus der »Aura der Entmutigung«, in die seine *Dialektik der Aufklärung* zu führen schien: in dem Maße, wie das gesellschaftliche

Leben der Moderne der Verdinglichung verfiel, die Idee sich in Herrschaft verwandelte, bliebe der Kunst nurmehr die letzte Aufgabe einer kompromißlosen »bestimmten Negation«. Ihre Bestimmung: »Der Praxis sich enthaltend, wird Kunst zum Schema gesellschaftlicher Praxis,« bewahrt ihr historisches Recht zwar als Therapie gegen die Manipulation der Künste und Medien im Verblendungszusammenhang der universalen Konsum- und Tauschgesellschaft, nicht aber im Rückblick auf die gesellschaftliche Leistung von Literatur und Kunst auf dem Gipfel der bürgerlichen Aufklärung und auch nicht mehr im Vorblick auf die Chancen der ästhetischen Erfahrung in unserer Gegenwart, der vielgeschmähten »Postmoderne«. Selbst die Literatur und Ästhetik der Aufklärung hat sich, bevor sie sich in das autonome Reich des Schönen zurückzog, in der bestimmten Negation einer bestimmten Gesellschaft, der des Ancien Régime, mitnichten der Praxis enthalten. Man braucht zum Beispiel nur Schillers Schrift *Die Schaubühne als eine moralische Anstalt betrachtet* von 1784 wiederzulesen, um dort gegen die herrschende Autorität von Staat und Religion den stolzesten Anspruch der mündigen bürgerlichen Öffentlichkeit zu finden: »Die Gerichtsbarkeit der Bühne fängt an, wo das Gebiet der weltlichen Gesetze sich endigt.« Literatur als Instanz der aufgeklärten bürgerlichen Moral könne und werde die ganze Bildung der Menschheit vollenden, wenn Religion dem größeren Teil der Menschen nichts mehr bedeutet, nachdem »ihre Gemälde von Himmel und Hölle zernichtet« und Gesetze »nur Wirkungen hemmen, die den Zusammenhang der Gesellschaft auflösen«.

Konnte Literatur dereinst als vorzügliches Medium der Aufklärung und Garant ihres Mündigkeitsideals den »Ausgang des Menschen aus seiner selbstverschuldeten Unmündigkeit« befördern, warum sollte sie dann nicht auch heute wieder in ihrer kommunikativen und urteilenden Funktion aufgerufen werden können, wenn es darum geht, die im Prozeß der Modernisierung entstandene »zweite Unmündigkeit« zu überwinden, deren Parameter: Subjektmüdigkeit, Gedächtnisschwund, Sprachzerfall, Remythisierung Johann Baptist Metz so eindrucksvoll beschrieben hat? Dazu scheint mir vorab erforderlich, mit zwei Vorurteilen aufzuräumen, die mir in dieser Diskussion immer wieder begegnet sind: Aufklärung und Sinnlichkeit sind kein Widerspruch (wie schon P. Glotz, E. Lämmert und W. Sauerländer bemerkten), und die ästhetischen Projekte der Postmoderne sind nicht einfach der Gegenaufklärung zuzuschlagen.

Die Emanzipation der Ästhetik zur autonomen Wissenschaft stand bei Baumgarten, ihrem Begründer, im Zeichen einer Rechtfertigung der sinnlichen Erkenntnis. Die Rede von »ästhetischer Rationalität« verdeckt, daß gerade die Aufklärung ästhetische Erfahrung als *cognitio sensitiva* aufgeboten und die Frage nach der Wirkung der Künste erneuert hat, um im ästhetischen Horizont zu bewirken, was im logischen Horizont nur den schon aufgeklärten Menschen zu überzeugen vermochte. Wo der Rationalismus begrifflicher Erkenntnis und logischer Argumentation nicht mehr hinreicht, beginnt die Chance sinnlicher Erkenntnis und des auf Beipflichtung angelegten ästhetischen Urteils. Insofern wäre es in der Tat so kurzsichtig wie fatal, wollten wir weiterhin das »Reich der Sinne«, das die sogenannte Postmoderne neuerdings wieder gegen den ästhetischen Rationalismus aufgeboten hat, den Gegenaufklärern überlassen. Ich teile durchaus die Kritik an den restaurativen Tendenzen der politischen Gegenaufklärung, plädiere aber dafür, die politische Antimoderne der Neokonservativen nicht mit den Ansätzen der ästhetischen Postmoderne, in denen sich ein neues Zeit- und Selbstverständnis anzuzeigen scheint, in einen Topf zu werfen.

Mit welchem Recht vom Anbruch einer neuen Epoche im ästhetischen Bewußtsein der Postmoderne die Rede sein kann, ließe sich an Werken von Jorge Luis Borges, García Marquez, John Barthes, Donald Barthelme, Thomas Pynchon, Italo Calvino oder Umberto Eco erläutern. Sie kennzeichnet allesamt eine Abkehr von der Exoterik und Askese der experimentell ausgeschöpften Moderne und ihrer Ästhetik der Negativität: die ästhetische Avantgarde der Postmoderne setzt ein mit der provokativen Rechtfertigung des ästhetischen Genießens, der subversiven Komik, der naiven Hinnahme, aber auch der kritischen Funktion des Fiktiven, und bei alledem mit einer grandiosen Verschmelzung von Hoch- und Massenkultur. Lesen Sie einen Roman wie Calvinos *Wenn ein Reisender in einer Winternacht,* so finden sie nicht weniger als zehn Gattungsmuster der Konsumliteratur auf das Niveau ästhetischer Reflexion gebracht und zu Mustern einer Erfahrung der Pluralität möglicher Welten erhoben – einer Erfahrung im Geiste der Aufklärer, die dem Leser im Labyrinth der modernen Wirklichkeit den offenen Horizont der Anfänge wiederzufinden und zugleich den mythisierten »Tod des Subjekts« neu und anders: als Grenzerweiterung des im klassischen Begriff des Individuums gefangenen Bewußtseins, zu verstehen erlaubt. Calvino ist exemplarisch für den Aufbruch zeitgenössischer Autoren, die der Auffassung widersprechen, daß eine Noch- oder Nachmoderne in toto »auf den Tod des Menschen und seiner Geschichte bereits mythisch eingeschworen sei« (J. B. Metz). Sie lassen den Gewinn erkennen, den der Verlust allererst eröffnet. Für sie wäre – wie Calvino formulierte und am Schicksal von Leser und Leserin vor Augen stellte – nicht der Verlust des Ich, sondern erst der Verlust des Du die Katastrophe. Aus solchen ästhetischen Entwürfen läßt sich für unsere Diskussion zumindest eines folgern: die eingetretene Kluft zwischen Hoch- und Alltagskultur, zwischen elitärer Kunst und Massenmedien, ist nicht als Symptom des Niedergangs hinzunehmen, sondern als ein Spannungsverhältnis zu betrachten, das sich in der technisierten Lebenswelt unserer Moderne für die bedrohte Zukunft der Aufklärung nutzen läßt.

II.

Das Verdikt gegen Unterhaltung, Zerstreuung, leichte Kunst hat eine weitaus längere und schlimmere Ahnenreihe, als Peter Glotz denkt. Sie setzt schon bei Plato ein, der die Lügen der Dichter brandmarkte und die Künstler überhaupt aus dem Staat verweisen wollte, stellt ihm fast das gesamte Korps der Kirchenväter an die Seite (deren Lachfeindschaft in Ecos *Name der Rose* unübertrefflich ans Licht gezogen wird), vereint Rousseau mit Adorno, der hier in eine fatale Nachbarschaft zu den Zensoren des von ihm bekämpften sozialistischen Realismus gerät. Die Rechtfertigung von Unterhaltung und ästhetischem Genuß setzte hingegen mit Macht bei der Mobilisierung der Künste für die Aufklärung ein. Das Wort *Unterhaltung* selbst hat sich erst in der zweiten Hälfte des 18. Jahrhunderts herausgebildet, mit einer seither verkümmerten Bedeutungsfülle. Es umspannt den älteren Sinn von »Kurzweil« und »Ergötzen« mit dem jüngeren Sinn von »Austausch im Gespräch« und bewahrt dabei die Grundbedeutung von »Unterhalt« im Sinne von »am Leben erhalten«. Das heruntergekommene Wort konnte in der ästhetischen und moralischen Kultur der Aufklärung mithin die Funktionen der Kurzweil wie des Gesprächs als lebenserhaltende Tätigkeiten des gesellschaftlichen Menschen legitimieren. An dieses vergessene Erbe der Aufklärung zu erinnern ist heute ebenso angebracht wie an ein zweites: daß auch dem heute nicht weniger verpönten Wort *Genießen* dereinst eine erstaunliche Bedeutungsfülle zukam. Es umgriff die ältere Bedeutung von »den Gebrauch oder Nutzen von einer Sache haben« mit der ursprünglich religiösen Bedeutung von »Gottes teilhaftig werden«. In Verbindungen wie »denkender Genuß« (Herder) oder der Stufung von »Lebensgenuß« – »Tatengenuß« – »Schöpfungsgenuß« in Goethes *Faust* wird der vermeintliche Gegensatz von Genießen und Erkennen aufgehoben, mit der Verschmelzung von Lust und Teilhabe das Eigenrecht auf Selbstvergewisserung und Weltaneignung für das bürgerliche Individuum behauptet. Statt eines weiteren Kommentars sei dazu Robert Weimann (auf einer Plenartagung der Berliner Akademie der Künste zum Thema: »Funktion und Niveau der Unterhaltung in den Künsten«) zitiert: »Wer von unseren Genossen, die sich mit der Kultur der Unterhaltung befassen, weiß denn noch so recht, daß das Wort ›Genosse‹ von ›Genießen‹ kommt und einstmals denjenigen meinte, der sein Vieh auf kommunaler Weide hatte?« Auf dieser Tagung wurde interessanterweise die Ignorierung der Massenmedien durch die Wissenschaftler gerügt (»je massenhafter das Publikum, um so geringer die Zahl derer, die sich fragen, woran und warum sich da Massen begeistern«) und versucht, Unterhaltung für die sozialistische Gesellschaft nicht länger als bloßen Tauschwert (bzw. in der herkömmlichen Gegenüberstellung von U- und E-Sendungen), sondern nach dem Gebrauchswert für die neu zu bewertende Freizeit zu bestimmen (»führt der Kapitalismus alles auf den Tauschwert, auf die in der Ware verkörperte Arbeitszeit zurück, so ist das wirkliche Maß des Sozialismus nicht die Arbeitszeit als Maß des Tauschwerts, sondern der gesellschaftliche Gebrauchswert der Dinge«, mithin auch des Gegenstandes der Freizeit).

Einer Rehabilitierung von Genuß und Unterhaltung steht heute insbesondere Adornos fulminante Kritik an der Kulturindustrie des Medienzeitalters im Wege, deren Rigorismus einer Erneuerung der Kultur der Unterhaltung den Boden entziehen wollte. In der längst fällig gewordenen Revision des Begriffs der Kulturindustrie ist uns Umberto Eco mit dem Postulat einer Kultur der

Kommunikation *(civiltà della communicazione)* vorangegangen, die das Verhältnis des Menschen zu seiner selbstgeschaffenen, naturfernen Maschinen- und Computerwelt neu begreifen könnte – »im neuen Bild eines Menschen, der gewiß nicht einfach von aller Technik befreit, wohl aber frei im und durch den vernünftigen Gebrauch ihrer Errungenschaften werden kann«. Ecos Schriften durchzieht eine Rechtfertigung der Massenkultur, vorab gegen Nietzsches elitäre Philosophie des Übermenschen als Prototyp des die Masse und alle Massenkultur verachtenden Intellektuellen, dann aber auch gegen die im Umkreis Adornos obligatorische Verpönung des »Kunstwerks als Ware«, der »Kulturindustrie«.

Zur Kunst als Ware hatte schon Brecht bemerkt: »Darin, daß der Film, auch der künstlerischste, eine Ware ist, stimmen alle überein ... Sie beklagen beinahe ohne Ausnahme diese Tatsache. Niemand kann sich anscheinend vorstellen, daß diese Art, in den Verkehr zu kommen, für ein Kunstwerk günstig sein könnte.« Zum andern hat Eco in *Apokalyptiker und Integrierte* (1964) eine Lanze für die zum Fetischbegriff gewordene »kulturelle Pharmaindustrie« (W. Sauerländer) gebrochen und ihre Verwerfung auf unerkannte Vorbilder wie zum Beispiel die Bilderkritik asketischer Theologen zurückgeführt. Eco konnte die verkannten Leistungen einer Massenkultur schon an ihren viel älteren Erscheinungen aufweisen, wie an der *Bibel der Armen (Biblia pauperum)*, an der durch den Buchdruck ermöglichten Breitenwirkung und Emanzipation einer privaten Leserschaft aus dem Zwang institutionalisierter Lektüre, an der Feuilletonpresse des 19. Jahrhunderts, der Vorläuferin der Fernsehserie unserer Tage. Gerade auf sie hat Eco sein jüngstes Plädoyer für eine postmoderne Ästhetik gestützt (in: *Streit der Interpretationen,* Konstanz 1987). Er widerlegt dort das Vorurteil, daß Serialität nurmehr die Attraktivität und Verführungsgewalt der Massenmedien erkläre, während die Ästhetik der hohen Kunst Einzigartigkeit erfordere und die Verlockungsprämie des Seriellen ausschließe. Doch schon Aristoteles habe in seiner Poetik die griechische Tragödie als Modell einer Serie beschrieben, die im Grunde nicht anders strukturiert sei (zum Beispiel in der Wiederkehr von Personen, der Wiederaufnahme des Sujets, des Zitierens früherer Werke) als heute *Columbo*, eine Fernsehserie, die gleichermaßen einem naiven und einem gewitzten, kritischen Zuschauer Genuß bereiten könne.

Die heutige Medienwelt sei keineswegs undurchlässig für Errungenschaften der experimentellen modernen Künste, weshalb sie nicht länger als ihre arme Verwandte anzusehen sei, sondern als eine Form der Kunst, die eine neue ästhetische Sensibilität zu befriedigen, mithin durchaus auch aufklärend zu sein vermag.

III.

Für meine Aufforderung, die Postmoderne nicht länger als Mythologem einer neokonservativen Gegenaufklärung anzusehen, sondern den Anbruch eines neuen Epochenbewußtseins ernstzunehmen, sprechen nicht allein die schon erwähnten Anzeichen eines Horizontwandels der ästhetischen Erfahrung. Denn die ästhetische Avantgarde kann zurecht beanspruchen, eine Herausforderung aufgenommen zu haben, die sich für die vor dem Ersten Weltkrieg formierte, nunmehr selbst wieder klassisch gewordene Moderne noch nicht stellte. Es ist die Herausforderung durch einen nach dem Zweiten Weltkrieg eingetretenen gesellschaftsgeschichtlichen Wandel, die Situation einer *Neuen Unübersichtlichkeit,* wie sie Jürgen Habermas, aber auch Peter Glotz in seinem *Manifest für eine neue europäische Linke* (1985) beschrieben haben. Habermas' These, daß nicht die utopischen Energien überhaupt, vielmehr eine bestimmte Utopie – die Arbeitsgesellschaft – an ihr Ende gelangt sei, setzt eine Hoffnung für die Zukunft auf die Verschiebung der utopischen Akzente vom Begriff der Arbeit auf den der Kommunikation. Habermas' Zweifel, ob solidaritätsstiftende Kraft künftig überhaupt noch am Arbeitsplatz selbst regenerierbar sei, macht die Frage akut, ob dann nicht der Spielraum jenseits beruflicher Arbeit, die ständig wachsende Freizeit, die Utopie einer Kultur der Kommunikation realisierbar machen könnte. Darin sieht Peter Glotz zurecht die entscheidende Herausforderung der Kulturpolitik an der Schwelle zur dritten industriellen Revolution: »Mikroelektronik, Nachrichtentechnik und integrierte Optik machen entweder Millionen von Arbeitsplätzen überflüssig oder ermöglichen radikale Arbeitszeitverkürzung: ein Individualisierungsprozeß – als Befreiung oder Vereinzelung – kommt in Gang, auf den keiner vorbereitet ist: die Arbeitgeber nicht, die Gewerkschaften nicht, die staatlichen Bürokratien nicht, die Betroffenen schon gar nicht. Nur die Psychotherapeuten freuen sich auf eine volle Kasse. Wenn diese Entwicklung ihren Höhepunkt erreicht hat, wird Europa – bleibt es passiv – koloniales Terrain.«

Die Vorbereitung auf eine Zukunft, in der mit der gesamten Informationsstruktur zugleich die Lebensfragen der Arbeit, die Auffassung des Berufs und die Verfügung über die Lebenszeit radikal verändert sein werden, ist die vordringlichste Aufgabe und zugleich die stärkste Rechtfertigung der ästhetischen Bildung wie auch der für sie zuständigen, um ihre Zukunft bangenden Geisteswissenschaften. Von dieser Aufgabe findet sich im Kulturteil des Irseer Programmentwurfs der SPD seltsamerweise kaum eine erste Spur. Über den neu zu bestimmenden Begriff der Freizeit insbesondere fällt aus offenbar ideologischen Gründen, die aufzuhellen nicht in meine Kompetenz fällt, nicht ein einziges Wort. Was damit verschenkt zu werden droht, ist in Björn Engholms Schrift *Die Zukunft der Freizeit (1987)* nachzulesen. Sie gipfelt in der lapidaren These: »Die Linke kämpft um die Arbeitszeit, die Rechte um die Freizeit; im landläufigen Sinn nimmt die Arbeitszeit ab, die freie Zeit zu; somit wäre auf die Dauer die Frage um die kulturelle Hegemonie gelöst – zu Gunsten der Rechten!« Wenn die Rechte dabei auf ästhetische Kompensation setzt und von den Geisteswissenschaften erwartet, im Bereich des Historischen, des Ästhetischen und des Moralischen all das kompensieren zu können, was die Naturwissenschaften im Banne des Empirismus und des Technologieideals versäumt haben, so könnte die Linke die Erneuerung der ästhetischen Kultur auf ein fast vergessenes Erbe der Aufklärung stützen: das Prinzip ästhetischer Bildung.

Ästhetische Bildung erfordert ungleich mehr als eine bloße Museumsverwaltung des kulturellen Erbes, mehr als ein Bewahren von Tradition zur Rettung einer prekären nationalen Identität und auch mehr als eine ästhetische Kompensation der Modernisierungsschäden. Das Konzept ästhetischer Bildung, wie es vor allem Friedrich Schiller im Einklang mit der Philosophie des deutschen Idealismus entwarf, sollte dazu dienen, den unaufgeklärten Bürger, an dem die politische Revolution von 1789 scheiterte, zwanglos zum mündigen Bürger heranzubilden: »man wird damit anfangen müssen, für die Verfassung Bürger zu erschaffen, ehe man den Bürgern eine Verfassung geben kann.« Wie wenig sich die idealistische Hoffnung, auf dem Weg zur ästhetischen Bildung zu einer Gesellschaft der Freien und Gleichen zu gelangen, beim Niedergang der Aufklärung, der Verengung des Weltbürgertums auf den »Geist der Nationen« und auf ein gesellschaftsfernes Ideal neuhumanistischer Bildung erfüllte, brauche ich hier nicht zu beschreiben. Das Scheitern der Utopie des »ästhetischen Staates« darf uns indes nicht davon abhalten, die Chance ästhetischer Bildung in einer Situation neu zu bedenken, in der sich das Problem des Ausgangs aus selbstverschuldeter Unmündigkeit unter völlig verschiedenen politischen, ökonomischen und kulturellen Prämissen wieder stellt.

Die neuen Massenmedien haben nicht allein die alte Lesekultur erschüttert. Sie bedrohen mit dem Vorrang der Bilder über das Wort, mit Reizüberflutung und insgeheimer Manipulation der Wirkung von Informationen, die sich nur noch speichern, kaum mehr erinnern und in Reflexion integrieren lassen, zugleich die Bildung eigener Erfahrung. Die Gefahren der Medienwelt sind sattsam bekannt. Peter Glotz hat darum in seiner früheren Schrift erwogen, ob ein künftiges Europa zum Schutz seiner kulturellen Identität die Massenmedien nicht unter öffentliche Kontrolle stellen und Konventionen gegen die Überflutung durch all das schaffen müsse, was dem unmündigen Konsumenten durch amerikanische Kanäle den Verstand benimmt. Mir scheint, eine solche Empfehlung wäre der Zukunft der Aufklärung nicht eigentlich würdig. Ich setze vielmehr auf die verschüttete Kraft und das kritische Potential ästhetischer Bildung, auch wenn ich noch nicht absehe, sondern zur Diskussion stellen muß, ob und wie sie unter den verschärften Schwierigkeiten der Gegenwart wieder aktualisiert werden könnte. Dafür mag nützlich sein, sich erst ins Gedächtnis zu rufen, worin die Aufklärung die emanzipatorische Kraft der ästhetischen Erfahrung begründet sah. Schiller (immer noch die beste Quelle) bestimmte ihre Eigentümlichkeit in dreifacher Hinsicht: durch die Freiwilligkeit ästhetischen Sinnverstehens, durch die Schaffung von Identität im aufnehmenden Subjekt und durch die Konsensbildung im ästhetischen Urteil.

Zum Ersten: Schiller hat seine Hoffnung auf eine ästhetische Revolution im Vertrauen auf die Kraft des freien und zugleich geselligen Spiels begründet. Hier schien sich ein dritter Weg zu eröffnen, um der Scylla des staatlichen Zwangs und der Charybdis des eigensinnigen Individualismus zu entgehen. In der Tat macht gerade die Freiwilligkeit ästhetischer Erfahrung: daß die Kunst keine Zwangsgeltung in Anspruch nehmen und ihre Wahrheit nicht durch Dogmen verordnet noch durch Logik falsifiziert werden kann, ihren eminent gesellschaftlichen Charakter aus. Ihre Freiwilligkeit ist ihr emanzipatorisches Potential und erklärt die Sorge aller herrschenden Autoritäten, sich ihre gewaltlose, immer wieder anarchische Kraft botmäßig zu machen. So konnten die Künste zu allen Zeiten ihre Verfolger überleben, aus allen Dienstbarkeiten in neuen Gestalten ihrer Freiheit wiedererstehen. An der Freiwilligkeit ästhetischen Sinnverstehens wird darum in dem schon zitierten Werk Calvinos das sich selbst vollkommen kontrollierende System eines perfekten Polizeistaats zuschanden, wenn die höchste Autorität am Ende bekennen muß: »Beim Lesen geschieht etwas, worüber ich keine Macht habe. Selbst noch im Dekret, das alle Lektüre verbietet, kann man noch ein Stück jener Wahrheit lesen, von der wir möchten, daß sie niemals gelesen werde.«

Zum Zweiten: die Ästhetik der Aufklärung setzt ästhetische Erfahrung von den Normen des Klassischen frei. An seine Stelle tritt das Exemplarische, das Kant als Verhalten der freien Nachfolge vom bloßen Mechanismus der Nachahmung abhebt und das, sofern es keiner Regel folgen darf und ein Allgemeines im besonderen Fall erst suchen muß, in der reflektierenden Urteilskraft zwischen theoretischer und praktischer Vernunft eine Brücke vom Ästhetischen zum Moralischen zu schlagen vermag. Indem Kant ästhetische Erfahrung nicht mehr inhaltlich und normativ bestimmte, sondern als interesseloses Wohlgefallen ins aufnehmende Subjekt verlegte, kann sich das ästhetische Interesse nunmehr an jedem Werk der Vergangenheit festmachen, das als schön beurteilt und exemplarisch aufgenommen wird. Die zur Mündigkeit erhobene ästhetische Erfahrung kann den klassischen Kanon des Schönen preisgeben und frei über die Kunst aller Zeiten verfügen, keiner anderen Identität mehr dienstbar als der, die sie sich selbst im verstehenden Genießen – der Erfahrung seiner selbst in der Erfahrung des andern – bildet. Wo jedes Schöne mögliches Thema einer bildenden Tätigkeit werden kann, ist das Schöne – nach einer Formulierung von Günther Buck – im freien Spiel der Erkenntniskräfte das universale Prinzip einer praktischen Identität. Als Prinzip, das gleichermaßen universal ist wie der Begriff der Moral, steht das Ästhetische jeder partikularen Identität entgegen, sei sie national, klassen- oder neuerdings geschlechtsspezifisch. Diese Resistenz ist ein unverlierbares Erbe der Aufklärung, aus dem sich erklären läßt, warum eine rigoros verfochtene feministische Ästhetik nicht zu Stuhle kommen konnte, woran der sozialistische Realismus – als Kunst über Arbeiter für Arbeiter – scheitern mußte und warum es uns bisher noch erspart blieb, das verlorene Nationalgefühl nicht allein im Historikerstreit, sondern auch in einer Restauration der längst hingeschiedenen Nationalliteratur als Inbegriff deutschen Wesens gesucht zu sehen.

Zum Dritten: Ästhetische Erfahrung im Sinne der Aufklärung endigt nicht schon in der einsamen Bildung des Individuums, sondern in der geselligen Bildung ästhetischer Kultur. Der Spielcharakter der ästhetischen Erfahrung schließt nach Schillers Auffassung sowohl Freiwilligkeit als auch Geselligkeit ein. Schiller folgt dabei Kant, dem ich hier als dem Schutzpatron dieser Tagung ein letztes Mal die Ehre geben möchte. Zufolge seiner *Kritik der Urteilskraft* erteilt der Umgang mit dem Schönen darum dem Menschen einen geselligen Charakter, weil schon das empirische Interesse am Schönen ein tieferes Bedürfnis befriedigen kann: das Bedürfnis, sein Gefühl mit dem anderen zu teilen. Das ästhetische Urteil löst damit ästhetisch ein, was Rousseau politisch vom Gesellschaftsvertrag forderte: »Auch erwartet und fordert ein jeder die Rücksicht auf allgemeine Mitteilung von jedermann, gleichsam als aus einem ursprünglichen Vertrage, der durch die Menschheit selbst diktiert ist« (K. d. U., § 41).

M. Rainer Lepsius
Aufklärung, Massenkultur und die Selbstdomestizierung des Menschen

Das Programm der Aufklärung steht immer in einem Spannungsverhältnis zur Massenkultur. Verstehen wir die Aufklärung als einen selbstreflexiven Diskurs der Welt- und Selbsterkenntnis des Menschen, als den Versuch der Selbstdomestizierung des Menschen durch Kriterien der rationalen Argumentation, so bedeutet dies nicht die Unterwerfung der Massenkultur unter Postulate der Aufklärung. Nichts ist langweiliger als Massenkultur in programmatischer Zielbestimmung. Belustigung und Ablenkung, Unsinn und Spiel ohne Ziel, Maradonna und Madonna haben ihren Platz und ihren Wert. Darin eine Gefährdung der Aufklärung zu wittern und die Massenkultur zu verurteilen, ist humorloser Bierernst oder – für Intellektuelle angemessener – selbstauferlegter Asketezwang. Es gibt eine intellektuelle Arroganz, die sich in der Kritik der Massenkultur ergeht und daraus auch noch eine Rente bezieht. Es gibt eine Weltschmerzindustrie, die sich im Anblick von *Dallas* und *Denver* in Pessimismus einrichtet und erhaben räsoniert. Doch die Gefährdung der Aufklärung ergibt sich nicht aus der Halbbildung, Trivialität und Kommerzialisierung der Massenkultur, sondern durch die Erosion eines selbstreflexiven Diskurses der Welt- und Selbsterkenntnis. Ihn gilt es zu schützen und zu stärken, das ist der Kern, über den auch die Massenkultur, ihre Produzenten und Kritiker zu reflektieren haben.

Ich plädiere deshalb für Gelassenheit gegenüber der Massenkultur und ihren Erscheinungsformen und für Konzentration auf das Programm der Selbstdomestizierung des Menschen durch argumentative Diskurse. Die Sache der Aufklärung wird nicht durch einen Bonus für Simmel und einen Malus für Konsalik betrieben, nicht durch die Parteinahme für diese oder jene Erscheinungsform, durch die Durchsetzung dieser oder jener Pädagogik, sondern durch das Verschärfen der Kriterien der Selbstreflexion. Das Programm der Aufklärung sollte sich nicht verzetteln in Einzelurteilen, nicht resignieren angesichts des Unsinns; es sollte sich konzentrieren auf das, was es ist, die selbstreflexive Selbstdomestizierung des Menschen. Und auch die Erkenntnis, der Mensch sei nicht nur ein vernunftbegabtes Wesen, spricht nicht gegen das Programm der Aufklärung. Gerade weil sie die nicht-rationalen Eigenschaften des Menschen weder leugnet noch abwertet, kann sie die rationale Selbstreflexion fordern. Denn solange das Kulturideal für die Selbstdomestizierung des Menschen eine Zivilgesellschaft ist, die dem einzelnen sowohl die Chance der Freiheit als auch die Chance der Sicherheit versprechen kann, sehe ich keine Alternative zum Programm der Aufklärung. Wem dieses schon als verdorrt erscheint, wer es nicht nur empirisch immer wieder scheitern sieht, sondern in ihm selbst nur den rational halbierten oder geviertelten Menschen erkennen kann, der sollte statt der Aufklärung ein anderes Programm der Selbstdomestizierung des Menschen setzen und dies dann auch in den Konsequenzen verdeutlichen.

Das Programm der Aufklärung hat strategische Ziele zu fixieren. Das erste ist die Erhaltung und der Ausbau von Verfahren, die eine selbstreflexive Diskussion erst ermöglichen. Das zweite ist die Verdeutlichung der Wertbeziehungen, durch die sich diese Verfahren begründen. Das dritte ist die Anerkennung des Spannungsverhältnisses zwischen den Verfahren und den sie begründenden Werten. In einer anderen Terminologie heißt dies: die formale Rationalität ist zu wahren, dabei aber die materiale Rationalität nicht zu vergessen, und die zwischen beiden bestehenden Ambivalenzen sind zu begreifen.

Die Aufklärung ist sich dieses Spannungsverhältnisses bewußt, bezieht gerade aus ihm den Reflexionsimpuls. Sie kann sich nicht einseitig nur mit der einen oder anderen Seite der Vernünftigkeit zufriedengeben. Weder Verfahrensritualismus noch Wertdogmatismus sind mit ihr vereinbar. Auch verfahrensmäßig kontrollierte Rationalitätskriterien können zu irrationalen Ergebnissen führen, und auch akzeptierte Wertvorstellungen können ohne ihre verfahrensmäßige Konkretisierung in ihr Gegenteil manipuliert werden. Die Einsicht in die Defizienz verfahrensmäßiger Rationalitätskontrolle und die Erfahrung der Nichtverwirklichung des beabsichtigten Wertbezuges führen gerade Personen, die sich dem Programm der Aufklärung anschließen, in Pessimismus. Aber weder Apathie noch Resignation sind angebracht, denn das Programm der Aufklärung besteht ja gerade darin, Antinomien zu akzeptieren und immer aufs neue zu vermitteln. Darin liegt die besondere

Innovationskraft. Zweihundert Jahre nach der Französischen Revolution kann man nicht mehr naiv den Glauben haben, eine Deklaration der Vernunft würde sich gewissermaßen selbstläufig durchsetzen. Es bedurfte nicht der Katastrophe von Auschwitz, um illusionslos zu werden, aber nach Auschwitz ist jede Alternative zum Programm der Aufklärung eine Illusion. Die Aufklärung war Programm und ist Programm, und deswegen konstituiert sie sich immer wieder neu.

Wer die Bürokratisierung des Lebens beklagt, kann die Universalisierung des Gleichheitsanspruches deswegen nicht aufgeben. Wer die Kosten der Ausdifferenzierung von verschiedenen Rationalitätskriterien bedauert, kann die damit verbundene relative Verselbständigung von Handlungszusammenhängen und Institutionen nicht ablehnen. Wer in der Zentralisierung der Gewaltmittel in den Händen des Staates den irrationalen Gebrauch dieser Gewaltmittel befürchtet, kann deswegen die damit verbundene Entwaffnung des Alltags nicht verurteilen. Eine Kritik der Gegenwart, die nur die irrationalen Folgen institutionalisierter Rationalität aufgreift, macht es sich unter dem Programm der Aufklärung zu leicht. Sie hat die Alternativen einer Institutionenreform mitzudenken und nicht nur die Defizite der bestehenden Institutionen auszuweisen. Im Namen von Wertinhalten kann man sich dem Zwang zur Formbestimmung nicht entziehen. Materiale und formale Rationalität sind nicht zu trennen, ihre inneren Antinomien nicht aufzuheben.

Die Aufgabe der Aufklärung in der Massenkultur ist die Verbreitung dieses Reflexionsniveaus, Werbung für das Verständnis der Voraussetzungen und Folgen einer bestimmten Art reflexiver Selbstvergewisserung im Medium der Öffentlichkeit unter Benützung von Kriterien der Argumentation, die auch bestehende Unterschiede in den moralischen Überzeugungen und den politischen Interessenlagen diskussionsfähig machen. Wenn Interessenkonflikte bei persönlicher Integrität der Kontrahenten ausgetragen werden könnten, dann ist das schon ein Gewinn an Domestikation des Menschen. Je komplexer deren Verhältnisse, desto zentraler wird deren formal garantierte Kooperation. Ist dies bloßer Idealismus? Sicherlich dann, wenn Machtakkumulation und Machtausübung ohne institutionelle Beschränkung und Kontrolle erfolgen. Das Programm der Aufklärung enthält daher stets ein »Verfassungsprogramm«. Das Verständnis für das Verfassungsprogramm des selbstreflexiven Diskurses zu wecken, es zu stützen und zu entwickeln, ist die kulturpolitische Aufgabe. Ist dies eine zu komplexe Aufgabe? Die Vorstellung, die »Menschen draußen im Lande« verstünden eine derartige kognitive Komplexität nicht, man könne ihnen nur einfache Wertbekenntnisse, nicht antinomische Funktionszusammenhänge nahebringen, vergißt den Grad kognitiver Schulung und komplexer Erfahrung, den die Menschen heute besitzen. Die gesteigerte und ausgedehnte Massenbildung und die Komplexität des Alltagslebens haben die Verhältnisse seit der zweiten Hälfte des 18. Jahrhunderts geändert. Eine gewissermaßen frühbürgerliche Mentalität, die für sich einen Schutzraum des Diskurses in Klubs gleichgesinnter Gebildeter sucht und draußen im Lande nur eine noch zu beschulende Masse sieht, ist heute dysfunktional. Das Programm der Aufklärung darf nicht mehr von der Massenkultur abgehoben werden, es könnte Bestandteil der Massenkultur sein. Dazu aber bedarf es einer Offenheit und Entschiedenheit der Träger des Programms der Aufklärung, Personen wie Institutionen. An zwei Beispielen möchte ich dies konkretisieren.

Seit Jahren und immer wieder aufs neue erhebt sich in der Bundesrepublik eine Diskussion über die Frage nach der deutschen Nation. Ist das Staatsvolk der Bundesrepublik eine Nation? Bedarf die Bevölkerung der Bundesrepublik einer »Identitätsstütze« durch eine die politische Gestalt der Bundesrepublik transzendierende Vorstellung von der deutschen Nation? In dieser Debatte stehen sich im großen und ganzen zwei Positionen gegenüber. Die eine behauptet, eine Vorstellung der deutschen Nation sei wünschenswert, ja als zusätzliche Abstützung der Verfassungsordnung nötig. Die andere meint, die Kategorie der Nation sei obsolet, ja schädlich, weil sie eine der Verfassungsordnung gegenüber neutrale, wenn nicht gar indifferente politische Orientierung anböte, die sich historisch selbst diskreditiert hätte. Diese Debatte ist wenig befriedigend, weil sie die Frage nach der Nation unbestimmt läßt. Die Diskreditierung der Idee der Nation durch den Nationalsozialismus läßt noch nicht die Ordnungsvorstellung von Nationen verschwinden, wenn diese Kategorie wirksam soziale Solidaritätsverbände bestimmt. Der Umstand, daß das Staatsvolk der Bundesrepublik seine politische Ordnung selbst legitimiert, muß nicht bedeuten, daß daneben keine Selbstzurechnung zu einer die Verfassungsordnung überschreitenden Kategorie der Nation bestehen soll. Es kommt nicht darauf an, einer Vorstellung der deutschen Nation zuzustimmen oder sie abzulehnen, es kommt darauf an, die unbestimmten Gehalte der Idee der Nation zu analysieren. Das Problem der Debatte um die Frage der Nation liegt in der Bestimmung des »Substanzgehaltes« der Nation, der in aller Regel diffus bleibt. Für ein demokratisches Staatswesen ergibt sich zwischen Staatsvolk und Nation nur dann ein Spannungsverhältnis, wenn der Nation ein höherer Wert beigemessen wird als der verfassungsmäßig konkretisierten Volkssouveränität. Dann nämlich wird es möglich, unter Berufung auf vermeintlich vorpolitische, gewissermaßen naturwüchsige Solidaritätsverbände, die demokratische Staatslegitimation zu überspielen. Nach dem Prinzip der Volkssouveränität aus den individuellen Selbstbestimmungsrechten des Staatsvolkes kann die Nation keinen Substanzwert annehmen, der diesem Kollektiv eine von den individuellen Rechten der Staatsbürger unabhängige historische Subjekthaftigkeit zuschreibt. Dann erst würde die Souveränität des sich demokratisch organisierenden Volkes manipulierbar, erhält diese eine niedrigere Dignität, die sich den ideologisch konstruierten Eigenschaften des historischen Subjekts der Nation unterzuordnen und anzupassen hätte. In der Debatte um die Frage nach der deutschen Nation fordert das Programm der Aufklärung die Entwicklung eines Argumentationskontextes, innerhalb dessen das Spannungsverhältnis zwischen unterschiedlichen inhaltlichen Bestimmungen der Idee der Nation mit der Idee der mit individuellen Staatsbürgerrechten verknüpften Volkssouveränität deutlich wird. Diejenigen, die neben oder über dem »Verfassungspatriotismus« noch eine besondere nationale Identität fordern, muß dieser Argumentationsrahmen veranlassen, ihre Vorstellungen über die Nation zu präzisieren und deren Folgen für die demokratische Ordnung der Gesellschaft auszuweisen. Mit einer solchen Strategie könnte eine kognitiv explizite Debatte in der Öffentlichkeit entwickelt werden, die auch die politische Massenkultur durchdringen könnte.

Das zweite Beispiel bezieht sich auf die nicht geführte Debatte über die Art und Form der westeuropäischen Einigung. Wir erleben das Nebeneinander einer inhaltlich unbestimmten Integrationsrhetorik und einer nationalstaatlichen Interessenmaximierung. Die Zukunft der westeuropäischen Gemeinschaft ist ein offenes Gestaltungsproblem, das weder dem Prozeß der Nationalstaatsbildung im 19. Jahrhundert noch dem Modell einer bundesstaatlichen Ordnung, wie sie etwa die Bundesrepublik in ihrer Binnenordnung ausgebildet hat, folgen kann. Ein eigenständiger Integrationsprozeß wäre zu diskutieren, der die Existenz historisch und politisch legitimierter Nationalstaaten zu respektieren und die prinzipielle Gleichrangigkeit der europäischen Teilkulturen zu sichern hätte. Die gegenwärtige ad-hoc-Entwicklung institutioneller Teilordnungen wäre aus der wechselnden Opportunitätsbeurteilung zu lösen. Welche Kulturordnung wollen wir für Westeuropa entwickeln, nach welchen Kriterien in ihr eine plurale europäische Selbstbestimmung ermöglichen, im Dienste welcher Ideale wollen wir die Domestizierung des Menschen in dieser westeuropäischen Ordnung gestalten? Die selbstverschuldete Unmündigkeit Westeuropas ist ein möglicher Gegenstand der Aufklärung heute.

Die beiden hier nur angedeuteten Probleme, die dauernde Debatte um die deutsche Nation und die fehlende Debatte um die Zukunft Westeuropas können in diesem Zusammenhang nicht weiter ausgeführt werden. Worum es hier geht, ist die beispielhafte Konkretisierung der Aufgaben der Aufklärung in der Massenkultur. Die Aufgabe besteht darin, unterschiedliche Wertpräferenzen und unbestimmte Zielvorstellungen einer Debatte zu unterwerfen, die sich an expliziten Kriterien messen lassen muß. Diese Kriterien beziehen sich auf einen selbstreflexiven und rationalen Diskurs, der verschiedene Wertpräferenzen diskussionsfähig werden läßt und Ursachen und Folgen aufeinander zurechenbar macht. Der Risiken gibt es heute viele. Sie berechenbar zu machen, bevor Entscheidungen nicht mehr revidierbar werden, kognitive Dissonanzen nicht durch Realitätsausblendungen zu überbrücken, immer komplexere Folgen prognostisch zu kalkulieren, ist lebensnotwendig.

In dieser Zielbestimmung ist die Position der Aufklärung nicht eine Minderheitsposition, sondern die Voraussetzung für die Erhaltung und die Sicherung einer menschenwürdigen Zivilgesellschaft. Sie hat keinen Anlaß, sich in einer Minderheitsrolle zu fühlen, gerade nicht in einem Land wie Deutschland, in dem die Position der Aufklärung schon von ihrem Anfang an großem Widerstand begegnet ist. Daß sie in unserem Land abgedrängt und schließlich verfolgt wurde, hat zu katastrophalen Folgen geführt. Die historische Entwicklung in Deutschland hat die Position der

Aufklärung gestärkt, sie zu erhalten und zu entwickeln ist die Aufgabe.

Worum geht es bei der Bekräftigung des Programms der Aufklärung? Es geht um eine prinzipielle Strategie zur Selbstdomestikation des Menschen. Die Entscheidung für die Aufklärung ist eine Entscheidung für ein spezifisches Menschenbild. Der Mensch bestimme selbstverantwortlich, in welcher Weise er sich entwickelt. Das Programm des selbstverantwortlichen Individuums besteht auch und vielleicht gerade dann, wenn wir wissen, wie fragil, wie gefährdet, wie gebrechlich, wie unzuverlässig das Individuum ist. Die Fragwürdigkeit des Individuums ist ja der Grund dafür, daß wir im Programm der Aufklärung eine Kulturdefinition des Menschen erblicken, die im historischen Zusammenhang des jüdisch-christlichen Erbes steht. Die Aufklärung ist in diesem Sinne keine bloße historische Formation, deren Ausgangsbedingungen inzwischen verblaßt sind. Sie enthält nach wie vor ein utopisches Potential, das aufzugeben sich nur rechtfertigen würde, wenn wir eine Alternative dazu hätten. Resignation ist nicht am Platze, denn ich kann keine gleichermaßen attraktive und in der Geschichte unseres kulturellen Erbes gleichermaßen verankerte freiheitliche Definition des Menschenbildes erkennen.

Nachbemerkung

Der Kongreß »Zukunft der Aufklärung« hat ein vielstimmiges Presseecho gefunden – in der Bundesrepublik und bei den europäischen Nachbarn. Dabei fällt auf, daß die Rechte die Ergebnisse dieses Treffens aufmerksamer registrierte als die Linke. Der Tenor der liberal-konservativen Publizistik läßt sich am ehesten beschreiben als ein warnendes, aber durchaus temperiertes Knurren: Es gäbe offensichtlich eine »neue Übersichtlichkeit« *(Hamburger Morgenpost)*, die Linke finde wieder zusammen. Zwar wurde bedauert, daß die »Gegenaufklärung« nicht zum Dialog gebeten worden sei und daß eine »oft nur eingewöhnte Rationalität« gefährliche Defizite offenbare *(FAZ)*. Aber der Ton der Kritik blieb argumentativ – sieht man von Günther Zehm ab, der in der *Welt* roh und rabiat gegen die angeblich »gefährdeten Herrschaftsansprüche selbsternannter Kapuzinerprediger« losschlug. Man wolle die Deutschen, so der Hauptpastor Zehm, neurotisieren, und damit für die erträumte »totale« sozialistische Revolution tauglich machen. Dieser Goeze braucht keinen Lessing.

Bemerkenswert war die Reaktion in Italien. *Panorama* interpretierte den Kongreß als Signal für die Arbeit an einem neuen philosophischen Paradigma, als kritische Reaktion auf die intensive Nietzsche- und Heidegger-Rezeption in Italien und vor allem in Frankreich. Gleichzeitig aber registrierte man auch die spürbaren Selbstzweifel der deutschen Aufklärer, die schwer an ihrem historischen Gepäck tragen. Als aggressivste Debatte des Kongresses erschien in der Nachbetrachtung die über den Feminismus. Einige Wissenschaftlerinnen hatten die Aufklärung als männlichkeitsfixiertes Projekt identifiziert. Die Beobachter vermerkten aufmerksam, daß die meisten männlichen Aufklärer auf diese Angriffe nur mit zerknirschten Bußgebärden antworteten. Die Wertung der *Basler Zeitung* fiel deshalb kühl aus: Es habe sich eine »eher defensive, zahme, vor lauter Selbstkritik schon fast demütige und hasenfüßige Aufklärung« präsentiert. Man scheue die »aktive Verbindung zu den neuen sozialen, alternativen und dissidenten Bewegungen«. Das ist der alte Streit von 68: wie praktisch kann Aufklärung sein?

Im übrigen folgt im halbierten Deutschland ein Kongreß dem

anderen. Eine Woche nach dem Treffen im Jüdischen Gemeindezentrum in Frankfurt versammelte die Hanns-Martin-Schleyer-Stiftung in Köln vierhundert Vertreter von Wirtschaft und Wissenschaft, die gegen die Herrschaftsansprüche »selbsternannter moralisierender Eliten« protestierten. Das politische System der Bundesrepublik verlange »die Trennung von Kultur und Politik«. Man müsse den Pluralismus gegen die »Hegemonie- und Konsummissionare« sowie gegen »moralische Diffamierung« verteidigen. Als »Diffamierung« war dabei die Kritik an Nolte und Hillgruber in Frankfurt verstanden worden. In der Rechten grassiert die Angst vor der Sprachlosigkeit der späten sechziger Jahre. Wo man um eine gründliche Antwort verlegen ist, antwortet man wenigstens rasch.

Der Kongreß in Frankfurt hat sich vor allem mit vier Themen beschäftigt: mit der Benutzung deutscher Geschichte zur Wiederverzauberung und Sinnstiftung, mit der Übersteigerung des Ordnungsstaats und der gleichzeitigen Abschmelzung des Sozialstaats, mit der fortdauernden Ungleichheit zwischen Männern und Frauen und mit den Gefahren und Chancen der Massenkultur. Ökonomen und Techniker fehlten. Die kritische Debatte nach dem Kongreß zeigt an, wohin nächste Schritte führen müssen: Eine Auseinandersetzung mit der mikroelektronischen Revolution steht an und ebenso ein Disput über das Vordringen des Wirtschaftskolonialismus gegenüber Entwicklungsländern im Zeichen einer weltweit zunehmenden monetären Unsicherheit. Auch der Generationenschub, zu dem westliche wie östliche Ideologien jeweils spürbar ansetzen, verlangt ernsthafte und auf die Zukunft gerichtete Aufmerksamkeit. Die Aufklärung selbst wird eine Zukunft nur haben, wenn die Aufklärer den Schauder überwinden, der sie angesichts losgelassener Technik und hybrider Weltvernichtungsarsenale überkommen hat.

Die Herausgeber

Zu den Autoren

Dan Diner, geb. 1946, ist Professor für Neuere Geschichte/außereuropäische Geschichte an der Universität Essen.

Helmut Dubiel, geb. 1946, ist Mitarbeiter am Institut für Sozialforschung in Frankfurt/M.

Peter Glotz, geb. 1939, Mitglied des Bundestags, zwischen 1981 und 1987 Bundesgeschäftsführer der SPD.

Rudolf Wiethölter, geb. 1929, Professor für Bürgerliches, Handels- und Wirtschaftsrecht an der Universität Frankfurt/M.

Friederike Hassauer, geb. 1951, ist Literaturwissenschaftlerin an der Universität Siegen.

Peter Roos, geb. 1950, lebt als freier Schriftsteller in Siegen und Marktheidenfeld am Main.

Renate Berger lehrt als Kunsthistorikerin an der Universität Marburg.

Jutta Held ist Professorin für Kunstgeschichte an der Universität Osnabrück.

Jürgen Habermas, geb. 1929, lehrt seit 1983 wieder an der Universität Frankfurt/M.

Willibald Sauerländer, geb. 1924, ist Direktor des Zentralinstituts für Kunstgeschichte in München.

Jürgen Moltmann, geb. 1926, ist Professor für Systematische Theologie (Evangel.-Theol. Fakultät) an der Universität Tübingen.

Johann Baptist Metz, geb. 1928, ist Ordinarius für Fundamentaltheologie an der Universität Münster.

Jürgen Kocka, geb. 1941, ist o. Professor für Allgemeine Geschichte unter besonderer Berücksichtigung der Sozialgeschichte an der Universität Bielefeld.

Karl-Ernst Jeismann, geb. 1925, ist Professor für Neuere Geschichte und Didaktik der Geschichte an der Universität Münster.

Jörn Rüsen, geb. 1938, ist Professor für Neuere Geschichte an der Universität Bochum.

Dieter Groh, geb. 1932, lehrt Geschichte an der Universität Konstanz.

Eberhard Lämmert, geb. 1924, ist Professor für Allgemeine und Vergleichende Literaturwissenschaft an der Freien Universität Berlin.

Ute Frevert, geb. 1954, arbeitet als Historikerin an der Universität Bielefeld.

Hartmut von Hentig, geb. 1925, Pädagoge, Gründer und Wissenschaftlicher Leiter der Laborschule und des Oberstufen-Kollegs der Universität Bielefeld; seit 1987 emeritiert.

Reinhard Rürup, geb. 1934, ist Professor für Neuere Geschichte an der Technischen Universität Berlin.

Spiros Simitis, geb. 1934, ist Hessischer Datenschutzbeauftragter und Professor für Arbeitsrecht, Bürgerliches Recht und Rechtsinformatik an der Universität Frankfurt/M.

Winfried Hassemer, geb. 1940, ist o. Professor für Rechtstheorie, Rechtssoziologie und Strafrecht an der Universität Frankfurt/M.

Jürgen Seifert, geb. 1928, ist Professor für Wissenschaft von der Politik an der Universität Hannover.

Hans Robert Jauß, geb. 1921, ist (em.) Professor der Literaturwissenschaft an der Universität Konstanz.

M. Rainer Lepsius, geb. 1928, ist Professor für Soziologie an der Universität Heidelberg.

Handbuch der Geistesgeschichte in Deutschland nach Hitler 1945-1950

Das HDG erschließt bibliographisch, biographisch und inhaltlich die Geistesgeschichte der Nachkriegszeit.

Beiheft 1 der Reihe Geschichte

Christoph Cobet (Hrsg.)

Einführung in Fragen an die Geschichtswissenschaft in Deutschland nach Hitler 1945-1950

1986. 61 Seiten, br. DM 18,- (3-925389-02-4)

Inhalt:
Günther Heydemann, Zwischen Diskussion und Konfrontation - Der Neubeginn deutscher Geschichtswissenschaft in der SBZ/DDR 1945-1950
Dieter Hein, Geschichtswissenschaft in den Westzonen und der Bundesrepublik 1945-1950
Peter Th. Walther, Emigrierte deutsche Historiker in den Vereinigten Staaten, 1945-1950: Blick oder Sprung über den Großen Teich?

Bereits erschienene Teile des HDG

HDG, Reihe: Literatur, Band 1
Deutsche Literatur nach Hitler 1945-1950
einschließlich Theater, Film, Kabarett, Literaturgeschichte und Philosophie.
Teil 1: Bücher (1863 Titel).
1983. 255 Seiten Text, 45 Seiten Register, br. DM 45,-

HDG. Reihe: Politik, Band 1
Deutschlands Erneuerung 1945-1950
Bio-Bibliographische Dokumentation mit 433 Texten
1985. 290 S., 51 S. Register, 2 Faksimile-Drucke, br. DM 45,-

Bestellanschrift: Mainzer Landstr. 166

Verlag Christoph Cobet · 6000 Frankfurt/Main 1

Neue Historische Bibliothek
in der edition suhrkamp

»Hans-Ulrich Wehlers fast aus dem Nichts entstandene ›Neue Historische Bibliothek‹ ist (...) nicht nur ein forschungsinternes, sondern auch ein kulturelles Ereignis.« Frankfurter Allgemeine Zeitung

Abelshauser, Werner: Wirtschaftsgeschichte der Bundesrepublik Deutschland 1945-1980. es 1241

Alter, Peter: Nationalismus. es 1250

Berghahn, Volker: Unternehmer und Politik in der Bundesrepublik. es 1265

Blasius, Dirk: Geschichte der politischen Kriminalität in Deutschland 1800-1980. Eine Studie zu Justiz und Staatsverbrechen. es 1242

Botzenhart, Manfred: Reform, Restauration, Krise. Deutschland 1789-1847. es 1252

Carsten, Francis L.: Geschichte der preußischen Junker. es 1273

Dippel, Horst: Die Amerikanische Revolution 1763-1787. es 1263

Frevert, Ute: Frauen-Geschichte. Zwischen bürgerlicher Verbesserung und Neuer Weiblichkeit. es 1284

Geiss, Immanuel: Geschichte des Rassismus. es 1530

Geyer, Michael: Deutsche Rüstungspolitik 1860-1980. es 1246

Grimm, Dieter: Deutsche Verfassungsgeschichte 1776-1866. es 1272

Hentschel, Volker: Geschichte der deutschen Sozialpolitik 1880-1980. Soziale Sicherung und kollektives Arbeitsrecht. es 1247

Hildermeier, Manfred: Die russische Revolution. es 1534

Holl, Karl: Pazifismus in Deutschland. es 1533

Jaeger, Hans: Geschichte der Wirtschaftsordnung in Deutschland. es 1529

Jarausch, Konrad H.: Deutsche Studenten 1800-1970. es 1258

Jasper, Gotthard: Die gescheiterte Zähmung. Wege zur Machtergreifung Hitlers 1930-1934. es 1270

Kluge, Ulrich: Die deutsche Revolution 1918/1919. Staat, Politik und Gesellschaft zwischen Weltkrieg und Kapp-Putsch. es 1262

Kluxen, Kurt: Geschichte und Problematik des Parlamentarismus. es 1243

Kraul, Margret: Das deutsche Gymnasium 1780-1980. es 1251

Langewiesche, Dieter: Deutscher Liberalismus. es 1286

Lehnert, Detlef: Sozialdemokratie zwischen Protestbewegung und Regierungspartei 1848-1983. es 1248

Lenger, Friedrich: Sozialgeschichte der deutschen Handwerker. es 1532

Lönne, Karl-Egon: Politischer Katholizismus im 19. und 20. Jahrhundert. es 1264

Neue Historische Bibliothek
in der edition suhrkamp

Marschalck, Peter: Bevölkerungsgeschichte Deutschlands im 19. und 20. Jahrhundert. es 1244

Mitterauer, Michael: Sozialgeschichte der Jugend. es 1278

Möller, Horst: Vernunft und Kritik. Deutsche Aufklärung im 17. und 18. Jahrhundert. es 1269

Mooser, Josef: Arbeiterleben in Deutschland 1900-1970. Klassenlagen, Kultur und Politik. es 1259

Peukert, Detlev J. K.: Die Weimarer Republik. es 1282

Reulecke, Jürgen: Geschichte der Urbanisierung in Deutschland. es 1249

Schönhoven, Klaus: Die deutschen Gewerkschaften. es 1287

Schröder, Hans-Christoph: Die Revolutionen Englands im 17. Jahrhundert. es 1279

Schulze, Winfried: Deutsche Geschichte im 16. Jahrhundert. es 1268

Sieder, Reinhard: Sozialgeschichte der Familie. es 1276

Siemann, Wolfram: Die deutsche Revolution von 1848/49. es 1266

Staritz, Dietrich: Geschichte der DDR 1949-1985. es 1260

Thränhardt, Dietrich: Geschichte der Bundesrepublik Deutschland. es 1267

Ullmann, Hans-Peter: Interessenverbände in Deutschland. es 1283

Wehler, Hans-Ulrich: Grundzüge der amerikanischen Außenpolitik 1750-1900. Von den englischen Küstenkolonien zur amerikanischen Weltmacht. es 1254

Wippermann, Wolfgang: Europäischer Faschismus im Vergleich 1922-1982. es 1245

Wirz, Albert: Sklaverei und kapitalistisches Weltsystem. es 1256

Wunder, Bernd: Geschichte der Bürokratie in Deutschland. es 1281

Ziebura, Gilbert: Weltwirtschaft und Weltpolitik 1922/24-1931. Zwischen Rekonstruktion und Zusammenbruch. es 1261

edition suhrkamp
Eine Auswahl

Abelshauser: Wirtschaftsgeschichte der Bundesrepublik Deutschland (1945-1980). NHB. es 1241

Abendroth: Ein Leben in der Arbeiterbewegung. es 820

Achebe: Okonkwo oder Das Alte stürzt. es 1138

Adam/Moodley: Südafrika. es 1369

Adorno: Eingriffe. Neun kritische Modelle. es 10
- Gesellschaftstheorie und Kulturkritik. es 772
- Jargon der Eigentlichkeit. Zur deutschen Ideologie. es 91
- Kritik. Kleine Schriften zur Gesellschaft. es 469
- Ohne Leitbild. Parva Aesthetica. es 201
- Stichworte.
Kritische Modelle 2. es 347
- Zur Metakritik der Erkenntnistheorie. es 590

Das Afrika der Afrikaner. Gesellschaft und Kultur Afrikas. Hg. von R. Jestel. es 1039

Anderson: Die Entstehung des absolutistischen Staates. es 950
- Von der Antike zum Feudalismus. es 922

Andréa: M.D. es 1364

Arbeitslosigkeit in der Arbeitsgesellschaft. es 1212

Aus der Zeit der Verzweiflung. Zur Genese und Aktualität des Hexenbildes. es 840

Bachtin: Die Ästhetik des Wortes. es 967

Barthes: Elemente der Semiologie. es 1171
- Kritik und Wahrheit. es 218
- Leçon/Lektion. es 1030
- Literatur oder Geschichte. es 303
- Michelet. es 1206
- Mythen des Alltags. es 92
- Das Reich der Zeichen. es 1077
- Die Sprache der Mode. es 1318

Beck: Risikogesellschaft. es 1365

Jürgen Becker: Ränder. es 351
- Umgebungen. es 722

Beckett: Fin de partie. Endspiel. es 96
- Flötentöne. es 1098
- Mal vu, mal dit. Schlecht gesehen, schlecht gesagt. es 1119

Samuel Beckett inszeniert Glückliche Tage. es 849

Benjamin: Aufklärung für Kinder. es 1317
- Briefe. 2 Bde. es 930
- Das Kunstwerk im Zeitalter seiner technischen Reproduzierbarkeit. es 28
- Moskauer Tagebuch. es 1020
- Das Passagen-Werk. 2 Bde. es 1200
- Über Kinder, Jugend und Erziehung. es 391
- Versuche über Brecht. es 172
- Zur Kritik der Gewalt und andere Aufsätze. es 103

Bernhard: Die Billigesser. es 1006
- Ein Fest für Boris. es 440
- Prosa. es 213
- Ungenach. Erzählung. es 279
- Watten. Ein Nachlaß. es 353

Bertaux: Hölderlin und die Französische Revolution. es 344

Biesheuvel: Schrei aus dem Souterrain. es 1179

Blick übers Meer. Chinesische Erzählungen aus Taiwan. es 1129

Bloch: Kampf, nicht Krieg. Politische Schriften 1917-1919. es 1167

Boal: Theater der Unterdrückten. es 987

Böhme: Prolegomena zu einer Sozial- und Wirtschaftsgeschichte Deutschlands. es 253

Böni: Alvier. Erzählungen. es 1146

Bohrer: Plötzlichkeit. es 1058

Bond: Gesammelte Stücke 1/2. es 1340

Bottroper Protokolle, aufgezeichnet von Erika Runge. es 271

Botzenhart: Reform, Restauration, Krise. Deutschland 1789-1847. NHB. es 1252

Bovenschen: Die imaginierte Weiblichkeit. es 921

Brandão: Kein Land wie dieses. es 1236

Brasch: Engel aus Eisen. es 1049

Braun: Berichte von Hinze und Kunze. es 1169

Brecht: Der aufhaltsame Aufstieg des Arturo Ui. es 144
- Aufstieg und Fall der Stadt Mahagonny. es 21
- Ausgewählte Gedichte. es 86
- Baal. Drei Fassungen. es 170
- Baal. Der böse Baal der asoziale. es 248
- Das Badener Lehrstück. Die Rundköpfe. Die Ausnahme. es 817
- Der Brotladen. Ein Stückfragment. es 339
- Buckower Elegien. es 1397
- Die Dreigroschenoper. es 229
- Einakter und Fragmente. es 449
- Furcht und Elend des Dritten Reiches. es 392
- Gesammelte Gedichte. 4 Bde. es 835 – es 838
- Gedichte und Lieder aus Stükken. es 9
- Die Geschäfte des Herrn Julius Caesar. es 332
- Die Gesichte der Simone Machard. es 369
- Die Gewehre der Frau Carrar. es 219
- Der gute Mensch von Sezuan. es 73
- Die heilige Johanna der Schlachthöfe. es 113
- Herr Puntila und sein Knecht Matti. Volksstück. es 105
- Im Dickicht der Städte. es 246
- Der Jasager und Der Neinsager. es 171
- Der kaukasische Kreidekreis. es 31
- Kuhle Wampe. es 362
- Leben des Galilei. es 1
- Leben Eduards des Zweiten von England. es 245
- Mann ist Mann. es 259
- Die Maßnahme. es 415
- Mutter Courage und ihre Kinder. es 49
- Die Mutter. es 200
- Gesammelte Prosa. 4 Bde. es 182 – es 185
- Schweyk im zweiten Weltkrieg. es 132
- Stücke. Bearbeitungen. 2 Bde. es 788/789
- Die Tage der Commune. es 169
- Tagebücher 1920-1922. Autobiographische Aufzeichnungen 1920-1954. es 979
- Trommeln in der Nacht. es 490
- Der Tui-Roman. es 603

- Über den Beruf des Schauspielers. es 384
- Über die bildenden Künste. es 691
- Über experimentelles Theater. es 377
- Über Lyrik. es 70
- Über Politik auf dem Theater. es 465
- Über Politik und Kunst. es 442
- Über Realismus. es 485
- Das Verhör des Lukullus. Hörspiel. es 740

Brecht-Journal. es 1191
Brecht-Journal 2. es 1396
Brunkhorst: Der Intellektuelle im Lande der Mandarine. es 1403
Buch: Der Herbst des großen Kommunikators. es 1344
- Waldspaziergang. es 1412

Bürger: Theorie der Avantgarde. es 727
Buro/Grobe: Vietnam! Vietnam? es 1197
Celan: Ausgewählte Gedichte. Zwei Reden. es 262
Cortázar: Letzte Runde. es 1140
- Reise um den Tag in 80 Welten. es 1045

Deleuze/Guattari: Kafka. Für eine kleine Literatur. es 807
Deleuze/Parnet: Dialoge. es 666
Derrida: Die Stimme und das Phänomen. es 945
Determinanten der westdeutschen Restauration 1945-1949. Von H.-U. Huster u. a. es 575
Ditlevsen: Gesichter. es 1165
- Sucht. Erinnerungen. es 1009
- Wilhelms Zimmer. es 1076

Takeo Doi: Amae. Freiheit in Geborgenheit. es 1128
Dorst: Toller. es 294
Dubiel: Was ist Neokonservatismus? es 1313
Duerr: Satyricon. Essays und Interviews. es 1346
- Traumzeit: es 1345

Duras: Sommer 1980. es 1205
Duras/Porte: Die Orte der Marguerite Duras. es 1080
Eco: Zeichen. es 895
Eich: Botschaften des Regens. Gedichte. es 48
Elias: Humana conditio. es 1384
Enzensberger: Blindenschrift. es 217
- Deutschland, Deutschland unter anderm. es 203
- Einzelheiten I. Bewußtseins-Industrie. es 63
- Einzelheiten II. Poesie und Politik. es 87
- Die Furie des Verschwindens. Gedichte. es 1066
- Landessprache. Gedichte. es 304
- Palaver. Politische Überlegungen (1967-1973). es 696
- Das Verhör von Habana. es 553
- Der Weg ins Freie. Fünf Lebensläufe. es 759

Esser: Gewerkschaften in der Krise. es 1131
Faszination der Gewalt. Friedensanalysen 17. es 1141
Feminismus. Hg. v. Luise F. Pusch. es 1192
Feyerabend: Erkenntnis für freie Menschen. es 1011
- Wissenschaft als Kunst. es 1231

Foucault: Psychologie und Geisteskrankheit. es 272
Fragment und Totalität. Hg. v. Dällenbach und Hart Nibbrig. es 1107
Frank: Der kommende Gott. es 1142

- Die Unhintergehbarkeit von Individualität. es 1377
- Was ist Neostrukturalismus? es 1203

Frauen in der Kunst. 2 Bde. es 952

Frevert: Frauen-Geschichte. NHB. es 1284

Frisch: Biedermann und die Brandstifter. es 41
- Die Chinesische Mauer. es 65
- Don Juan oder Die Liebe zur Geometrie. es 4
- Frühe Stücke. es 154
- Graf Öderland. es 32

Gerhard: Verhältnisse und Verhinderungen. es 933

Geyer: Deutsche Rüstungspolitik (1860-1980). NHB. es 1246

Goetz: Hirn. Krieg. 2 Bde. es 1320

Goffman: Asyle. es 678
- Geschlecht und Werbung. es 1085

Gorz: Der Verräter. es 988

Gröner: Ein rasend hingehauchtes Herbsteslicht. Bergeller Gedichte. es 1371

Habermas: Eine Art Schadensabwicklung. es 1453
- Legitimationsprobleme im Spätkapitalismus. es 623
- Die Neue Unübersichtlichkeit. es 1321
- Technik und Wissenschaft als Ideologie. es 287

Hänny: Zürich, Anfang September. es 1079

Handke: Die Innenwelt der Außenwelt der Innenwelt. es 307
- Kaspar. es 322
- Phantasien der Wiederholung. es 1168
- Publikumsbeschimpfung. es 177
- Der Ritt über den Bodensee. es 509
- Wind und Meer. Vier Hörspiele. es 431

Hawkes: Travestie. es 1326

Heimann: Soziale Theorie des Kapitalismus. es 1052

Henrich: Konzepte. es 1400

Hentschel: Geschichte der deutschen Sozialpolitik (1880-1980). NHB. es 1247

Hesse: Tractat vom Steppenwolf. es 84

Die Hexen der Neuzeit. Hg. von C. Honegger. es 743

Hilfe + Handel = Frieden? Friedensanalysen 15. es 1097

Hobsbawm: Industrie und Empire 1/2. es 315/316

Imperialismus und strukturelle Gewalt. Hg. von D. Senghaas. es 563

Irigaray: Speculum. es 946

Jahoda/Lazarsfeld/Zeisel: Die Arbeitslosen von Marienthal. es 769

Jakobson: Kindersprache, Aphasie und allgemeine Lautgesetze. es 330

Jasper: Die gescheiterte Zähmung. NHB. es 1270

Jauß: Literaturgeschichte als Provokation. es 418

Johnson: Der 5. Kanal. es 1336
- Begleitumstände. Frankfurter Vorlesungen. es 1019
- Karsch, und andere Prosa. es 59

Jones: Frauen, die töten. es 1350

Joyce: Werkausgabe in 6 Bdn. es 1434 – es 1439

Bd. 1 Dubliner. es 1434
Bd. 2 Stephen der Held. es 1435
Bd. 3 Ulysses. es 1100
Bd. 4 Kleine Schriften. es 1437

Bd. 5 Gesammelte Gedichte. Anna Livia Plurabelle. es 1438
Bd. 6 Finnegans Wake. Englischsprachige Ausgabe. es 1439
Hans Wollschläger liest »Ulysses«. es 1105
Mat. zu Joyces »Ein Porträt des Künstlers als junger Mann«. Hg. von K. Reichert und F. Senn. es 776
Kantowsky: Indien. es 1424
Kapitalistische Weltökonomie. Hg. von D. Senghaas. es 980
Marx: Die ethnologischen Exzerpthefte. es 800
Kenner: Ulysses. es 1104
Kindheit in Europa. Hg. von H. Hengst. es 1209
Kipphardt: In der Sache J. Robert Oppenheimer. es 64
Kirchhof: Body-Building. es 1005
Kluge: Gelegenheitsarbeit einer Sklavin. es 733
– Lernprozesse mit tödlichem Ausgang. es 665
– Neue Geschichten. Hefte 1-18. es 819
– Schlachtbeschreibung. es 1193
Kluge: Die deutsche Revolution 1918/1919. NHB. es 1262
Kolbe: Abschiede und andere Liebesgedichte. es 1178
– Hineingeboren. Gedichte 1975-1979. es 1110
Konrád: Antipolitik. es 1293
Kriegsursachen. Friedensanalysen 21. es 1238
Krippendorff: Staat und Krieg. es 1305
Kristeva: Die Revolution der poetischen Sprache. es 949
Kroetz: Bauern sterben. es 1388
– Frühe Prosa/Frühe Stücke. es 1172
– Furcht und Hoffnung der BRD. es 1291
– Mensch Meier. es 753
– Nicht Fisch nicht Fleisch. es 1094
– Oberösterreich. es 707
– Stallerhof. es 586
– Heimarbeit. es 473
Krolow: Ausgewählte Gedichte. es 24
Laederach: Fahles Ende kleiner Begierden. es 1075
Lefebvre: Einführung in die Modernität. es 831
Lehnert: Sozialdemokratie zwischen Protestbewegung und Regierungspartei 1848 bis 1983. NHB. es 1248
Lem: Dialoge. es 1013
Hermann Lenz: Leben und Schreiben. Frankfurter Vorlesungen. es 1425
Leroi-Gourhan: Die Religionen der Vorgeschichte. es 1073
Lessenich: »Nun bin ich die niemals müde junge Hirschfrau oder der Ajilie-Mann«. es 1308
Leutenegger: Lebewohl, Gute Reise. es 1001
– Das verlorene Monument. es 1315
Lévi-Strauss: Das Ende des Totemismus. es 128
– Mythos und Bedeutung. es 1027
Die Listen der Mode. Hg. von S. Bovenschen. es 338
Literatur und Politik in der Volksrepublik China. Hg. von R. G. Wagner. es 1151
Löwenthal: Mitmachen wollte ich nie. es 1014
Logik des Herzens. Hg. von G. Kahle. es 1042

Lohn: Liebe. Zum Wert der Frauenarbeit. Hg. von A. Schwarzer. es 1225
Lukács: Gelebtes Denken. es 1088
Maeffert: Bruchstellen. es 1387
Männersachen. Hg. von H.-U. Müller-Schwefe. es 717
Mandel: Marxistische Wirtschaftstheorie 1/2. es 595/596
– Der Spätkapitalismus. es 521
Marcus: Umkehrung der Moral. es 903
Marcuse: Ideen zu einer kritischen Theorie der Gesellschaft. es 300
– Konterrevolution und Revolte. es 591
– Kultur und Gesellschaft 1. es 101
– Kultur und Gesellschaft 2. es 135
– Versuch über die Befreiung. es 329
– Zeit-Messungen. es 770
Gespräche mit Herbert Marcuse. es 938
Mattenklott: Blindgänger. es 1343
Hans Mayer: Anmerkungen zu Brecht. es 143
– Gelebte Literatur. Frankfurter Vorlesungen. es 1427
– Versuche über die Oper. es 1050
Mayröcker: Magische Blätter. es 1202
– Magische Blätter II. es 1421
McKeown: Die Bedeutung der Medizin. es 1109
Medienmacht im Nord-Süd-Konflikt: Friedensanalysen 18. es 1166
Christian Meier: Die Ohnmacht des allmächtigen Dictators Caesar. es 1038

Menninghaus: Paul Celan. es 1026
– Schwellenkunde. es 1349
Menzel/Senghaas: Europas Entwicklung und die Dritte Welt. es 1393
Milosz: Zeichen im Dunkel. es 995
Mitscherlich: Freiheit und Unfreiheit in der Krankheit. es 505
– Krankheit als Konflikt 1. es 164
– Krankheit als Konflikt 2. es 237
– Die Unwirtlichkeit unserer Städte. es 123
Mitterauer: Sozialgeschichte der Jugend. NHB. es 1278
Moderne chinesische Erzählungen. 2 Bde. es 1010
Möller: Vernunft und Kritik. NHB. es 1269
Moser: Eine fast normale Familie. es 1223
– Der Psychoanalytiker als sprechende Attrappe. es 1404
– Romane als Krankengeschichten. es 1304
Muschg: Literatur als Therapie? es 1065
Die Museen des Wahnsinns und die Zukunft der Psychiatrie. es 1032
Mythos ohne Illusion. Mit Beiträgen von J.-P. Vernant u.a. es 1220
Mythos und Moderne. Hg. von K.H. Bohrer. es 1144
Nakane: Die Struktur der japanischen Gesellschaft. es 1204
Nathan: Ideologie, Sexualität und Neurose. es 975
Der Neger vom Dienst. Afrikanische Erzählungen. Hg. von R. Jestel. es 1028

Die neue Friedensbewegung.
Friedensanalysen 16. es 1143
Ngũgĩ wa Thing'o: Verborgene
Schicksale. es 1111
Nizon: Am Schreiben gehen.
Frankfurter Vorlesungen.
es 1328
Oehler: Pariser Bilder I. es 725
Oppenheim: Husch, husch, der
schönste Vokal entleert sich.
es 1232
Paetzke: Andersdenkende in Ungarn. es 1379
Paley: Ungeheure Veränderungen
in letzter Minute. es 1208
Paz: Der menschenfreundliche
Menschenfresser. es 1064
– Suche nach einer Mitte. es 1008
– Zwiesprache. es 1290
Peripherer Kapitalismus. Hg. von
D. Senghaas. es 652
Petri: Zur Hoffnung verkommen.
es 1360
Pinget: Apokryph. es 1139
Piven/Cloward: Aufstand der Armen. es 1184
Politik der Armut. Hg. von
S. Leibfried und F. Tennstedt.
es 1233
Populismus und Aufklärung. Hg.
von H. Dubiel. es 1376
Powell: Edisto. es 1332
Psychoanalyse der weiblichen
Sexualität. Hg. von J. Chasseguet-Smirgel. es 697
Pusch: Das Deutsche als Männersprache. es 1217
Raimbault: Kinder sprechen vom
Tod. es 993
Darcy Ribeiro: Unterentwicklung, Kultur und Zivilisation.
es 1018
João Ubaldo Ribeiro: Sargento
Getúlio. es 1183

Rodinson: Die Araber. es 1051
Roth: Das Ganze ein Stück.
es 1399
– Die einzige Geschichte. es 1368
– Krötenbrunnen. es 1319
Rötzer: Denken, das an der Zeit
ist. es 1406
Rubinstein: Immer verliebt.
es 1337
– Nichts zu verlieren und dennoch Angst. es 1022
– Sterben. es 1433
Rühmkorf: agar agar – zaurzaurim. es 1307
Russell: Probleme der Philosophie. es 207
– Wege zur Freiheit. es 447
Schindel: Ohneland. Gedichte.
es 1372
Schlaffer: Der Bürger als Held.
es 624
Schleef: Die Bande. es 1127
Schönhoven: Die deutschen Gewerkschaften. NHB. es 1287
Schrift und Materie der Geschichte. Hg. von C. Honegger. es 814
Schröder: Die Revolutionen Englands im 17. Jahrhundert.
NHB. es 1279
Schubert: Die internationale Verschuldung. es 1347
Das Schwinden der Sinne. Hg. von
D. Kamper und C. Wulf. es 1188
Sechehaye: Tagebuch einer Schizophrenen. es 613
Senghaas: Von Europa lernen. es
1134
– Weltwirtschaftsordnung und
Entwicklungspolitik. es 856
– Die Zukunft Europas. es 1339
Simmel: Schriften zur Philosophie und Soziologie der Geschlechter. es 1333
Sinclair: Der Fremde. es 1007

Sloterdijk: Der Denker auf der Bühne. es 1353
- Kopernikanische Mobilmachung. es 1375
- Kritik der zynischen Vernunft. 2 Bde. es 1099
Sport-Eros-Tod. es 1335
Staritz: Geschichte der DDR. NHB. es 1260
Stichworte zur »Geistigen Situation der Zeit«. Hg. von J.Habermas. 2 Bde. es 1000
Struck: Kindheits Ende. es 1123
- Klassenliebe. es 629
Szondi: Theorie des modernen Dramas. es 27
Techel: Es kündigt sich an. Gedichte. es 1370
Tendrjakow: Sechzig Kerzen. es 1124
Theorie des Kinos. Hg. von K. Witte. es 557
Thiemann: Schulszenen. es 1331
Thompson: Entstehung der englischen Arbeiterklasse. 2 Bde. es 1170
Thränhardt: Geschichte der Bundesrepublik Deutschland. NHB. es 1267
Tiedemann: Studien zur Philosophie Walter Benjamins. es 644
Todorov: Die Eroberung Amerikas. es 1213
Treichel: Liebe Not. Gedichte. es 1373
Trotzki: Denkzettel. es 896
Vernant: Die Entstehung des griechischen Denkens. es 1150
- Mythos und Gesellschaft im alten Griechenland. es 1381
Versuchungen. Aufsätze zur Philosophie Paul Feyerabends. Hg. von H.P.Duerr. Band 1/2. es 1044/1068

Verteidigung der Schrift. Kafkas ›Prozeß‹. Hg. von F.Schirrmacher. es 1386
Vom Krieg der Erwachsenen gegen die Kinder. Friedensanalysen 19. es 1190
Martin Walser: Eiche und Angora. es 16
- Ein fliehendes Pferd. Theaterstück. es 1383
- Die Gallistl'sche Krankheit. es 689
- Geständnis auf Raten. es 1374
- Heimatkunde. es 269
- Lügengeschichten. es 81
- Selbstbewußtsein und Ironie. Frankfurter Vorlesungen. es 1090
- Wer ist ein Schriftsteller? es 959
- Wie und wovon handelt Literatur. es 642
Wehler: Grundzüge der amerikanischen Außenpolitik 1750–1900. NHB. es 1254
Peter Weiss: Abschied von den Eltern. es 85
- Die Besiegten. es 1324
- Fluchtpunkt. es 125
- Gesang vom Lusitanischen Popanz. es 700
- Das Gespräch der drei Gehenden. es 7
- Der neue Prozeß. es 1215
- Notizbücher 1960-1971. 2 Bde. es 1135
- Notizbücher 1971-1980. 2 Bde. es 1067
- Rapporte. es 276
- Rapporte 2. es 444
- Der Schatten des Körpers des Kutschers. es 53
- Stücke 1. es 833
- Stücke II. 2 Bde. es 910

- Die Verfolgung und Ermordung Jean Paul Marats. es 68
Peter Weiss im Gespräch. Hg. von R. Gerlach und M. Richter. es 1303
Wellershoff: Die Auflösung des Kunstbegriffs. es 848
Die Wiederkehr des Körpers. Hg. von D. Kamper und Ch. Wulf. es 1132
Winkler: Die Verschleppung. es 1177
Wippermann: Europäischer Faschismus im Vergleich (1922-1982). NHB. es 1245

Wirz: Sklaverei und kapitalistisches Weltsystem. NHB. es 1256
Wissenschaft im Dritten Reich. Hg. von P. Lundgreen. es 1306
Wittgenstein: Tractatus logico-philosophicus. es 12
Wünsche: Der Volksschullehrer Ludwig Wittgenstein. es 1299
Zimmermann: Vom Nutzen der Literatur. es 885
Ziviler Ungehorsam im Rechtsstaat. Hg. von P. Glotz. es 1214